JUSQU'À LA LIE

(TRENTE ANS DE MA VIE)

PAR

Louise SCALA

Officier de l'Instruction Publique

Professeur de français

A VIENNE

PARIS

LIBRAIRIE VUIBERT

Boulevard Saint-Germain, 63

—

1925

JUSQU'À LA LIE

(TRENTE ANS DE MA VIE)

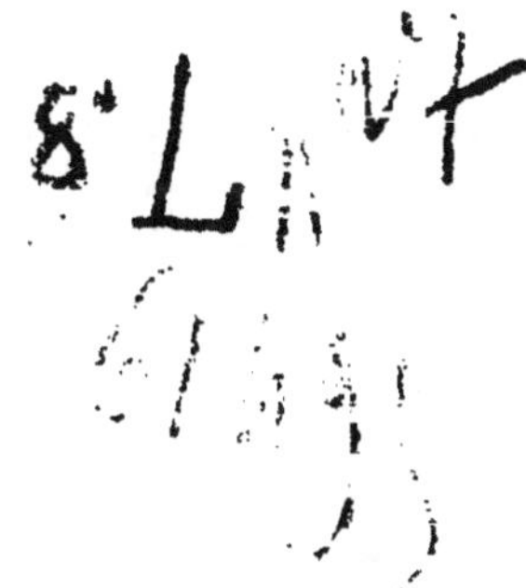

JUSQU'À LA LIE

(TRENTE ANS DE MA VIE)

PAR

Louise SCALA

Officier de l'Instruction Publique

Professeur de français

A VIENNE

———

PARIS

LIBRAIRIE VUIBERT

BOULEVARD SAINT-GERMAIN, 63

—

1925

JUSQU'A LA LIE

(Trente ans de ma vie)

CHAPITRE PREMIER

Mon enfance

Mes chers élèves, je vous entends encore me dire : « Racontez-moi quelque chose de votre vie. » Je ne pouvais pourtant pas tout vous dire, du moins aussi longtemps que je vous donnais des leçons. Je me suis donc vue forcée de mettre des bornes à mes récits, qui vous intéressaient, malgré qu'ils ne fussent pas complets.

Maintenant, je vais me rendre à votre désir, car vous avez pris de l'âge, de l'expérience, et ce que vos jeunes oreilles ne pouvaient entendre, vos yeux d'adultes le liront ; seulement, je vous demande un peu d'indulgence si les faits ne se suivent pas chronologiquement. Je les ai réunis, en les coordonnant autant que cela m'a été possible ; j'espère pourtant que mes lecteurs s'y reconnaîtront.

Je vous dédie à tous et à toutes, ce récit de ma vie, car vous y avez été mêlés, et tous, vous tenez une grande place dans mon cœur.

Commençons donc par mon enfance : J'ai été une enfant fort gâtée. Mes parents m'adoraient, ce qui les rendait un peu faibles pour mes défauts. En un mot, j'étais volontaire et très emportée. Cela vous étonne, n'est-ce pas ? Eh bien, écoutez-moi et vous jugerez.

Quand mes parents voulaient me faire prendre une médecine, ils jouaient positivement la comédie. Je me

rappelle qu'à l'âge de trois ans et demi, un jour que ma
mère voulait me donner de l'huile de ricin, je refusai net
de la boire; alors mon père fut appelé à la rescousse, et
ma mère, qui s'était fait un paquet de quelques vêtements, embrassa mon père en pleurant. Elle nous quittait,
et celui-ci simula si bien un gros chagrin, qu'il espéra
vaincre ma résistance et essaya de m'ingurgiter cette
affreuse drogue. Tout à coup, mon petit cerveau enfanta
une idée diabolique. Je dis à mon père qui pleurait :
« Petit père, va chercher maman, ne pleure plus, quand
tu reviendras j'aurai bu l'huile. » — « Bien vrai ? » —
« Oui, je te le promets. » Il revint bientôt avec ma mère,
qui n'était qu'au rez-de-chaussée. Le temps pour lui de
descendre et de remonter un étage, j'avais retourné une
jolie petite chaise rembourrée et j'y avais versé le contenu
du bol. Quand ils rentrèrent tous deux, me voyant à la
même place, ils crurent que j'avais effectivement bu
l'huile de ricin ; ils me caressèrent et ne s'aperçurent
nullement que ma petite conscience me tourmentait un
peu, car je sentais qu'ils finiraient peut-être par s'apercevoir de ma supercherie.

Il n'en fut rien ; seulement j'eus sous les yeux jusqu'à
un certain âge la preuve convaincante de mon mensonge,
bien que j'en gardasse précieusement le secret. La chaise,
petit à petit, du rouge ponceau devint jaune à un endroit,
et ma mère ne parvint jamais à s'expliquer l'origine de
cette tache. Je mis ma conscience d'accord avec mes sentiments d'enfant, et plus tard je me dis que mes parents
ne m'ayant pas demandé si j'avais bu l'huile, je les avais
trompés tout simplement, ce qui, au fond, équivaut à un
mensonge.

J'avoue donc, à ma honte, que j'étais fort entêtée, et
pour faire plaisir à mes élèves qui ont eu le même défaut
quand ils étaient petits, je vais leur narrer encore une ou
deux petites histoires.

Involontairement, à l'âge de quatre ans, j'avais déjà
occasionné par mon entêtement un gros chagrin à mon
père. Un jour, jouant près de ma mère qui travaillait
devant la fenêtre, il me prit une fantaisie qui tourna mal.
Mon lit avait comme ornement, au chevet et au pied,
quatre pommes ; je voulus mettre le doigt dans le trou
laissé béant par une de ces pommes qui manquait. Je n'y
parvenais pas, n'étant pas assez grande ; j'eus alors l'idée

de m'aider du banc à roulettes pour y grimper en me haussant encore sur la pointe des pieds. L'effort que je fis pour arriver à mon but fit éloigner le petit banc, et mon doigt, qui était déjà dans le trou, craqua si fort, que ma mère bondit de sa chaise jusqu'à moi ; mais il était trop tard, j'avais le doigt cassé ! Le pharmacien me mit des éclisses pour le redresser; ce fut en vain. Mon pauvre père, artiste peintre, en éprouva beaucoup de chagrin ; lui qui venait de dessiner mon bras et ma main dans différentes poses, savait juger ce que je perdais en me cassant ce doigt. Il en était navré, comme artiste et comme père.

En effet, plus tard, je passais pour avoir de belles mains, mais à condition qu'on ne vît pas ce doigt, qui resta de travers. Je me rappelle qu'une dame du grand monde m'avait dit de but en blanc : « Vous avez une main de duchesse, madame. »

Une autre fois, dans son salon, le mari de mon amie, M. S., me présentant un de ses invités, dit en prenant ma main : « Tenez, regardez la forme de cette main. » Mais quelle fut sa surprise lorsque, joignant le geste à la parole, il s'était emparé de la main infirme. Je le vois encore en apercevant mon pauvre doigt ; il en avait pâli. Comment se faisait-il qu'il ne s'en fût jamais aperçu ? Je n'étais pas vaine de ma personne et ne pensais guère à cacher cette petite infirmité.

J'aimais à la folie que ma mère me racontât une histoire; je n'en perdais pas un mot ; je crois que j'en aurais plutôt perdu le boire et le manger, pour l'écouter pendant des heures. Une fois pourtant, à Marseille où nous étions alors, j'avais dix ans, ma mère dut s'absenter au beau milieu d'un conte fort intéressant. Je me récriai et me suspendis à ses jupes. Mon père, qui était en train de peindre dans son atelier, non loin de la chambre, m'entendit et, impatienté, quitta son chevalet, me coucha à terre, puis, à ma grande honte, me donna une fessée. Il fallait qu'il fût bien fâché. Moi qui n'avais jamais été battue !

J'allai me blottir dans un coin de ma chambre, et là je formai un projet de vengeance, car je voulais qu'on ne me battît plus. Je rougis encore quand j'y pense ! Je me rendis auprès de la cuisinière et lui demandai de la farine. Elle crut que je jouais à la dînette et m'en donna deux bonnes cuillerées.

Le soir venu, après dîner, je me couchai sans dire bonsoir à mes parents et je me barbouillai la figure de cette farine pour avoir une pâleur maladive. Mon père et ma mère étaient dans la salle à manger ; je les entendais parler. Mon père disait : « Elle ne nous a pas dit bonsoir. » — « Laisse-la, » répondit ma mère. — « Non, il faut que je la voie, elle va probablement m'embrasser.» Puis, mon père se dirige vers ma chambre ; et ô stupeur ! il aperçoit ma pâleur et croit m'avoir fait mal, peut-être même blessée en me battant. Il en fut tellement saisi qu'il faillit s'évanouir !... Pendant que ma mère s'occupait de mon pauvre père, je retirai précipitamment la couche de farine et je regrettai cette vilaine action ; mais je ne l'avouai pas ! Mon père, que je chérissais pourtant, se remit, et tous deux nous prîmes une tasse de thé ; enfin, pour nous réconcilier, nous nous embrassâmes tous les trois.

J'eus bien des remords ; mais jamais je n'osai avouer à mes parents la vilenie de ma conduite. Je commençai donc, déjà enfant, à montrer que, lorsque je voulais quelque chose, je le voulais bien. On verra par la suite ce que cette volonté inébranlable m'apporta de maux et de chagrins.

Les enfants, eux aussi, ont leurs peines. En voici une qui dura longtemps, et ne s'effaça jamais de ma mémoire. Mon père ne tutoyait pas ses parents, mais on m'avait laissé prendre l'habitude de le faire. J'avais alors neuf ou dix ans, je me trouvais seule avec mon grand-père Parfu et, comme toujours, je lui disais « tu ». Je fus fort surprise lorsqu'il se fâcha et m'expliqua que j'étais trop grande pour les tutoyer, lui et ma grand'mère. Sa figure était d'une sévérité qui me bouleversa ; mais au bout de quelques heures je recommençai à le tutoyer. Alors mon grand-père, furieux, rouge de colère, se leva et, me prenant par les épaules, me fit marcher à reculons de la porte d'entrée du magasin — grand et beau magasin de coutellerie — jusqu'au fond, en me secouant et me criant : « Finiras-tu par me comprendre et ne plus me tutoyer ? » Il était comme pris de rage, exaspéré ; et moi, j'eus une telle frayeur que je lui cachai mon émotion ; mais je ne lui adressai plus la parole. Lorsque ma grand'mère et ma mère rentrèrent, je ne leur racontai pas cette scène, pour que mon père ne l'apprît jamais ! Quand il fallait que je parle à mes grands-parents, je m'habituais à des tournures de phrases permettant de ne dire ni vous ni toi, et mes parents ne s'aperçurent de rien.

Dans mes souvenirs d'enfant, je me rappelle vaguement un château qui appartenait à mes grands-parents Parfu et dans lequel je passais avec ma grand'mère les étés de ma première jeunesse.

Ce château, actuellement en ruines, est appelé château d'Angles ou château Guichard. C'est un des plus remarquables monuments historiques du Poitou. Il a soutenu les guerres de la Rochelle, tour à tour sous la domination anglaise et sous la domination française.

Le dernier des seigneurs auquel il appartint fut le célèbre Guichard, Baron d'Angles, Chevalier-banneret qui, par sa valeur et ses exploits guerriers, devint successivement Comte d'Hudington en Angleterre, Chevalier de la Jarretière et Gouverneur de la Rochelle sous la domination anglaise ; puis, Sénéchal de la Province de Saintonge et Maréchal de Guyenne, sous les règnes et gouvernements de Philippe de Valois, Charles V et Charles VII.

Le château fut pris d'assaut par les Anglais le 21 septembre 1587.

Dans la tour, il y avait deux ou trois chambres habitables, le reste n'était que ruines. Les meubles étaient rustiques : des armoires et de grands bahuts comme il y en a à la campagne et qui devaient dater de l'époque. Je vois encore les panoplies qui ornaient les murs de la salle à manger.

Mon grand-père avait acheté cette propriété, et j'appris plus tard qu'il dépensa de fortes sommes à la restauration des quelques pièces dont nous disposions. Il jouissait, il est vrai, des fruits savoureux que les arbres du jardin produisaient.

Je me rappelle, entre autres choses, un escalier fait de pierres juxtaposées, qui conduisait au château et sur les marches duquel les pauvres, après la messe, venaient s'asseoir. Ma grand'mère distribuait alors à chacun un pain et une pièce de cinquante centimes.

Au-dessus de la grande porte, qu'on n'ouvrait jamais, un hibou avait élu domicile ; il était, du reste, bien caché par un superbe figuier, dont les fruits succulents faisaient mes délices.

Le jour de ma première communion j'eus une déception, et mon bonheur fut troublé. Quelqu'un s'était affreusement mouché dans mon voile ! En rentrant de l'église, accompagnée par ma grand'mère, qui avait voulu assister à cette

cérémonie, j'entendis de fous rires derrière moi, et lorsque
je voulus remettre mon voile pour aller aux vêpres, on
s'aperçut qu'il avait été souillé ! La peine que cela me fit
est indescriptible ; il me sembla que tout s'assombrissait
autour de moi. Je restai triste pendant quelques jours ;
j'avais été tellement impressionnée qu'il me fallut longtemps pour me remettre de cette émotion.

Je me souviens encore de mon joli pigeon blanc, la
queue en éventail et les ailes formant dentelle autour de
lui. Quand je rentrais de l'école, il volait aussitôt au-
devant de moi, se perchait généralement sur ma tête et
roucoulait à cœur joie, en faisant de petites courbettes
pour voir mon visage. Je l'aimais bien mon pigeon, même
quand, au mois de mai, il allait se poser sur la Sainte
Vierge du petit autel que j'avais dressé. Il en salissait
un peu la nappe et bien d'autres meubles ; mais nous ne
lui en voulions pas ; toute la famille l'avait pris en
affection.

Malheureusement, la guerre éclata, et mon pigeon n'en
continua pas moins à prendre son vol, comme il en avait
l'habitude ; mais un jour il ne revint pas. Nous pensâmes
qu'il s'était égaré et ne retrouvait pas la fenêtre ; alors
nous y attachâmes le balai comme si nous arborions un
drapeau ; pour l'attirer, nous le surmontâmes de mon
chausson, dans lequel il prenait plaisir à se coucher. Quelle
fut ma joie, de voir revenir mon pigeon se percher sur le
balai et faire ses courbettes à la pantoufle. Mais le siège de
Paris suivit, et mon pigeon, qui avait pris son vol comme
à l'ordinaire, ne revint plus malgré le balai ! Les assiégés
manquaient de vivres. Par qui mon pauvre petit pigeon
a-t-il été mangé ? Mon chagrin, en tout cas, fut bien grand.

Puisque j'ai parlé du siège de Paris, je vais vous dire
quelques mots de la Commune, car je me rappelle les
barricades, particulièrement celle où je dus mettre cinq
pavés avant de traverser, pour aller chez le pharmacien
qui se trouvait de l'autre côté de la rue, ainsi que les
nuits et même les journées passées dans les caves éclairées
faiblement où, nous enfants, nous voyions tout juste assez
pour jouer aux cartes ou aux dominos.

Nos fenêtres, dans les appartements, étaient garnies de
matelas. On avait prétendu que nous cachions quelqu'un,
et deux soldats voulurent visiter nos chambres. Lorsqu'on
ouvrit la porte d'entrée, il pénétra assez de lumière pour

que l'on distinguât le premier soldat, la baïonnette en avant, qui se reflétait dans l'armoire à glace de ma mère. Croyant que c'était celui qu'il cherchait, ne s'élança-t-il pas avec sa baïonnette. Il allait transpercer la glace, lorsque mon père eut l'heureuse idée de tirer sur le matelas qui était à la fenêtre, et les deux soldats, tout penauds de leur méprise, s'en allèrent comme ils étaient venus.

Le pain était d'une couleur douteuse ; on y trouvait pétris du charbon, du bois ; il devait y avoir de la cendre, tant il était gris.

Je me souviens des queues que nous faisions aux boucheries et boulangeries pour avoir quelques décagrammes de viande ou de pain, de l'abattoir où nous achetions de la graisse de cheval pour nous faire des tartines. Là, j'assistai à une scène comme on n'en voit guère que dans le bas peuple. Une femme qui avait voulu passer avant son tour fut rappelée à l'ordre ; mais elle fit la sourde oreille ; alors un homme la prit à bras le corps et l'assit dans un baquet plein de sang qui se trouvait à sa portée. La femme résista encore assez longtemps à cet homme robuste qui la tenait. Des rires éclatèrent parmi la foule, bien que ce fût un spectacle navrant ! Enfin, notre tour arriva, et ma mère ne voulut plus que j'aille à l'abattoir.

C'est pendant la guerre de 1870 que nous eûmes la douleur de voir une sœur de mon père devenir folle. J'avais près de treize ans ; j'étais assez raisonnable pour que ma grand'mère me laissât ma tante en garde, pendant qu'elle vaquait à ses petites affaires dans l'appartement. Je jouais à la bataille avec elle, et comme les cartes rouges représentaient les Français et les noires les Prussiens, il fallait à tout prix que je fasse perdre ceux-ci. Je me donnais beaucoup de peine, mais je ne réussissais pas toujours, car il fallait tricher, ce qui était assez difficile. Une fois que je n'y étais pas arrivée et que les Prussiens, c'est-à-dire les cartes noires, avaient gagné, ma tante se fâcha et mit ses deux pieds dans le feu ; je n'eus que le temps d'appeler ma grand'mère, qui vint aussitôt à son secours.

Son jeune frère, celui qu'elle avait pour ainsi dire élevé, était sous les drapeaux, et chaque fois que ma tante entendait un coup de canon, elle voulait se jeter par la fenêtre, croyant qu'à chaque coup mon oncle avait été tué.

Elle avait du ressentiment contre sa mère, et un jour

où elle avait pu se munir d'un couteau, je la vis rôder autour de ma grand'mère et chercher à lui couper le nez ! Il fallut, quoique cela fût bien pénible à toute la famille, la faire interner dans une maison de santé. C'était une vraie victime de la guerre.

Dans les pensionnats et les couvents dans lesquels je passai le temps de mon adolescence, on ne me donnait aucun livre à lire. Les maîtresses avaient peut-être leurs raisons ; mais moi j'avais envie de lire quelque chose. Non pas que j'aie eu la passion de la lecture, mais mon intelligence en avait besoin, comme le corps a besoin de nourriture.

A la maison, les jours de sortie, mon père me donnait à lire *Paul et Virginie*, bien que je l'eusse déjà lu. Il est vrai que sous ce rapport, à cette époque, nous n'étions guère riches en bons livres pour jeunes filles de quinze à dix-huit ans élevées, comme nous l'étions alors, dans l'ignorance la plus complète de la vie.

Donc un dimanche, jour de sortie, je vis la clef sur la bibliothèque de mon père. Aussi, qu'arriva-t-il ? A la dérobée, lorsque je fus un moment seule dans la pièce, je m'emparai d'un volume, dont le titre me parut assez attrayant : *La Femme*, et je le cachai sous mon oreiller.

Le soir venu, après avoir souhaité le bonsoir à mes parents et les avoir embrassés ainsi que mon frère, j'allai me coucher. J'attendis un moment avant de prendre mon livre, car j'entendais encore parler dans la chambre de mes parents. La lumière de ma lampe filtra à travers ma porte, et mon père, me croyant souffrante, entra dans ma chambre, me souhaita encore le bonsoir et, voulant m'embrasser sur le front, comme il avait coutume de le faire, passa la main sous mon oreiller pour me soulever la tête. Quel fut son étonnement, lorsqu'il sentit ce livre caché entre l'oreiller et le traversin ? Mon père le prit et ne prononça que ces paroles : « Et celui-là encore ! » Puis il m'apporta un livre intitulé *Violette*. Du reste, j'allais bientôt partir pour l'Allemagne, dont je me réserve de parler plus tard.

Lorsque je revins de ce pays, mon père lut avec moi les œuvres de Corneille, de Racine et les comédies de Molière ; c'est ainsi que je commençai à apprécier les beautés de notre littérature.

Malheureusement, j'eus la douleur de perdre mon père,

qui mourut subitement. Il venait de m'envoyer, au couvent, une description du téléphone que je lui avais demandée à ma sortie du dimanche précédent. Il me quittait au moment où je commençais à désirer ardemment être avec lui, jouir de ses connaissances et de son cœur de père.

CHAPITRE II

Au pensionnat de Mademoiselle T...

Comme toutes les fillettes de mon âge, je fus mise en pension. On eut la malheureuse idée de me mettre chez la filleule de me grand'mère, Mlle T..., qui tenait un pensionnat au Petit-Montrouge.

C'était une maison désordonnée ; les leçons étaient données avec négligence, et naturellement prises avec peu d'entrain ; on apprenait fort mal dans cette pension. Je me rappelle que la maîtresse s'endormait souvent pendant la dictée et que nous restions bien tranquilles pour ne pas la réveiller, heureuses que la leçon soit interrompue. La maîtresse passait, il est vrai, une partie de ses nuits à corriger nos devoirs. Comme je couchais près de la porte de sa chambre, je la vis maintes fois courbée sur une pile de cahiers. N'aurait-elle pas mieux fait d'avoir une sous-maîtresse capable de la seconder, plutôt que de prendre comme telles des jeunes filles qui avaient été ses élèves et auxquelles il n'aurait pas fallu demander les diplômes ?

Une amie de la maîtresse donnait les leçons de piano ; elle aidait Mademoiselle à tenir sa maison et surtout ses comptes. Cette personne n'était guère aimée des élèves ; elle avait ses préférées, celles qui lui apportaient le plus de cadeaux ou qui la flattaient. Quant à moi, j'étais loin d'être de ce nombre, car je ne l'aimais pas. Elle avait toujours recours à la privation de dessert comme punition, et cependant la nourriture laissait bien à désirer ! Pendant les repas, nous avions généralement sur nos genoux un sac ou un cornet de papier, dans lequel nous mettions ce que nous ne pouvions manger, pour le jeter ensuite par-dessus le mur ou dans un petit endroit.

Je me souviens qu'une fois je fus privée de dessert et que, justement, le repas finissait par du fromage. Ayant insuffisamment mangé ce jour-là, j'en pris un morceau lorsque l'assiette passa devant moi. Malheureusement, la liste de celles qui étaient privées de dessert se trouvait devant Mademoiselle ; aussi m'enjoignit-elle de laisser mon fromage. J'avais faim, ayant peu mangé d'une inoubliable morue, et je répondis que du fromage n'était pas du dessert et que j'avais faim. Sur ce, la maîtresse se leva, vint à moi, me saisit par l'oreille et me conduisit ainsi à la table, sur laquelle se trouvaient plusieurs pains fendus de quatre livres ; elle en prit un, dont elle retira un quart qu'elle me mit sous le bras ; puis, me reprenant par l'oreille, elle me fit monter l'étage qui conduisait à sa chambre, m'y enferma en me disant : « Puisque tu as faim, mange ; tu ne sortiras de là que lorsque tu auras fini ce pain. »

J'avais alors quinze ans. Je laisse à juger l'état de fureur dans lequel je me trouvais ! Eh bien, je mangeai cette livre de pain, ou plutôt je m'en bourrai. Il n'y avait pas une goutte d'eau dans la chambre, j'étouffais lorsque, enfin, après une heure, la récréation étant terminée, la maîtresse vint voir où en était mon pain. Je crois qu'elle fut très étonnée qu'il n'en restât pas ; mais ma figure toute congestionnée la renseigna sur l'état de mon estomac, car elle me fit aussitôt faire une tasse de tisane pour activer la digestion.

Une autre fois que la privation de dessert avait été générale, — on avait souvent recours à ce moyen, car c'était une manière très pratique de faire des économies — les maîtresses, sortant ensemble, nous avaient laissées sous la surveillance de la vieille mère de Mademoiselle ; nous résolûmes de prendre nous-mêmes notre dessert dans le garde-manger.

Un grand placard, très profond, qui se trouvait dans l'escalier même, contenait toutes les provisions de bouche ; mais on ne pouvait y parvenir qu'à l'aide d'une petite échelle. Nous ne pouvions prendre cette échelle sans nous faire pincer, c'est le cas de le dire ; aussi, une des élèves, Jeanne G..., un vrai risque-tout, plus jeune et par conséquent moins lourde, s'offrit-elle — heureuse d'être agréable aux grandes — de grimper sur les épaules d'une de mes compagnes et de nous procurer un bon dessert.

La clef du bienheureux placard étant accrochée dans la cave, c'est avec joie que nous la dérobâmes ! Nous tendions nos tabliers pour la récolte de figues et de pruneaux que Jeanne y jetait, lorsque tout à coup apparaît, à la porte du réfectoire, la mère de la maîtresse de pension ; grande fut sa surprise en nous voyant ainsi affairées, et Jeanne G..., la moitié du corps dans le placard au-dessus de différents sacs de haricots, pois etc... Celle qui servait d'échelle, s'esquive, ayant, ce qu'à Paris on appelle « le trac » et laisse Jeanne les jambes pendantes et le haut du corps tombant parmi ces sacs. La mère de Mademoiselle s'empare de ses pauvres pieds et les secoue, en l'appelant « petite péronnelle », sans se soucier des pois et des haricots qui fraternisaient à qui mieux mieux.

Cette dame, me voyant du nombre des révoltées, devint méchante à mon égard, bien que je fusse la petite-fille de la marraine de sa fille. C'est peut-être à ce titre qu'elle m'appelait toujours pour faire des corvées désagréables.

Je me souviens qu'une fois cette dame me fit sortir de classe et m'enjoignit de laver la vaisselle. Sa bonne l'avait quittée subitement. Je n'étais nullement fière ; je mettais le couvert avec bonne grâce, quand c'était ma semaine ; je peignais presque tous les jours l'enfant que l'on m'avait confiée comme petite fille, afin de la débarrasser de la vermine qui dévorait sa tête, mais je refusai net de laver la vaisselle. J'entrevoyais que, si j'acceptais une fois, je serais plus souvent à la cuisine qu'en classe. J'avoue que je ne fus pas aimable, car je répondis que je n'étais pas en pension pour laver la vaisselle ! Depuis ce jour, je tombai dans l'estime de ces dames, mère, maîtresse et sous-maîtresses.

Malgré la médiocre instruction que j'avais reçue, on me présenta pour le certificat d'études, mais je fus refusée d'emblée. Comment pouvait-il en être autrement, je ne me rappelle pas être arrivée jusqu'à la syntaxe pendant les trois années que j'ai passées dans cette pension ! On recommençait la grammaire chaque année au début des classes, et nous étions loin de l'avoir finie quand les vacances arrivaient. Quant aux verbes irréguliers, je ne les connaissais même pas. Je n'étais peut-être pas très studieuse, d'autant plus que les leçons étaient fort ennuyeuses.

Nous eûmes aussi des maîtres ; seulement, nous leur faisions des niches. Par exemple, on attachait les pieds de la table sur laquelle le maître était accoudé et l'on tirait faiblement sur la corde. La maîtresse, qui dormait pendant qu'il faisait son cours, ne s'apercevait de rien. Il n'y avait que lorsqu'il cherchait ses guêtres pour s'en aller qu'elle se réveillait, car, le plus souvent, nous les avions cachées.

Je confesse que ce manège n'était guère digne de jeunes filles de seize à dix-sept ans !

C'est dans cette institution que je fis la connaissance de mon mari. Comment cela était-il possible, me dira-t-on ? Mon Dieu, voici ce qui arriva : la maîtresse voulut faire installer une école de gymnastique, mais elle n'en avait pas les agrès. Sa sœur lui recommanda un jeune homme de dix-neuf ans, expert dans ces sortes d'achats. Il vint un dimanche prendre la commande ; puis il apporta les anneaux, trapèze, etc. un autre dimanche. On l'invita à dîner. Enfin, comme il était l'ami de cette dame, il vint très souvent ; il nous balançait et jouait à cache-cache avec nous.

Pour la Sainte-Catherine, nous voulûmes donner une fête ; M. Scala en fut l'organisateur et nous fit réciter nos rôles. Souvent il m'avait montré qu'il avait une préférence pour moi ; il avait des prévenances marquées à mon égard. Puis il m'aidait à faire mes devoirs d'allemand, étude que j'exécrais ; mais mon grand-père y tenait et je me voyais forcée d'apprendre cette langue.

Enfin, le jour de la fête arriva ; j'avais alors près de dix-sept ans. Pendant tout le bal ce jeune homme dansa avec moi. Il avait amené sa grand'mère, pour laquelle il avait une grande vénération. Quant à sa cousine, qui les avait accompagnés, il ne dansa guère qu'une fois avec elle.

Je fus donc flattée ; n'étais-je pas préférée entre toutes les autres, qui me paraissaient pourtant plus belles que moi et qui, à mon avis, avaient aussi bien plus d'attrait ? En outre, elles recherchaient sa société ; elles étaient, du reste, plus âgées que moi.

Sur ces entrefaites, ayant échoué à mon examen, mon grand-père Ruhmkorff, résolut de m'envoyer en Allemagne pour y apprendre la langue, et pour que je fasse la connaissance de sa famille.

Lorsque je l'annonçai à M. Scala, il me dit qu'il s'engageait dans l'armée.

CHAPITRE III

En Allemagne

Mon départ pour le Hanovre fut décidé précipitamment, sans doute afin que mes parents n'aient pas le temps de réfléchir. Une sœur de mon grand-père retournait dans son pays et m'emmena sans qu'on eût fait les préparatifs indispensables. Cette grand'tante ne savait pas un mot de français et je possédais très imparfaitement quelques vocables allemands. En route, elle tomba malade ; je fus fort effrayée, et je m'empressai de mon mieux auprès d'elle ; enfin, nous nous arrêtâmes à Osnabrück, où elle avait une nièce, non loin de là, au Musenburg, belle ferme avec moulin et champs divers, qui appartenaient à la famille.

J'étais encore sous l'impression du départ précipité, des adieux de mes parents et de mon frère. Je me faisais l'effet d'un petit oiseau tombé de son nid, et mes parents devaient penser qu'ils ne me reverraient peut-être jamais ! J'étais très fatiguée de cette première étape, et, après une légère collation, je montai à la chambre qui m'avait été désignée. On me donna une bougie d'une longueur démesurée, presque un cierge. Après m'être déshabillée, je m'assis sur le lit avec l'intention de retirer mes bottines ; mais cette lumière vacillante me fascinait ; puis, le rebord du lit m'entrait sous les genoux ; car ce lit, de forme baignoire, étant garni de plumes, j'enfonçais mollement, en regardant la bougie et en pensant à ceux que j'avais laissés à Paris et qui, peut-être, pleuraient ! Je versai moi-même des larmes abondantes.

Enfin, je ne sais ni quand ni comment, mais je finis par m'endormir, car le lendemain matin je me trouvai à la même place, le corps renversé en arrière, couchée en travers du lit, les jambes pendantes, mais meurtries, les pieds encore dans mes bottines, et près de moi gisait sur le lit le chandelier dont la bougie était aux trois quarts consumée et heureusement éteinte ! Je ne sus que dire à ma cousine lorsqu'elle vint me chercher pour le déjeuner. Je pensai qu'elle ne me comprendrait pas, puisqu'elle ne savait pas le français, et je jugeai à propos de passer tout sous silence, car elle aurait pu craindre que je ne misse une belle nuit le feu à sa maison qui était en bois. Du reste, nous ne restâmes chez elle que quelques jours.

En arrivant à Hanovre, on me mit dans une bonne pension, chez Mlle Woehler. Malheureusement, il n'y avait que des Anglaises et des Américaines dans cette maison, de sorte que je n'avais que rarement l'occasion d'entendre parler l'allemand. La maîtresse, qui était institutrice dans les écoles de la ville, ne venait qu'à certaines heures de la journée donner une leçon à ses élèves du pensionnat. J'allais étudier mon piano dans une des classes de l'école, où une quantité de petites souris venaient grignoter ce que les enfants avaient laissé tomber de leurs friandises. Pendant ce temps, je me tenais coite pour ne pas effaroucher ces bestioles.

Enfin, je ne profitai guère, n'entendant pour ainsi dire parler que l'anglais. Ma grand'tante s'aperçut que je ne faisais aucun progrès, et, lorsque l'année scolaire fut terminée, elle me mit dans un couvent à Duderstadt, dans la province de Hanovre. Là, que je veuille ou non, j'entendais parler allemand toute la journée ; j'appris ainsi assez vite cette langue. Puis, pour m'aider à faire mes devoirs, et afin que je sois bientôt en état de suivre les cours, on m'avait donné une répétitrice.

Mon grand-père m'ayant écrit que je ne retournerais à Paris qu'après avoir passé un examen, cela m'avait mise dans un état de stupeur indescriptible ; car ma mère étant souvent malade, m'écrivait toujours qu'elle mourrait sans me revoir !

La nourriture laissait à désirer, et le manque de pain et de boisson pendant les repas était intolérable. Tout cela me talonna et m'encouragea à être plus studieuse. Comment pouvais-je supporter plus longtemps cette existence et ne pas tout tenter pour quitter au plus vite ce couvent, où, entre autres désagréments, l'on ne me donnait une serviette propre que toutes les trois semaines. On ne devait jamais la déplier entièrement, afin que la seconde semaine, en ouvrant un pli, elle fût propre ; et de même la troisième semaine, en ouvrant le dernier pli.

On ne lavait que les cuillers ; les fourchettes et les couteaux étaient essuyés sur la bouchée de pain qu'on nous servait ; et ensuite, ces deux ustensiles devaient être mis dans la serviette, puis roulés et noués ensemble. Ces couverts n'étaient lavés que tous les huit jours. Quant au pain, la seule et unique bouchée, croit-on que j'aurais eu le cœur, comme beaucoup d'autres, de la manger ? C'était du pain bis, presque noir, qui était bon, mais le couteau et la fourchette sales en avaient altéré le goût.

Il n'y avait pas de verres sur la table, et malgré toutes mes supplications, on ne me donna pas une goutte d'eau à boire pendant les repas. Dans la cour se trouvait une fontaine à laquelle était attaché un gobelet, et, lorsque nous sortions de table, après avoir fait les prières habituelles, nous nous précipitions toutes sur cette fontaine ; car nous étions assoiffées !

Un jour, je réussis à envoyer en secret une lettre a mon grand-père. A l'église, un petit garçon intelligent l'avait prise en cachette et mise à la poste. Quelque temps après, je fus appelée auprès de la Supérieure qui me dit avoir reçu de l'argent pour m'acheter de la boisson ; puis elle ajouta que ce n'était pas l'usage dans ce couvent de boire à table et qu'elle allait donner cette somme aux pauvres ! J'étais consternée, mais il me fallut faire contre mauvaise fortune bon cœur, et continuer ma vie de galérienne jusqu'à ce que, mes études étant finies, je puisse retourner enfin dans ma patrie, dans ma famille.

Je me mis donc avec un renouveau de courage à mes livres, et j'eus la joie de voir tous mes efforts couronnés de succès. Je comprenais tout ce que l'on disait autour de moi, et je me mis à parler comme une véritable Allemande. Tous les devoirs que mes compagnes avaient à faire, je les faisais aussi bien qu'elles. Aussi je voulus passer mon fameux examen, et l'on me donna encore trois mois pour m'y préparer. Je me mis alors à travailler avec beaucoup d'ardeur.

J'avais la chance, ayant près de dix-huit ans, de coucher dans un dortoir dans lequel il n'y avait que des jeunes filles de mon âge, et par conséquent pas de sœur pour nous surveiller comme dans les autres dortoirs. On nous jugeait probablement trop grandes et trop raisonnables ; aussi, comme on va le voir, je profitai pleinement de ce privilège.

Le soir, à neuf heures, quand la sœur avait fait sa visite,

je me relevais et je me mettais à étudier. Comment pouvais-je le faire sans être vue ou trahie par l'une ou l'autre de ces quatre jeunes filles qui couchaient dans le même dortoir ? Quand j'y pense, je me le demande moi-même. Elles comprenaient que j'eusse le désir de revoir bientôt mes parents, et elles me laissaient' faire.

Nous n'avions pas d'allumettes, c'est vrai, mais j'avoue que j'en avais volé dans une cachette de la chapelle que j'avais découverte. Quant aux bougies, nous en avions autant que nous en voulions ; on nous les vendait à la cuisine, pour nous éclairer quand nous allions étudier notre piano dans les différentes cellules des sœurs, au dernier étage du couvent.

Ce manège dura quelque temps ; mais à la longue je ne pus y résister et je finissais par m'endormir sur mes cahiers. Alors tout ce que je faisais pour ne pas me laisser aller au sommeil qui m'envahissait est inouï et mérite d'être raconté.

Il m'était arrivé de m'endormir profondément avant la visite de la sœur, et alors la soirée était perdue pour mes études. Je n'avais pas été sans remarquer qu'une de mes compagnes de dortoir avait un sommeil très agité ; elle levait souvent les bras, avec lesquels elle s'entourait la tête. Je la priai donc de me rendre un service et de se laisser nouer un fichu à un bras; j'en ajoutai quelques-uns bout à bout et je m'attachai le dernier autour du poignet. Je dissimulais cette chaîne improvisée, autant que possible, derrière les lits, les tables de nuit qui nous séparaient ; puis je me couchais et me tenais tranquille. Si le sommeil me prenait avant la visite de la sœur, j'étais sûre que cela ne durerait pas longtemps, car la jeune fille me tirait par le bras à l'aide des fichus et me réveillait. La sœur ne s'apercevait de rien, et, après sa visite, à la première alerte, je me levais et me mettais au travail. Malheureusement, cette jeune fille finit par se fatiguer ; elle avait peur d'être découverte et, craignant qu'elle ne me trahisse, j'eus recours à un autre moyen.

J'eus une idée que j'exécutai, ne pensant pas que ma santé était en jeu. Je fis une espèce de mannequin dans mon lit, la figure tournée contre le mur et surmontée de mon bonnet de nuit. La sœur, avec la faible clarté de sa lanterne, n'y voyait que du feu, et pendant sa visite, pour me tenir en éveil, j'étais couchée sous mon lit, à moitié déshabillée, sur les dalles froides de ce dortoir. Il m'avait fallu prendre une partie de mes effets pour former un corps sous mes couvertures. Et si par hasard je finissais par succomber au sommeil, ce n'était jamais pour long-temps ; alors je me levais vite, car, si peu que j'eusse dormi, j'étais prise d'un engourdissement bien compré-hensible.

Enfin, une belle nuit, le veilleur vit filtrer la lumière à travers les volets, pourtant hermétiquement fermés. Il se mit à cogner si fort, en me criant de me coucher, que je me trouvai mal ; je tombai à la renverse, et ma bougie, qui n'était pas en équilibre, me suivit dans ma chute. Une camarade, réveillée par le bruit, vint à mon secours. Sans elle, je crois que l'on n'aurait trouvé qu'un amas de cendres le lendemain matin. Je promis à mes compagnes de ne plus veiller la nuit.

Du reste, les trois mois qui m'avaient été accordés touchaient à leur fin, et bientôt je passai cet examen qui m'ouvrait les portes du couvent et de la France ; car je pouvais enfin retourner dans ma chère patrie, où m'at-tendaient, impatients, mes parents et mon frère.

Ce fut pour moi un bien grand bonheur lorsque je ren-trai dans ma chambre, que mon frère s'était ingénié à orner. Ma fenêtre était garnie de fleurs grimpantes, mon savon préféré était sur ma toilette. Enfin, que de gentils riens ne trouvai-je pas de tous côtés ? Etait-ce pour que je prisse plaisir à rester avec eux ? Mes pauvres et chers parents étaient loin de supposer qu'après ce couvent, cette chambre était le paradis pour moi. Je n'avais jamais pu leur écrire toutes mes souffrances morales et physiques, toutes les lettres passant par les mains de la Supérieure avant d'être expédiées !

Je me rappelle un épisode qui ne sera pas sans amener le sourire sur les lèvres de mes anciens et anciennes élè-ves, bien qu'ils soient à l'heure actuelle des hommes sérieux ou des mères de famille, et, qui sait, peut-être des grands-pères ou des grand'mères ?

Je restai dans ce couvent près de quinze mois. Je com-prenais déjà un peu d'allemand en y entrant, ayant passé près d'une année chez Mlle Woehler ; pourtant je ne me risquais pas encore à le parler.

Mes nouvelles compagnes, me croyant fraîchement débarquée de France, ne se gênaient pas pour dire leur façon de penser sur cette nouvelle venue. C'était à peu près cinq ans après la guerre de 1870. Elles étaient rassemblées autour d'une grande jeune fille, au milieu de la classe. Cette Jeanne (Johanna), comme elle se nommait, en savait long sur notre pauvre armée capturée à Sedan ! J'écoutais attentivement, en ayant l'air d'être tout à mon devoir. Elle nous dénigrait, traitait les Français de fanfarons, que sais-je encore ? Je voyais passer sur les lèvres des sourires moqueurs. Que faire ? Me battre avec elle ? Mais j'aurais eu toute la classe contre moi, et cela n'aurait plus été comme en 70 trois contre un, mais cinquante contre une ! Pourtant, je voulais me venger, et ma résolution fut prise de le faire le soir même. Je me contins donc, en attendant l'heure que j'avais jugée propice à ma vengeance.

Avant le souper, toutes celles qui étudiaient le piano montaient aux cellules des sœurs, en passant par la cuisine pour faire allumer leurs bougies. Je vis donc Johanna prendre son carton de musique d'une main et sa bougie de l'autre. Je fis de même, bien que ce ne fût pas mon heure, et, comme elle, je passai à la cuisine faire allumer ma bougie. Johanna ne se doutait de rien, car je pouvais, par hasard, avoir mon heure d'étude à la même heure qu'elle. Je la suivis donc, en pressant le pas aux dernières marches, afin de l'atteindre. Je jetai carton et bougie et, alors, je la pris à bras le corps et lui donnai une belle raclée, en ne lui disant que ces mots : « Ja, die Franzosen ; ja, Sedan ; ich bin eine Französin » (oui, les Français ; oui, Sedan ; je suis Française), et, chaque mot était encore plus expressif par les coups qui l'accompagnaient. Sa bougie s'était éteinte en allant rouler près de la mienne, et son carton était tombé sur le parquet. Quand elle eut reçu quelques soufflets bien appliqués, je ramassai froidement mon carton et ma bougie et je descendis, la laissant seule, encore stupéfaite de ce qui venait de lui arriver.

Je me demandais ce qui allait en advenir et si elle se plaindrait. Mais quand elle redescendit, une heure après, elle avait plutôt l'air honteux que fâché. Plus tard, elle me fit des excuses; elle avait eu tort ; puis elle ne savait pas que je comprenais l'allemand.

Par la suite, elle eut même une sorte de vénération pour moi ; et, lorsque j'étudiais pendant les nuits, comme elle faisait partie de mon dortoir, c'était toujours elle qui calmait les autres et les priait de ne pas le dire à la

Supérieure. Johanna a tout fait pour rechercher mon amitié, et, lorsqu'on nous fit photographier, elle voulut être à côté de moi.

Aussitôt de retour à Paris, je m'empressai d'oublier et le couvent et mes compagnes, car je n'avais gardé qu'un mauvais souvenir de l'un comme des autres.

J'appris plus tard que le couvent, six mois après mon départ, avait été forcé de fermer ses portes ; les sœurs en avaient été expulsées. Pour quelles raisons ? Je ne l'ai jamais su.

CHAPITRE IV

Au couvent de Notre-Dame de Sion

Après un séjour de deux ans et trois mois en Allemagne, je revins donc à Paris ; mais pendant ce laps de temps, que j'avais employé à apprendre la langue allemande, les lettres que j'avais écrites laissant à désirer sous le rapport de l'orthographe, mes parents résolurent de me mettre au couvent de Notre-Dame de Sion. J'y restai deux ans, et je ne regrette qu'une chose, c'est de ne pas y être entrée tout de suite lorsqu'on me mit en pension.

Au commencement, cela me sembla dur, parce qu'il y régnait un grand ordre et une sévère discipline ; mais j'y pris goût et, je puis l'avouer, tout ce que j'ai appris, en bonnes manières et instruction, c'est à ce couvent que je le dois.

Il y avait deux pensionnats : l'un à Paris, l'autre à Grand-Bourg ; ma santé, malgré des apparences trompeuses, laissant à désirer, c'est à Grand-Bourg que j'entrai.

Les sœurs étaient de bonnes maîtresses et avaient toutes des cœurs de mères ; aussi cherchions-nous à les satisfaire sous tous les rapports. Chaque matin, nous passions à la visite d'une infirmière qui possédait quelques notions de médecine. La nourriture était bonne et suffisante. Pas de privations, comme dans les autres pensions. Enfin, tout était parfait et nous étions très heureuses. La Supérieure et les mères étaient de saintes femmes qui faisaient tout naturellement leur devoir.

Parmi les pensionnaires, une jeune fille, nommée Jeanne de S. L..., était d'une vivacité extraordinaire. Nous prétendions qu'elle avait dû boire du lait de chèvre étant enfant, car c'était un vrai brouillon, vive, emportée, prête à se battre avec tout le monde et ne voulant rien apprendre ; enfin, elle ne s'accordait avec personne. Je ne sais quelle en fut la raison, mais elle s'attacha à moi et je la vis prendre plaisir à être à mes côtés. Je lui faisais alors de douces remontrances, pour tâcher de la corriger de ses défauts. Elle acceptait tout ce que je lui disais et elle se mit à l'étude. Je l'aidais de mes conseils ; pendant la récréation, je lui faisais souvent faire ses devoirs. Les mères, qui défendaient les conversations à deux, n'aimaient pas cela au début ; mais lorsqu'elles virent l'influence que j'avais sur cette jeune fille indomptable, sur cette nature que personne ne pouvait maîtriser, elles me laissèrent seule avec elle.

Devant ce changement, Jeanne, qui n'obtenait jamais de sortie, soit qu'elle fût punie par la Supérieure soit qu'elle le fût par sa mère, obtint enfin cette faveur. Je ne saurais dire comment elle se conduisit chez elle, mais je suppose qu'elle y fut raisonnable, car, lorsque son père la ramena, il demanda qui avait pu produire ce changement dans le caractère de sa fille. On me fit venir au parloir ; le père de Jeanne me remercia chaleureusement et me félicita, en me disant que jamais sa femme n'avait pu jouir de sa fille, mais que maintenant elle était bien heureuse et qu'elle la ferait sortir chaque mois, comme les autres pensionnaires. Je ne savais que répondre, si ce n'est que Jeanne m'était très sympathique ; puis je saluai et retournai en classe.

M. de S. L...., avait fait prier ma mère, par la Supérieure, de vouloir bien lui permettre de lui faire une visite et de m'emmener avec sa fille soit au cirque, soit au théâtre. Je venais de perdre mon père et mon grand-père ; mais, malgré ces deuils récents, ma mère acquiesça à la demande de M. de S. L...., de sorte qu'à la sortie suivante j'allai déjeuner chez eux, puis nous allâmes au cirque. Il était près de six heures lorsqu'on me reconduisit chez ma mère, qui n'était guère enchantée, n'ayant pu profiter, selon son désir, de mon jour de congé. Cela se renouvela deux ou trois fois.

Pendant les grandes vacances, où Jeanne se faisait une fête de venir passer quelques heures chez moi, je reçus d'elle une lettre dont j'eus lieu d'être fort surprise. Elle me disait que nos relations devaient s'en tenir là, que nous n'étions pas destinées à nous rencontrer dans la société, n'étant pas du même monde etc. ... Ma mère et moi, nous en étions suffoquées, abasourdies, lorsque le concierge me remit une seconde lettre : un chiffon de papier, à moitié brûlé par la bougie, à laquelle on avait voulu sécher l'encre, et qui avait dû être écrite en toute hâte. Jeanne me disait que sa mère lui avait dicté sa lettre précédente, malgré ses larmes et ses prières, et que c'était sa mère qui l'avait mise à la poste. Cette pauvre jeune fille, car elle avait dix-sept à dix-huit ans, m'expliquait que sa mère était jalouse de l'affection qu'elle avait pour moi et ne voulait plus que nous nous fréquentions. Elle ajoutait, en outre, que cette missive, sale et toute brûlée, avait été écrite et mise à la poste en cachette.

Le lendemain, M. de S. L..., arriva tout stupéfait, hors de lui, chez ma mère pour lui faire des excuses de la conduite de sa femme. Il lui dit qu'il n'aurait jamais pensé qu'elle fût capable de commettre une telle action. Enfin, il supplia ma mère de vouloir bien consentir à ce que nous nous voyions en secret ; j'avais exercé, disait-il, une si heureuse influence sur sa fille, que toute sa vie il m'en serait reconnaissant et qu'il déplorait que sa femme ne pensât pas comme lui. Il était navré qu'elle eût mis à exécution les menaces qu'elle faisait à Jeanne, quand celle-ci ne se soumettait pas à ses moindres désirs. Ma mère lui répondit qu'elle regrettait aussi que notre amitié prît fin de cette manière, mais qu'elle ne pouvait plus permettre les entrevues entre sa fille et moi, et ainsi finirent ces relations que nous n'avions nullement recherchées.

Je conçois que ma mère fût froissée ; j'étais moi-même d'autant plus peinée qu'étant seulement de deux ans plus âgée que Jeanne, nous aurions pu rester amies.

Je ne revis jamais Jeanne. Quelques mois après je me fiançai et, lorsque je me mariai, ma mère tint à envoyer une lettre de faire part à la famille de S. L..., pour lui apprendre que la petite bourgeoise qui n'était pas de leur monde, allait, si bon lui semblait, pouvoir mettre une couronne de comtesse sur ses cartes de visites.

CHAPITRE V

Mon père

Mon père, je l'ai dit, était un homme bon par excellence. Il était artiste peintre, on le sait déjà ; et, dans sa jeunesse, ses parents, trouvant cette profession peu lucrative, lui opposèrent de multiples obstacles pour l'amener à renoncer à son art. Pourtant, il fallait qu'il eût du talent pour que son professeur, M. Picot, l'engageât à continuer ses études envers et contre tous. Il avait du reste remporté tous les premiers prix à l'école des Beaux-Arts.

Plus tard, mon père se maria et son intérieur fut celui d'un artiste. La vie était très gaie ; le dimanche, réunion d'amis, tous artistes ; ils faisaient du canotage ; mon père avait lui-même son bateau à voiles. Je connus le temps où les tableaux de mon père se vendaient bien ; de plus, il était le peintre attitré du photographe Pierre Petit. L'existence, pour nous, était douce et joyeuse.

Malheureusement, un concurrent de ce dernier, M. W .., de Marseille, fit des propositions avantageuses à mon père, qui les accepta. Il partit le premier pour cette ville ; mais, bientôt après, nous allâmes le retrouver, emportant toutes nos affaires. Ma mère y eut des jumeaux et fut prise de nostalgie, au point qu'elle dépérissait à vue d'œil. Elle était elle-même jumelle. Cela eut-il une influence sur son tempérament ? Toujours est-il qu'elle commençait à être atteinte de la poitrine et fit tout ce qu'elle put pour retourner à Paris. Je me rappelle, en outre, qu'elle se faisait arracher ses cheveux blancs pour les envoyer à mon grand-père.

Il faut dire aussi que ma mère eut un profond chagrin qui la terrassa. Il n'y avait que quelques jours qu'elle était accouchée lorsque, de son lit, elle entendit dans la chambre voisine, où se trouvaient les enfants et la nourrice, un bruit inaccoutumé. Celle-ci maugréait et jurait ;

alors, ma mère, se précipitant de son lit à la chambre, arriva pour voir tomber sur le sol un des jumeaux que la nourrice, en colère, avait jeté par-dessus le berceau. Ma mère haletante, ramassa son pauvre bébé, qui, malgré les soins qui lui furent prodigués, ne survécut que quelques heures à cette chute. J'avais suivi ma mère et j'avais assisté à cette pénible scène.

La nourrice avait voulu, disait-elle, lancer l'enfant dans son berceau. Elle avoua ne pas l'avoir aimé, parce qu'il lui buvait tout son lait et qu'elle n'en avait plus pour l'autre qu'elle affectionnait. Elle eut elle-même une forte commotion ; il fallut la transporter à l'hôpital. Son lait lui monta-t-il à la tête ? C'est probable, car elle devint folle et ma mère fut appelée en toute hâte à son chevet. Elle ne voulait pas mourir sans avoir été pardonnée !

Mon père, sur ces entrefaites, acquit la certitude que le contrat qu'il avait signé avec le photographe, était loin de remplir toutes les promesses qu'on lui avait faites. Nous retournâmes donc à Paris, après une année de séjour à Marseille. Mon père, découragé et le moral atteint, accepta les conditions que lui fit mon grand-père Rhumkorff. Il s'agissait de diriger la comptabilité de sa maison moyennant un rémunération de 3 fr. 50 par jour. Mon père s'enterrait vivant ! Et ma mère, apathique, laissant tout aller à la dérive dans la maison, se relevait d'une bronchite pour retomber dans une autre. Puis, elle eut la douleur de voir mourir mon petit frère. Il est certain que tous ces chagrins réunis affaiblirent quelque peu son cerveau. De plus, elle était malheureuse de voir souffrir mon père ; car mon grand-père, sévère et dur, n'aimait pas les artistes et aimait moins encore mon père, qui avait brisé le rêve de sa vie, en l'empêchant de donner sa fille en mariage à son premier ouvrier.

Malgré toutes les humiliations qu'on lui fit endurer, mon père resta chez mon grand-père, espérant qu'il pourrait, plus tard, être utile à mon frère. Celui-ci était trop jeune pour avoir une idée de la tâche qui devrait, selon toute probabilité, lui incomber un jour.

Par la suite, les appointements de mon père furent augmentés, dans ce sens que mon grand-père paya ma pension et celle de mon frère ; mais, quant à son gendre, il continua à le mépriser et ne lui parlait que rarement. Enfin, il était jaloux de l'instruction supérieure que celui-ci possédait et ne pouvait lui pardonner son savoir, lui qui, d'ouvrier, était devenu patron.

Quelle ombre était descendue sur la maison paternelle ! Que de tristesse ! Mon père ne parlait plus que par monosyllabes. Ma mère, toujours souffrante, et nous, mon frère et moi, avant d'entrer en pension, complètement laissés à nous-mêmes !

Nous nous trouvions dans cet état d'âme, lorsque la guerre de 1870 éclata et nous rendit encore plus misérables. Je me rappelle qu'un soir, où il n'y avait même pas une allumette à la maison, et pas un sou pour en acheter, un artiste, un ancien ami des jours heureux, était venu voir mon père, qui n'était pas encore rentré. Nous jouions aux lotos sur une table bancale — nous revenions de Marseille et nos meubles avaient beaucoup souffert ; — au milieu de cette table se trouvait la lampe. Lorsque nous nous levâmes pour saluer le visiteur, la table trébucha, la lampe tomba et les ténèbres se répandirent dans la chambre. Ce monsieur, voyant qu'il n'y avait pas moyen de la rallumer, s'esquiva et ne revint jamais ! Il avait deviné notre misère et, pour ne pas faire mentir le proverbe qui dit que c'est dans le malheur que l'on reconnaît ses vrais amis, il ne se montra plus. Ce fut un coup terrible pour mon père !

Il y avait dix ans à peu près que ce pauvre martyr menait cette vie de labeur, lorsqu'un jour, à l'atelier, on lui offrit des marrons rôtis ; en rentrant, il dit à ma mère que ces marrons lui étaient d'une digestion pénible. Il prit une tasse de thé et se coucha. Le lendemain matin, quand ma mère se réveilla, elle ne trouva plus qu'un cadavre à ses côtés ! Mon pauvre père s'était éteint sans une plainte ! Etait-ce vraiment de la rupture d'un anévrisme qu'il était mort ? Dieu seul le sait !

J'étais alors au couvent ; mon frère eut la triste mission de venir m'y chercher, et le pauvre garçon, de Grand-Bourg à Paris, pendant un trajet d'une heure environ de chemin de fer, me prépara petit à petit. Ce ne fut qu'au moment d'entrer chez nous, qu'il me dit la vérité dans toute son horreur.

Pauvre père ! il était mort à la peine ! Ce qu'il a dû souffrir, pendant ces dix années, est inexprimable !

J'eus un profond chagrin; mais ma mère, qui se relevait d'une syncope pour retomber dans une autre, m'empêcha d'y donner libre cours. Sur le moment je dus refouler mes larmes.

CHAPITRE VI

Mon grand-père Ruhmkorff

Je vais essayer de me remémorer tout ce qui a frappé mon esprit quand j'étais petite fille, et vous parler de mon grand-père Ruhmkorff. Quand on est enfant, on se laisse vivre, et sait-on seulement que le grand-père que l'on embrasse, à qui l'on récite une fable le jour de l'an et pour lequel on fait un ouvrage à l'aiguille ou au crochet pour sa fête, est un homme célèbre ?

Mon grand-père Ruhmkorff naquit à Hanovre le 15 janvier 1803, d'une famille nombreuse. La maison, un amour de petite maison, ne pouvait héberger les dix à douze frères et sœurs ; aussi, lorsqu'ils arrivaient à un certain âge, on les mettait en apprentissage. C'est ce qui arriva pour mon grand-père. On lui fit apprendre, paraît-il, le métier de tourneur sur bois ; mais ce métier n'étant pas de son goût, il refit un apprentissage de deux années chez un mécanicien, à Stuttgart. Il avait alors vingt ans, quand il partit pour l'étranger, le sac sur le dos. De Stuttgart il vint à Paris, entra chez un mécanicien, mais n'y resta qu'un an et demi. Il était déjà si habile, à ce que l'on dit, qu'il eut vite acquis la faveur d'un professeur de physique, M. Faraday, en réparant un appareil dont celui-ci avait absolument besoin pour ses cours.

Il alla en Angleterre, à Londres, mais n'y resta pas longtemps, et en 1827 il retourna en Allemagne. Il avait conçu le projet, après avoir revu sa famille, de s'embarquer pour la Russie. Le jour où il devait partir, il passa la soirée en joyeuse compagnie et arriva trop tard au port d'embarquement ; le vaisseau avait déjà pris la mer. Quelque temps après, on apprit qu'il avait fait naufrage. Cet heureux hasard conserva mon grand-père à la science et aux siens .

Il retourna à Hanovre, mais ne put s'y fixer définitivement. Paris exerçait sur lui un attrait irrésistible. A cette époque, la physique pratique atteignait son point culminant. Il entra comme ouvrier chez le célèbre mécanicien Chevalier, où il travailla quelques années.

Je vais maintenant laisser la parole à des personnes plus compétentes que moi et vous donner des extraits des divers articles publiés sur mon grand-père, par quelques journaux.

En 1864, le *Moniteur Illustré,* sous la signature de M. A. Hermant, s'exprimait ainsi :

« M. Ruhmkorff se sentait né pour devenir autre chose qu'un simple ouvrier. En 1839, il quitta son dernier patron et s'établit à son compte. Ses débuts furent modestes, comme ceux de tous les hommes qui ont besoin, pour vivre, de leur salaire quotidien, et c'est dans une petite chambre qu'il construisit le premier de cette série d'instruments qui devait aboutir à cette magnifique machine qui vient de mériter le prix de 50.000 francs.

» En 1844, M. Ruhmkorff exposa un appareil thermoélectrique, complètement transformé par lui, qui servit aux belles expériences de Melloni ; il reçut pour récompense une médaille d'argent.

» A l'Exposition Universelle de 1855, le succès de M. Ruhmkorff fut complet avec son appareil d'induction ; le jury lui décerna une médaille de première classe. L'Empereur lui donna la croix de la Légion d'honneur.

» Nous ne pouvons énumérer ici tous les appareils construits par M. Ruhmkorff ; disons seulement que son nom est attaché à toutes les applications nouvelles de l'électro-magnétisme.

» En 1858, l'Académie lui décerna le prix de Trémont, de 5.000 fr., institué pour aider dans ses recherches un savant sans fortune, à raison de 1.000 fr. par an.

» Aujourd'hui, le nom de Ruhmkorff est européen, tous les cabinets de physique possèdent ses instruments, et les savants de tous pays ont recours à lui pour l'exécution des appareils les plus exacts et les plus délicats.

» M. Ruhmkorff est aussi modeste et aussi désintéressé que remarquable par son talent. Les plus hautes notabilités scientifiques ont pour lui autant d'estime que de considération, et tous les amis des sciences ont vu avec un véritable plaisir la récompense, juste et méritée, qui vient de lui être décernée. »

Dans son numéro du 28 janvier 1868, le *Moniteur Uni-
versel* écrivait :

« Le laboratoire de la Sorbonne, à peine installé, ne pouvait offrir à l'Empereur les prémices de nouvelles découvertes. Mais, par une délicatesse qui a dû vivement toucher
Leurs Majestés, les choses avaient été préparées de façon
que tous les honneurs de la séance ont été pour les magnifiques expériences de M. Ruhmkorff, reproduites par lui-
même, avec une habileté incomparable, à l'aide de sa
puissante bobine d'induction magnéto-électrique.

» Personne n'ignore que le prix de 50.000 francs a été
décerné à ce sagace et inventif constructeur, dont la modes-
tie égale le mérite. Pour la première fois, M. Ruhmkorff
avait l'honneur d'être présenté à l'Empereur. Sa joie
était grande assurément, et je ne saurais dire pourtant
lequel a dû être le plus touché, du noble ouvrier ou du
Prince auguste, ami et providence du peuple, saluant dans
M. Ruhmkorff le prolétaire qui a su conquérir un nom
européen. »

Voici maintenant un Extrait des comptes rendus hebdo-
madaires des séances de l'Académie des Sciences.

Le 24 décembre 1877, après la mort de mon grand-père,
M. Dumas se fit l'interprète des sentiments de regrets
que cette perte inspira aux physiciens et à tous ceux qui
s'intéressent aux progrès des sciences :

« Le puissant appareil d'induction construit par M.
Ruhmkorff est maintenant employé dans le monde entier ;
il a permis d'obtenir, dans les applications de l'électricité,
des résultats qu'aucun appareil connu auparavant n'aurait permis de réaliser. Pour les services qu'il a rendus
à la science, M. Ruhmkorff a obtenu le grand prix de
50.000 francs, destiné à récompenser l'auteur des plus
remarquables applications de la pile Volta. Mais, ce qui
lui donne des droits particuliers au souvenir, à la reconnaissance des hommes de science, c'est la parfaite libéra-
lité avec laquelle il n'a jamais cessé de mettre à leur
disposition, pour les recherches originales, les conseils
de sa longue expérience et les ressources exceptionnelles
réunies dans ses ateliers. »

J'ai encore sous les yeux *L'Année Scientifique et Indus*
trielle de 1878, où il est parlé de mon grand-père avec le
plus grand éloge ; mais pour ne pas me répéter je me

bornerai à reproduire le discours prononcé sur sa tombe par M. Jamin, membre de l'Institut :

« On me demande de prononcer, au nom de l'Institut, quelques mots sur la tombe qui va se fermer sur les restes de Ruhmkorff.

» Je prie d'excuser l'insuffisance de ces mots ; il ne m'était pas permis de me préparer, ni de rassembler mes souvenirs.

» Je me bornerai à raconter simplement comment je fis la connaissance de Ruhmkorff et je ferai part de quelques traits de la vie de cet ami des sciences.

» En 1845, Melloni remplissait le monde de la gloire de ses belles découvertes. Ruhmkorff se trouvait à Paris, où il était venu du Hanovre, sa patrie, pour fabriquer des appareils électriques. Melloni cherchait, dans ce même temps, un constructeur capable de réaliser ses idées, et bientôt il nous invita à assister à ses expériences.

» Il nous conduisit au Marais dans une chambre meublée, très simple, où Ruhmkorff avait établi son atelier. Nous y vîmes le premier et le meilleur appareil thermo-électrique qui jamais ait été fait. Et, pourtant, il faut que je le dise, ce qui excitait le plus mon attention, ce n'était pas cet appareil, si élégant et si parfait, c'était le constructeur, c'était Ruhmkorff, un grand jeune homme blond, à l'expression intelligente et sympathique, au regard profond dans les yeux vifs.

» C'était heureux pour lui d'avoir rencontré Melloni, comme celui-ci était heureux d'avoir trouvé Ruhmkorff.

» Depuis ce temps Ruhmkorff a construit une foule d'appareils répandus dans le monde entier, tous d'une sensibilité parfaite, tous dignes de leur créateur.

» J'ai vu Ruhmkorff une autre fois, dans un moment bien important pour lui. J'étais allé chez lui à cause de différents travaux que je voulais lui faire faire. Je le trouvai transporté de joie. Il essayait l'nstrument qui porte aujourd'hui son nom : la *bobine de Ruhmkorff*. Des étincelles jaillissaient de l'instrument, comme jamais on n'en avait vu ; il montrait les effets de tension produits par l'induction ; il changeait l'électricité dynamique en électricité statique.

» Cette découverte attira l'admiration du monde savant tout entier sur l'inventeur et elle a le plus contribué à rendre immortel le nom de Ruhmkorff.

» On conçoit la joie de Ruhmkorff, si l'on connaît les progrès que cet appareil a permis de faire à la Science.

» De tous côtés les marques de distinctions, d'honneurs, arrivaient ; il n'aurait eu qu'à se baisser pour les prendre, il ne s'en occupa pas. C'est presque contre sa volonté qu'il devint Chevalier de la Légion d'honneur et qu'il fut décoré, par le roi de Hanovre, de l'ordre pour les Sciences et les Arts.

» Quand la Commission à laquelle j'avais l'honneur d'appartenir fut nommée par l'Institut pour décerner la plus haute récompense qui fût jamais donnée : le prix de Volta de 50.000 francs, il fut décerné de suite et à l'unanimité à Ruhmkorff.

» Il ne lui manquait ni l'estime, ni la considération, ni l'affection des savants. Il aurait pu gagner des fortunes, il ne s'en soucia pas. Il mourut pauvre ! C'est le dernier et le plus bel éloge que je puisse faire de lui.

» Adieu Ruhmkorff, tu emportes avec toi l'admiration du monde scientifique, notre estime et nos regrets à nous tous. »

A son centenaire, on apposa cette plaque commémorative sur la maison dans laquelle il est né, Rothereihe 3, à Hanovre :

« *Ici naquit* Henri Daniel Ruhmkorff, *l'inventeur de*
» *la bobine d'induction, le 15 janvier 1803. Erigé par la*
» *Société des électro-techniciens de Hanovre, le 15 janvier*
» *1903.* »

J'ai lu dans le compte rendu de la fête qui fut donnée à Hanovre le jour du centenaire, et dans lequel j'ai puisé quelques renseignements, que mon grand-père aurait refusé une décoration de l'Empereur d'Allemagne. Je comprends ses raisons, si cette offre lui a été faite après 1870. Pendant la guerre, il était à Paris et travailla pour la défense de la France contre la Prusse. Il ne pouvait donc accepter une distinction du roi de Prusse. Je lui ai entendu dire bien souvent alors que c'était une guerre injuste, car ils étaient trois contre un !

Dans ce compte rendu, il est dit aussi qu'on avait mis une sentinelle à sa porte pour le surveiller parce qu'il était Allemand, et que l'on craignait qu'il ne se servît de ses explosifs contre les Français. Cette assertion est erronée. Si on a placé une sentinelle à sa porte, c'était précisément pour le protéger et éviter qu'il ne lui arrivât malheur. Le peuple, dans sa haine aveugle, aurait pu, ne pensant qu'à sa nationalité germanique, lui faire un mauvais parti.

La France fut reconnaissante à mon grand-père des services qu'il lui rendit, car la ville de Paris tint à donner son nom à une rue de la capitale.

Il quitta Paris pendant quelques semaines, parce qu'il était malade. Il avait été fort effrayé par un obus qui avait traversé le placard de sa chambre. Il valait mieux qu'il s'éloignât, d'autant plus que ses services n'auraient plus été aussi appréciés, car la Commune, avec toutes ses horreurs, éclata bientôt. Il revint, du reste, aussitôt le calme rétabli ; une lettre de lui adressée à mon père, le 23 mai 1871, annonçait à celui-ci son retour pour la semaine suivante. Il n'était d'ailleurs plus jeune, puisqu'il mourut le 19 décembre 1877.

Il fut regretté par tous les professeurs de la Sorbonne et par tous les savants de son époque avec lesquels il avait été en relations : Faraday, Melloni, Biot, Becquerel, Dumas, Regnault, Jamin, etc... C'est à la bobine d'induction de mon grand-père que Roentgen est redevable de sa célèbre invention.

Je n'énumérerai pas les nombreuses médailles d'or et d'argent qui furent décernées à mon grand-père, aussi bien au Hanovre qu'en France, en Russie, au Portugal etc...

CHAPITRE VII

Mon grand-père Ruhmkorff

(suite)

Après avoir parlé de mon grand-père comme savant, qu'on me permette de parler de lui comme homme privé. Non que je veuille en quoi que ce soit ternir sa mémoire aux yeux de ces hommes de science dont il faisait partie ; mais il avait son caractère, qui ne manquait pas d'originalité. Au dire de ses ouvriers, il était entier, il ne supportait personne auprès de lui, et encore moins qu'on le contredise. C'est la raison pour laquelle il rendit non seulement mon père malheureux, mais encore son fils, mon pauvre oncle Henri, qui, lui aussi, mourut pour ainsi dire à la peine !

Comment aurait-il pu en être autrement ? Jamais un mot d'amitié ne lui fut dit par son père. Du reste, les ouvriers affirmaient que mon père et mon oncle avaient dû beaucoup souffrir moralement, étant moins considérés par mon grand-père que les hommes de peine. Il est vrai que, si celui-ci fut dur pour les autres, il le fut aussi pour lui-même, car il ne connaissait aucun plaisir ; il s'était adonné au travail, et quand il n'était pas dans ses ateliers, il travaillait dans son cabinet, à la recherche de quelque autre invention ou perfectionnement.

On racontait dans la famille que, lorsqu'il eut inventé sa bobine d'induction, l'Empereur Napoléon III désira qu'on en fît l'expérience devant lui. On aménagea à cet effet comme il a déjà été mentionné, une salle de l'Observatoire où toute la Cour se rendit. Mon grand-père, qui était loin de penser à l'étiquette, envoya ses ouvriers munis des appareils et sauta dans une voiture. Lorsqu'il arriva au vestiaire, un domestique voulut lui enlever son pardessus ; mais il s'y refusa, car, disait-il, il se trouverait en bras de chemise. Il se vit obligé de mettre une redingote, qu'une âme complaisante lui prêta.

Ou il était distrait, tout à ses appareils, ou bien il n'avait pas songé à se faire faire un habit, étant toujours en blouse chez lui. Lorsque j'étais petite fille, je me rappelle avoir pourtant vu sa garde-robe bien montée.

Le prix que mon grand-père reçut pour son invention fut pour lui d'un grand secours ; mais, malheureusement, il s'éprit de la médecine, ayant contribué à ses progrès, et les étudiants en médecine trouvèrent auprès de lui bon accueil.

Quelqu'un lui fit la remarque qu'il avait des enfants, qu'il devrait penser à eux et prendre un brevet. Il répondit catégoriquement qu'il avait travaillé pour la Science : « Que mes enfants fassent comme moi, dit-il, qu'ils travaillent. »

Il était si peu intéressé que mon père, qui était chargé de ce soin, n'arrivant pas à tenir ses comptes en règle, y renonça et aida mon oncle dans ses travaux. Un jour même qu'il se dirigeait vers un certain endroit, ne le vit-on pas prendre dans sa poche une liasse de billets de banque ? Alors, s'étant rendu à l'évidence, il se fit acheter un portefeuille ; mais, un autre jour, on trouva ce portefeuille tout bourré sur la planchette de ce même endroit.

Il était incorrigible ; l'argent n'avait aucune valeur pour lui. Un de ses apprentis lui demandant où était la caisse, afin qu'il ne se dérangeât pas, mon grand-père lui dit, en lui montrant sa poche : « La caisse ? la voilà ». Le jour où on le vit marcher dans son atelier avec un billet de 100 francs collé au talon, on vit bien qu'en effet il n'avait pas de caisse.

S'il allait à l'enterrement d'un de ses ouvriers, il en payait tous les frais, sans compter. Pourtant, il tenait la dragée haute à ceux qu'il n'aimait pas, car il donna pendant très longtemps 3.50 fr. par jour à mon père, bien qu'il sût ma mère toujours malade. Cela devait suffire pour quatre personnes. Plus tard seulement il augmenta indirectement mon père en payant nos pensions, comme je l'ai déjà dit du reste ; cela lui fut suggéré par sa sœur, qui était venue le voir.

Au jour de l'an, lorsque nous étions petits, il nous donnait à chacun un sac rempli de pièces blanches et de cuivre. Alors, il nous installait sur un petit banc, devant une chaise, sur laquelle nous devions mettre des piles de 2 francs, de 1 franc, de 0.50 fr., de 0.20 fr., puis de gros et de petits sous, et additionner tout cela, pour lui dire la somme. Il était content lorsque nous avions un compte juste, et alors c'était notre cadeau. Quant à nous, qui savions que notre mère nous achèterait, non pas des jouets, mais quelque chose d'utile avec notre fortune, nous n'étions pas plus enchantés que cela! Généralement, il y avait dans chaque sac la somme de 100 francs.

Cela me rappelle que, voulant faire plaisir à mon grand-père, ma mère — j'avais alors douze ans à peine — me fit confectionner une chemise d'homme. Ma mère dirigea seulement mon travail ; mais ce fut moi qui la cousis entièrement. Lorsque je la portai à mon grand-père pour sa fête, je puis certifier que cela en fut une pour moi. Avec quelle fierté je déployai mon ouvrage devant lui. C'était bien mon œuvre, cette chemise. Aussi, en levant les yeux sur mon grand-père, je vis briller dans les siens une telle lueur de plaisir, que j'en ressentis une grande joie.

« C'est bien toi qui l'as faite, » me dit-il ? — « Oui, bon papa, maman l'a taillée et m'a montré à la faire! » — « C'est bien », dit-il. Puis, il m'embrassa, fouilla dans sa poche, en tira un billet de 100 francs qu'il me mit dans la main, en ajoutant que j'en aurais autant pour chaque chemise que je lui ferais.

Il fallait que tout pliât sous sa domination, même les personnes pour lesquelles il avait de l'affection.

L'ouvrier auquel il voulait donner sa fille en mariage tomba en disgrâce et se vit forcé de partir bon gré mal gré. Mon grand-père, qui ne pouvait faire un meilleur choix, avait envoyé cet ouvrier à Tunis pour faire devant le bey des expériences avec des appareils d'induction. Le bey voulut que l'on fît aussitôt les essais et il proposa à l'ouvrier de faire sauter le lustre, en lui disant que, si cela réussissait, il prendrait les appareils.

Il s'agissait de ne pas laisser de doute sur l'efficacité de l'invention ; aussi l'ouvrier réussit-il pleinement à se conformer aux ordres du bey. Le lustre sauta donc! Le bey, enthousiasmé, donna à l'ouvrier une tabatière garnie de diamants. Celui-ci, de retour à Paris, montra à mon grand-père le présent que le bey lui avait fait. Mon grand-père prétendit que cette tabatière lui revenait. L'ouvrier ne voulut pas s'en démunir, et ces deux hommes qui avaient vécu en bonne harmonie pendant de longues années ne purent plus se voir. Finalement mon grand-père aima mieux se passer de son ouvrier et ils se séparèrent.

Il demeurait rue Champollion dans une maison qu'il avait louée en entier et dans laquelle il avait installé ses différents ateliers. Par l'intermédiaire du concierge, il sous-louait des chambres meublées à des étudiants en médecine, qu'il logeait trop souvent à titre gracieux. Ceux-ci ne devaient jamais amener de femmes chez eux. Sur chaque porte, il y avait cet écriteau : « Ici, les femmes n'entrent pas. » Les femmes y entraient pourtant et le concierge n'y voyait que du feu. Elles n'entraient pas par la porte ; mais elles entraient par la fenêtre.

A la mort de mon grand-père, les meubles suivirent l'exemple des femmes qui passaient par les fenêtres ; je l'ai vu de mes propres yeux. On ne trouva pour ainsi dire que des chaises bancales et quelques tables et lits démolis.

J'ai entendu raconter dans la famille qu'un jour mon grand-père voulut punir ces étudiants qui l'empêchaient de dormir par le bruit qu'ils faisaient pendant la nuit. Il installa donc un soir sur la porte d'entrée de la maison une grosse caisse qu'il fit marcher à l'électricité à l'heure à laquelle les étudiants avaient coutume de se coucher, à quatre heures environ. Cela fit un bruit assourdissant qui réveilla tout le quartier. On vint le supplier de faire cesser ce vacarme infernal ; mais il répondit simplement : « Il vous plaît, à vous, de faire du bruit quand je dors ; eh bien, il me plaît, à moi, de travailler quand vous voudriez dormir. » Il laissa résonner son tambour pendant près de deux heures.

Mon grand-père, en vieillissant, était devenu extrêmement méfiant et soupçonneux. Tout à coup, ne se mit-il pas à croire qu'on voulait l'empoisonner ; et une fois qu'il était malade il n'accepta de personne une tasse de tisane. Comme il avait une grande affection pour moi, on me fit venir de pension pour le soigner. Je lui faisais donc ses tisanes et je jouais aux cartes avec lui.

Il m'arrivait de passer de temps en temps devant les portes de quelques chambres d'étudiants, lorsque j'allais faire des commissions. Une fois, en descendant, je remarquai qu'une de ces portes était entr'ouverte et que quelqu'un avait regardé par l'entrebaillement ; mais je n'y attachai pas d'importance, car cela arrivait fréquemment dans cette maison. Lorsque je repassai devant cette porte, quel ne fut pas mon saisissement de me sentir prise à bras le corps et positivement enlevée, puis reposée sur mes pieds au milieu de la chambre. Je fus tellement stupéfaite que je ne pus articuler une parole.

Lorsque la porte de cette chambre se referma et que je repris mes sens, ma frayeur fut à son comble. J'aperçus derrière cette porte un squelette tout monté et sur la table des têtes de mort et des ossements de toutes sortes ! Je pensai que cela devait être une plaisanterie de la part du jeune homme qui s'était permis une telle incartade et je lui dis : « Monsieur, laissez-moi sortir, mon grand-père attend sa tisane et vous savez qu'il est sévère. » — « Oui, en effet, vous avez raison, je suis fou ! Je vous en supplie, ne lui dites jamais que je vous ai fait entrer dans ma chambre ». — « Je ne le lui dirai pas ; mais alors laissez-moi sortir à l'instant ». Ce qu'il fit aussitôt en poussant un gros soupir. Je n'avais pas pensé que je courais quelque danger.

Peu après, je fus envoyée en Allemagne et je ne revis pas ce jeune homme. Quand je revins de ce pays — j'avais alors dix-neuf ans — il ne demeurait plus dans la maison ; mais un jour que je passai avec ma mère sur le boulevard Saint Michel, devant un café, j'entendis une exclamation qui me fit diriger les yeux de ce côté et je reconnus cet étudiant. En m'apercevant, il s'était écrié : « Ah ! enfin, la voilà ! » et il s'était précipité, en courant en avant, pour nous devancer et revenir sur ses pas, en me dévorant des yeux.

J'avais dû rougir un peu, car ma mère m'avait regardée et je craignais quelques questions ; mais elle s'en abstint, de sorte que je pus tenir la promesse que j'avais faite à ce jeune homme que je ne revis plus jamais.

Mon grand-père, inconsciemment, je l'espère, faisait souffrir ceux qui ne demandaient qu'à le chérir. Il faut dire aussi qu'il y était entraîné par les racontars que lui faisait son vieux contremaître, M. Marchais, si bien nommé par les ouvriers : le « vieux mouchard ». On croit même qu'il n'avait jamais travaillé lui-même et qu'il n'était employé que pour surveiller et rapporter ce que l'on disait et faisait. Si sa police ne s'était étendue qu'à l'atelier, il ne serait pas sorti de son rôle ; mais cet homme, connaissant le point faible de mon grand-père, en abusait, quitte à faire le malheur de toute une famille ! Il fallait qu'il y trouvât un intérêt pour agir ainsi.

Voici, par exemple, un fait qui se passa dans la maison meublée dont je viens de parler : La fille d'un ami de mon père, que j'ai connue personnellement — son nom étant célèbre dans le monde littéraire, je l'appellerai Léonie, — s'était laissée entraîner par un beau jeune homme et avait déserté la maison paternelle.

Un jour, mon père la rencontra, sortant d'une des chambres meublées de la maison ; son devoir étant de lui faire quelques remontrances, il n'y manqua pas. Il revint même à la rescousse plusieurs fois, alla la trouver dans la chambre qu'elle habitait et tenta tout pour la faire revenir au bercail ; mais Léonie lui tint tête et préféra la vie qu'elle menait.

Mon pauvre père, tout en voulant faire le bien, se fit à lui-même beaucoup de mal. Le vieux contremaître l'avait vu entrer à plusieurs reprises dans cette chambre, et, comme il y avait une femme, il en déduisit que c'était sa maîtresse et raconta à mon grand-père les allées et venues de son gendre. Il mit, moralement, de l'huile sur le feu et alluma un grand incendie ! Si encore on avait parlé à mon père, il aurait pu se disculper. Mais non ; aussi la haine de mon grand-père pour mon pauvre père devint-elle encore plus féroce, et celui-ci fut plus maltraité que jamais. Ce fut seulement après leur mort à tous deux que le mystère s'éclaircit.

J'étais allée à Hanovre voir ma grand'tante, et comme je restai quelques semaines avec elle, nous causâmes du passé ; elle me dit, un jour, que mon père avait eu bien des torts envers mon grand-père et qu'il lui avait manqué d'égards en amenant ses maîtresses dans sa maison. « Comment, m'écriai-je, on reproche à mon pauvre père une telle infamie ; mais c'est impossible. » Et comme je savais toute l'histoire de Léonie et les pourparlers pour la ramener à la raison, je la racontai à ma grand'tante, avec tant de véhémence qu'elle vit bien qu'ils avaient été trompés, l'un et l'autre, par ce vieux bonhomme. Je la vis pâlir, ses lèvres tremblaient, lorsqu'elle dit : « Est-il possible ! »

Ma tante me raconta alors que, de même, ce vieux Marchais avait dit à mon grand-père qu'il avait rencontré son gendre avec une de leurs nièces et que, pour cette raison, mon grand-père aurait défendu sa porte à la fille de son frère, croyant fermement que mon père avait cherché à faire d'elle sa maîtresse.

Je répondis qu'il était malheureux que la lumière se fît quand mon père et mon grand-père étaient morts. J'ajoutais que, du reste, Dieu avait puni les coupables ; car ce contremaître et sa femme, qui l'aidait à espionner ma famille, avaient été écrasés par un omnibus peu de temps après la mort de leur bienfaiteur. Ainsi Dieu n'avait pas permis qu'ils jouissent du fruit de leurs calomnies et de leur infamie.

Mon grand-père avait le tort d'embaucher parfois, pour son travail, des hommes qui venaient simplement mendier.

Je me rappelle — j'étais alors petite fille — qu'il vint un chanteur dans la cour. Il dit être sans travail. Mon grand-père me demanda s'il avait ses deux bras. Je lui répondis affirmativement. « Fais-lui signe de monter. » Je m'exécutai de mon mieux pour me faire comprendre de cet homme, qui monta bientôt après. Mon grand-père lui dit que, s'il voulait travailler, il y avait de l'ouvrage pour lui dans sa maison ; mais le mendiant répondit qu'il préférait son métier. « Oh! là, là, là, là! Il n'est guère honorable votre métier, Monsieur. » Le mendiant partit un peu honteux.

Ce M. Marchais, lui, faisait-il aussi un métier honorable? M'est avis qu'il est entré chez mon grand-père de la même manière que cet homme. Je ne saurais dire à quelle époque il est parvenu à ce poste de confiance ; mais, que ce soit lui ou un autre, ayant les mêmes aptitudes, toujours est-il qu'il a fait beaucoup de mal à mes parents ainsi qu'à mon oncle Henri et que nous en avons porté le poids pendant toute notre vie !

CHAPITRE VIII

Tristes conséquences
du célibat de mon grand-père

Mon grand-père s'était épris d'une Anglaise. Etait-ce à Londres ou à Paris ? Je ne saurais le dire ; mais comme cela n'a pas d'importance, je ne raconterai que ce que j'ai appris plus tard des lèvres de ma mère, qui, après la mort de mon grand-père, finit par déverser l'amertume de son cœur dans le mien.

Ma mère et son frère étaient jumeaux, nés pour ainsi dire sous une porte, car ma grand'mère, l'Anglaise dont je viens de parler, avait voulu aller faire une prière à l'église avant de s'aliter ; mais il était trop tard ; en rentrant, elle se sentit prise de douleurs, se réfugia sous une porte, où elle mit au monde un des deux enfants. Etait-ce le garçon ou la fille ? Je ne l'ai jamais su.

Mon grand-père n'était pas marié ; mais il reconnut ses deux enfants, en se promettant d'épouser la mère plus tard. Il y avait malheureusement auprès de lui quelqu'un qui empêcha l'accomplissement de cette promesse. Chaque fois que l'on faisait des préparatifs pour régulariser les choses, mes tantes de Hanovre étaient prévenues et il en arrivait une, comme par hasard ; alors on remettait encore la cérémonie. C'est ainsi que les années passèrent. Puis, mes grands-parents s'étaient quittés, ils avaient mis les enfants en garde et ma grand'mère, finalement, entra dans un couvent en Angleterre.

Il paraît que, lorsque j'étais toute petite, je parlai d'elle à mon grand-père et je lui posai des questions embarrassantes. Il fut pris de remords et fit appeler sa fille, à qui il dit d'écrire à sa mère de venir, qu'ils iraient à la mairie. Sur ces entrefaites, je tombai malade, mais je me rappelle fort bien ma grand'mère ; car elle se rendit aussitôt à son appel. Comme elle était belle, distinguée ! Je la vois encore : tout en noir, avec ses beaux bandeaux ondulés qui cachaient une partie de ses oreilles.

Pauvre grand'mère ! Son apparition ne fut que de courte durée, car une sœur de mon grand-père arriva de Hanovre et toutes ses bonnes résolutions sombrèrent. Ma pauvre grand'mère partit la mort dans l'âme. Elle retourna au couvent, à Londres, où elle mourut de chagrin deux ou trois ans après !

Plus tard, lorsque j'allai voir cette grand'tante à Hanovre et que je lui demandai, à brûle-pourpoint, pourquoi ses sœurs et elle avaient toujours empêché leur frère de se marier, elle me répondit : « Ton grand-père était fiancé avec une de nos amies. » — « Mais, il avait deux enfants avec ma grand'mère et il avait reconnu ses enfants. » — « Ici, cela n'a aucune valeur ! »

Pauvre grand'mère et pauvre mère, pensai-je ; mais je ne répliquai rien, je baissai la tête ; puis, sentant les larmes me monter aux yeux, j'allai dans ma petite chambre du deuxième, où mon grand-père avait peut-être passé son enfance. Je ne redescendis que pour prendre le café. Ma tante me regarda attentivement. Qu'avait-elle dû penser pendant mes deux heures d'absence ? Plus tard, l'avenir me le révéla. Mais revenons un peu en arrière.

Mon père mourut le 15 décembre 1877 ; l'enterrement eut lieu le 17. Mon grand-père y assista et je vis, à son regard, qu'il avait du chagrin. Ma grand'tante Christiane étant justement à Paris, l'avait accompagné et, comme elle demeurait chez lui, ils partirent ensemble. Ma mère, mon frère et moi, nous rentrâmes après les avoir embrassés tous les deux.

Le 19, dès le matin, j'allai prendre des nouvelles de mon grand-père. Je le trouvai en proie à une forte tristesse. Il me laissa l'embrasser et m'assura qu'il se portait bien. Puis, comme je m'étais assise tout près de lui, il me regarda et me dit : « Maintenant, ma chère enfant, il faut continuer tes études, ensuite tu iras en Angleterre pour te perfectionner dans la langue anglaise, car, vois-tu, ce que tu auras appris sera une fortune que personne ne pourra te prendre et te sera un jour un gagne-pain, s'il arrivait que tu en manques. Dis à ta mère de venir me voir. » Je l'embrassai et je le quittai.

Ma mère se préparait à aller chez mon grand-père dans

l'après-midi du même jour ; mais elle fut retenue par une visite. La nuit était déjà tombée depuis quelque temps, lorsqu'un homme de peine de l'atelier arriva et nous dit que mon grand-père était très malade. Je ne savais que penser l'ayant quitté bien portant quelques heures auparavant. Ma mère était toute tremblante ; il fallait la soutenir pendant le trajet.

Arrivés chez mon grand-père, ma grand'tante se précipite aussitôt au-devant de nous et, je crois encore l'entendre dans son langage nègre, prononcer ces mots : « Pardon, Lise, moi tué père, moi fait entrer nièce et, lui, dire : « Non ! Non ! » et père mort ! » Ma mère fut terrassée, elle ne fit qu'un saut de la porte au lit de son père, où elle vit alors la vérité dans toute son horreur ! Ma mère se releva et nous regarda, mon frère et moi, en nous disant ces paroles que je n'oublierai jamais, tant je fus suffoquée : « Pour eux — en parlant de la famille — je ne suis pas sa fille ! »

Je n'y comprenais rien ; ne connaissant pas le secret de la naissance de ma mère ; je crus qu'elle devenait folle ; mais non, elle savait que, n'étant qu'une enfant naturelle reconnue, cela n'avait aucune valeur pour les Allemands. Mon grand-père avait négligé de se faire naturaliser Français, bien qu'il éprouvât pour la France une sympathie filiale. Qui sait, il en avait peut-être aussi été empêché, comme pour son mariage ! Tout s'expliqua ; mais mon frère et moi nous étions sous le coup de la forte émotion que produisit cette scène.

Mon grand-père avait été fâché avec cette nièce, j'en ai déjà parlé précédemment. Mon père étant mort, ma tante crut que mon grand-père pourrait se réconcilier avec elle et avait écrit à celle-ci de venir le voir. Lorsque ma cousine se présenta à la porte de la chambre, mon grand-père, qui était justement à table et encore sous l'impression pénible de la mort subite de son gendre, lui dit, en la voyant : « Non ! Non ! » et tomba à la renverse sur son fauteuil ! Il était mort ; une attaque d'apoplexie l'avait foudroyé ! C'est la raison pour laquelle ma tante Christiane disait l'avoir tué !

Mon grand-père fut enterré le 22 décembre au cimetière Montparnasse, où il s'était acheté une concession à perpétuité, bien avant la mort de mon oncle Henri, qui y fut enterré le premier.

Ceci est encore une preuve convaincante de l'attachement que mon grand-père avait pour la France et confirme combien il était loin d'avoir la pensée de s'installer en Allemagne, comme il est dit dans le compte rendu du centenaire.

Je me rappelle fort bien qu'un jour — j'étais petite fille — mon grand-père, son beau sourire aux lèvres, dit à ma mère : « Elise, je viens de nous acheter une maison de campagne pour y finir nos vieux jours. » Ma mère, heureuse, lui demanda où elle se trouvait? Mon grand-père la regarda et lui répondit : « A Montparnasse, il y a de la place pour quatre : ton frère, toi, ton mari et moi. » Ma mère embrassa mon grand-père et je compris, plus tard, la cause de son émotion : Mon grand-père avait pensé à mon père.

Lorsque je retournai à Vienne, où j'avais déjà séjourné vingt-cinq ans, après être restée deux ans à Paris, j'eus la visite d'un cousin de Hanovre, Frédéric, accompagné de son beau-frère. Nous passâmes une journée ensemble. Je dînai et soupai avec eux ; ce fut pour moi une journée agréable, car nous allâmes aussi à l'Opéra. Moi qui étais sevrée de tous ces plaisirs, je jouis pleinement de celui qu'on m'offrait si gracieusement.

Il est dit que chaque médaille a son revers ; je crois donc intéresser mes élèves en ajoutant ce petit épisode : Pendant le dîner, nous parlâmes du centenaire de mon grand-père. J'étais alors dans une famille lorsqu'il eut lieu ; la jeune fille, mon élève, étant souffrante, il m'eut été difficile de me rendre à Hanovre. Du reste, la lettre que l'on m'envoya pour me prévenir m'avertissait que, si je voulais prendre un billet pour assister à la fête, je n'avais que jusqu'au 10 courant et je reçus cette lettre dans la soirée du 8! Etait-ce avec intention?

Mon cousin me raconta que l'on avait étendu un tapis par terre et que tous les neveux et nièces de mon grand-père s'y étaient placés, selon leur rang de descendance. « Où m'aurait-on placée, moi? » lui demandai-je. Il me répondit qu'on n'aurait pas pu me présenter comme la petite-fille. « Va, me dit-il, dans la ville où j'ai fait mes études et tu y verras assurément quelques personnes me ressemblant, car, étant étudiant, j'y ai eu sans doute des enfants, et je ne sais ce qu'ils sont devenus. » — « Mais, répliquai-je, ma mère a été reconnue par son père. » Il m'offrit des fruits et fit semblant de ne pas m'avoir entendue.

Si ce cousin a eu des enfants illégitimes, Dieu ne lui en a pas envoyé en mariage. Est-ce une punition pour avoir délaissé toutes ces femmes et ces pauvres petits êtres ? Rien ne reste impuni. Si ce n'est en cette vie, cela sera en l'autre !

Quand je pense que ce fut mon grand-père qui l'aida à se créer une position, en lui en avançant les fonds. Nous en trouvâmes les preuves dans les papiers de la succession. Il est vrai qu'il avait déjà remboursé un acompte. N'est-il pas aussi entré en compte cet amour de petite maison, dont j'ai déjà fait mention et qui fut donnée par mon grand-père à sa sœur aînée, pour certaines dépenses qu'elle aurait faites pour lui ?

Selon les lois françaises, ma mère hérita, je crois, de la moitié, bien que mes tantes de Hanovre n'eussent jamais voulu la reconnaître officiellement pour la fille de leur frère et qu'elles eussent tout fait pour que la liquidation eût lieu suivant les lois allemandes.

Heureusement qu'en France on n'a pas les idées aussi étroites, car je vois à quelques lettres que reçut ma mère au moment de la mort de mon grand-père, qu'elle fut regardée par tout le monde comme sa vraie fille, et du reste ne l'était-elle pas ? J'ai, entre autres, les lettres de l'abbé Moigno et de M. de Trêve ; ce dernier annonçait à ma mère qu'on allait s'occuper de faire une souscription pour ériger une statue à Ruhmkorff, qu'il nommait une célébrité française. J'appris plus tard que quelqu'un s'en était occupé et que l'on avait déjà 600 francs environ, lorsque cette personne mourut ! On ne donna malheureusement pas suite à ce projet.

J'eus sous les yeux un brouillon de testament que mon grand-père avait rédigé la veille de sa mort. Il me nommait sa légataire universelle. Seulement, je devais verser annuellement une rente à ma mère ; et mon frère devenait propriétaire de son usine. Ce chiffon de papier n'était pas signé ! La firme, après son décès, fut achetée par M. Carpentier, ingénieur, qui, ainsi qu'il me l'a dit lui-même, avait fait sa fortune avec le nom de Ruhmkorff.

CHAPITRE IX

Mon mariage

Après ces deux décès, si cruels et si rapprochés, je retournai au couvent aussitôt que ma mère fut un peu remise de ces grandes émotions. Je voulais au moins finir l'année, afin de passer l'examen auquel je m'étais préparée ; mais malheureusement mes études avaient été interrompues pendant trop longtemps et l'on ne me présenta pas. A la fin de l'année scolaire, je revins donc auprès de ma mère. Sur ces entrefaites, vers la fin de l'été, le Comte Scala, dont j'avais fait la connaissance chez Mlle T..., vint nous rendre visite et, quelques jours après, sa mère me demandait en mariage. J'ai déjà dit que j'avais de l'affection pour lui, vu la préférence dont j'avais été l'objet près de cinq ans auparavant.

Je croyais qu'il m'avait oubliée pendant la durée de son service militaire, qu'il avait fait en Afrique ; j'étais touchée de sa demande, touchée et heureuse, car je l'aimais. De son côté, ma mère était fière du titre de son futur gendre. Quant à moi, ce n'était pas son titre qui m'attirait ; mais sa personne, ses manières distinguées. Il me semblait être un homme supérieur. Iustruit, il l'était, sachant deux langues étrangères. De plus, il était journaliste, ce qui me plaisait beaucoup. Brun, grand, bel homme, il représentait à mes yeux le mari de mes rêves.

Pourtant, s'il plaisait à ma mère comme futur gendre et à moi comme futur mari, il ne plaisait à personne de ma famille et encore moins à mon frère.

Un ami d'enfance, Jules B..., voyant lui échapper la fiancée qu'il s'était proposé d'obtenir, mit tout en œuvre pour empêcher ce mariage. Il prit des renseignements et, un beau matin, vint me débiter tout ce qu'il avait appris sur le compte de M. Scala : C'était un noceur, un chercheur de dot qui avait déjà eu plusieurs enfants et qui s'était vu forcé de s'engager pour éviter des ennuis, un grand scandale même ; que sais-je encore ?

Cet ami d'enfance eut la maladresse d'ajouter : « Crois-moi, ne le prends pas pour mari, refuse-le pendant qu'il en est temps encore ; on mettra les meubles au garde-meubles, et dans un an nous nous marierons. »

J'étais pétrifiée, lorsqu'il me quitta sur ces paroles. Je pensai qu'il était jaloux de mon fiancé et que c'était la cause principale qui l'avait porté à faire cette démarche auprès de moi. Il avait aussi prévenu contre M. Scala mon frère, ma grand'mère, enfin toute ma famille. Je me sentais si seule, avec ma mère, tête faible, n'ayant pas d'énergie et incapable de me conseiller. J'allai sur la tombe de mon pauvre père pour me ressaisir et chercher une solution ; mes nerfs étaient ébranlés. Il me sembla qu'une inspiration me venait de dessous terre, je quittai la tombe un peu réconfortée ; j'avais résolu de rompre avec M. Scala, mais de ne pas épouser Jules B....

Le soir, M. Scala arriva comme d'habitude. Il me trouva toute changée à son égard et me le dit. Je lui déclarai qu'en effet, ayant appris certaines choses, je reprenais ma parole ; puis mes nerfs se mirent de la partie. Je ne sais si ce fut la trop forte émotion, mais je perdis connaissance. Pendant ce temps mon frère avait dû avoir une altercation avec M. Scala, car lorsque je me remis de mon évanouissement, je vis qu'il était prêt à se battre avec lui ; j'en entendis assez pour comprendre l'importance de la scène qui s'était passée entre eux. Je trouvai que mon frère, qui avait alors dix-sept ans et demi, était trop jeune pour intervenir dans la question de mon mariage ; ma mère perdait la tête. Mes nerfs se détendirent et j'eus alors un flot de larmes, de sanglots que je ne pus réprimer.

Mon frère quitta la chambre et mon fiancé profita de son départ pour me dire de douces paroles, il finit par me convaincre qu'il avait été odieusement calomnié et qu'il saurait me le prouver. Je me dis : puisqu'il m'aime tant, mon amour saura bien me l'attacher et le rendre ce que je veux qu'il soit ; s'il est vrai qu'il ait tous ces défauts, il s'en corrigera ; et malheureusement je lui rendis mon cœur !

Mon frère ne revint pas, et pendant les trois mois que durèrent mes fiançailles, M. Scala et lui ne se retrouvè-rent jamais en présence. C'était de la part de mon frère une antipathie insurmontable. Quant à ma grand'mère, elle était surtout fâchée, d'après les dires de ma mère, de voir que sa petite-fille allait se marier et que ses filles ne l'étaient pas. Je me laissai facilement convaincre, bien que j'en eusse éprouvé beaucoup de chagrin.

Enfin, le jour de mon mariage arriva et avec lui une série de chagrins, de soucis, les uns plus gros que les autres ! Je me mariai le 11 janvier 1879. Comme mon mariage devait être célébré à l'église Saint Etienne du Mont, aussi nommée Sainte Geneviève, et que c'était le temps de la neuvaine, je n'avais pu me confesser la veille, j'y allai donc le matin de la cérémonie. Ce fut, je puis le dire maintenant, un jour néfaste ! Je fis une chute si malheureuse, en revenant de me confesser, que j'aurais pu me blesser grièvement. Il y avait du verglas dans la rue ; mais je n'étais pas encore superstitieuse, puis, remplie de l'espoir de faire de mon fiancé un mari modèle, envié de tous ceux qui l'avaient dénigré, je ne m'en préoccupai pas.

Je rentrai m'habiller et je trouvai sur mon lit une jolie paire de jarretières toutes blanches, que mon frère m'offrait. Je m'apprêtais à l'en remercier, mais j'appris qu'il ne voulait pas me voir et qu'il n'assisterait pas à mon mariage. Ce fut un grand chagrin pour moi, pour mon pauvre jeune cœur qui avait déjà tant souffert ! Rien ne changea la décision d'Alphonse. La pensée me vint alors que quelqu'un le poussait à agir de la sorte, ou que c'était peut-être un mouvement de faux orgueil. Toujours est-il que j'allai à la mairie et à l'église le cœur navré, car j'avais pour mon frère une affection sincère. J'espérais que le temps arrangerait les choses, mais il n'en fut rien ; il me tint rigueur pendant des années.

Les premières semaines furent celles que l'on nomme la lune de miel. Elles furent pourtant troublées par une demande que me fit mon mari. Je dus lui promettre de ne jamais me confesser et de n'aller à l'église qu'aux occasions inévitables. Il ajouta que le jour où je contrarierais ce désir, il commencerait à aller au café. Ayant gardé en mon âme des principes religieux, j'en souffris ; mais, bien que cela me coûtât beaucoup, je tins ma promesse ; seulement, Jacques se garda bien de tenir la sienne.

J'étais si heureuse de mon joli petit nid — car ma mère m'avait gâtée — qu'au début je ne m'aperçus pas que mon mari me racontait des balivernes pour excuser ses

absences, qui devenaient de plus en plus fréquentes. Il
n'attendit pas longtemps ; quelques mois après notre mariage, il commença à rentrer fort tard, puis, il finit par ne
plus rentrer que le matin. D'abord, j'eus peur qu'il ne lui
fût arrivé quelque chose et je passais mes nuits à l'attendre, à la fenêtre.

Un jour, je reçus une lettre anonyme, m'annonçant que
la nuit précédente, M. Scala avait fait le fanfaron en prenant dans sa poche, une poignée de pièces d'or qu'il avait
lancées d'un bout de la salle à l'autre, en disant : « De l'or,
voyez comme je m'en soucie! » Les garçons de café lui
avaient rapporté ce qu'ils avaient trouvé et il avait remis
toutes ces pièces dans sa poche, sans les compter !

Que de déceptions j'eus alors. Je constatai que mon
mari était fort dépensier. Puis, ses amis vinrent, l'un
après l'autre, lui réclamer l'argent qu'ils lui avaient prêté
avant son mariage. Enfin, j'appris, en outre, que tout ce
qu'il avait sur lui, tous les cadeaux qu'il m'avait faits
provenaient des libéralités de ma mère. Malheureusement,
elle venait d'hériter de son père, lorsque je me fiançai,
et, faible comme elle l'était, ne sachant pas compter, fière
d'avoir un comte pour gendre, ma mère payait, payait
toujours. Il lui demandait de l'argent, en lui disant qu'il
s'agissait pour lui d'une bonne affaire ; mais ses préten-
dues spéculations étaient toujours malheureuses !

Je finis par voir clair dans les agissements de mon mari
et je priai ma mère de refuser catégoriquement de lui
donner de l'argent, afin de l'obliger à se mettre au travail.
Puis, je montrai mes comptes à Jacques, afin qu'il jugeât
par lui-même de la gravité de la situation, de l'immi-
nence d'une ruine dans laquelle nous allions tous som-
brer et dont ma mère, vu son âge, deviendrait la première
victime. Je ne pouvais plus me faire d'illusions, ma mère
qui cédait toujours, était à bout de forces. J'avais déjà
voulu, une fois que je me trouvais seule avec elle, lui
montrer qu'elle pourrait sauver quelque chose, et qu'en le
plaçant bien elle aurait encore un morceau de pain pour
ses vieux jours ; mais je tombai mal avec ma morale,
car ma mère me répondit que cela ne me regardait pas.
C'est alors que je compris l'ascendant que mon mari
avait pris sur elle !

Pour donner moi-même l'exemple de l'économie, je
renvoyai ma cuisinière : j'avais plusieurs motifs pour
n'avoir aucun égard envers cette femme, qui faisait ronde

ment danser l'anse du panier. C'était ma mère qui me l'avait cédée et, voyant qu'elle avait affaire à une jeune femme inexpérimentée, ne connaissant absolument rien de la vie, elle me trompait sans scrupule.

Ceci déplut fort à mon mari, qui me dit que si ma mère nous fournissait les moyens d'avoir une cuisinière, c'est qu'apparemment elle le pouvait. J'avais beau le supplier de ne pas toujours compter sur elle : c'était en vain. Il dut pourtant se rendre à l'évidence, mais c'était trop tard.

Il essaya alors de travailler. Il acheta des machines à imprimer. Mon salon devint un atelier, mais je ne m'en plaignis pas. Malheureusement, ces machines étaient lourdes et le plancher menaça de s'effondrer. On vit des crevasses au plafond de l'étage au-dessous de nous et il fallut déménager, car le propriétaire nous donna congé. Cela se trouvait rue de Buci.

Nous allâmes demeurer rue de Rennes, où mon mari loua un magasin avec ses dépendances. La salle à manger se trouvait dans l'arrière-boutique, la cuisine dans le sous-sol et, au fond de la cour, nous avions une triste chambre à coucher, noire, humide, toute petite. Les meubles du salon avaient été vendus. J'acceptai tout cela sans me plaindre. C'est avec entrain que je me mis au ménage, à la cuisine, tout en surveillant les ouvriers pendant les absences de mon mari.

Tous ces employés, je l'appris plus tard, avaient apporté un cautionnement plus ou moins élevé. Mon mari acheta encore une ou deux machines ; je crus du moins qu'il les avait payées ; mais il n'en fut rien. Profitant de l'argent que ces pauvres gens lui apportaient, il se remit à la débauche et dépensa leurs pauvres économies sans se soucier d'eux.

CHAPITRE X

Le bal des Francs-Maçons

Qu'on me permette de revenir sur mes pas, car pendant le temps qui s'est écoulé depuis mon mariage et tout ce que je viens de mentionner dans le chapitre précédent, il s'est passé quelques petits épisodes que je raconterai séparément pour distraire mes élèves.

Il n'y avait que quelques mois que nous étions mariés quand, un jour, en rentrant, mon mari me demanda si je le trouvais changé ? Comme il avait l'air drôle, je le lui dis. « Eh bien, je viens de me faire franc-maçon ! » Je ne saurais définir le sentiment de froid que je ressentis au cœur ! Si, pour me rendre à son désir, je m'étais vue forcée de refouler tous mes sentiments religieux, ils n'en restaient pas moins au fin fond de mon pauvre cœur ! Comme on le voit, la coupe que je commençais à boire semblait se remplir à mesure que j'en buvais une gorgée !

Quelques jours après, mon mari m'apporta une invitation à un bal de francs-maçons ; je l'acceptai, bien que je fusse souffrante, — j'avais une bronchite. Je préparai donc ma robe blanche et toutes mes petites affaires, à l'insu du docteur qui m'aurait défendu d'aller au bal.

A mon entrée dans la salle, je fus très étonnée d'être appelée « ma sœur » par tous ces messieurs. C'était très gai, je fus fêtée et j'étais fière des succès que je remportais, pensant que Jacques devait en être heureux. Le bal battait son plein, l'animation était vive ; nous avions déjà vidé quelques bouteilles de champagne, lorsque, cherchant mon mari des yeux, je ne le vis plus ; il avait disparu.... J'étais tourmentée ; cependant je continuai à danser.

Pourtant, l'heure avançait, je commençais à avoir peur, peur tout particulièrement d'un certain jeune homme qui, à mon avis, allait un peu trop loin dans ses avances.

Quatre heures sonnèrent et M. Scala était toujours introuvable. La salle se vidait et, en le constatant, ma frayeur augmenta, surtout lorsque je vis qu'il n'y avait plus que quelques couples.

Le jeune homme dont j'ai parlé plus haut me dit qu'il croyait savoir où était mon mari, et, sous prétexte de me conduire dans une salle de café, il me mit ma sortie de bal et me fit descendre l'escalier. Arrivé au perron, il me poussa dans une voiture qui se trouvait, comme par hasard, à la porte, mais qui paraissait toute prête à me recevoir. Je sortis par l'autre portière, pendant qu'il montait dans la voiture, et, de ce fait, il dut partir assez penaud.

J'allais héler un autre fiacre, lorsque, enfin, M. Scala se présenta. Il me traita de petite folle et me dit qu'il avait dormi « dans un temple ». J'eus, plus tard, des raisons pour comprendre que c'était un calcul de la part de mon mari.

Quelques heures après ma rentrée, le médecin me fit sa visite habituelle, m'ausculta et fut fort étonné que je me remette si bien de ma bronchite. Pourtant, il ne put douter de ce que je lui racontai, ma robe de bal était encore sur le canapé. Il me dit en riant qu'une autre fois il m'ordonnerait un bal et quelques coupes de champagne, puisque cela m'avait si bien réussi.

Bien que cela fût pour moi un crève-cœur, j'eus l'espoir que mon mari, étant membre de cette société, finirait par se créer une position, puisque, dit-on, ces messieurs s'entr'aident généralement. Il n'en fut rien, il continuait à rentrer le matin et je fus renseignée sur la manière dont il passait ses nuits, car souvent, en rentrant, il m'appelait « Mathilde » ! Comme on le voit, des déceptions de tout genre commençaient.

A propos de ce bal, je me souviens que, voulant faire plaisir à Jacques, je lui brodai des pantoufles avec les insignes des francs-maçons ; mais elles eurent un triste sort. Je lui en avais déjà fait de fort jolies, bleu-clair comme notre chambre à coucher. Elles étaient trop claires, disait-il, et il les avait données à sa sœur. Celles qui avaient les insignes de la franc-maçonnerie étant foncées, j'espérais qu'elles seraient agréées et que, du moins, il ne s'en moquerait pas.

Je travaillais en cachette ; mais un jour il me surprit

et me demanda ce que je faisais encore. Je répliquai que j'espérais que ces pantoufles lui feraient plus de plaisir que les précédentes. Cela le froissa-t-il ? Je ne saurais le dire. Je le quittai pour aller surveiller mon dîner à la cuisine.

Après notre repas, je lui dis : « Puisque tu as vu mon ouvrage, je puis travailler devant toi maintenant. » Je pris ma corbeille et, lorsque je voulus en retirer mon canevas, je ne sortis de mon petit panier que des lambeaux de deux à trois centimètres ! Il avait tout coupé, celle qui était finie, comme celle qui allait l'être. Les larmes me vinrent aux yeux. Je le fixai un moment et je vis à son regard quelle jouissance lui procurait cette œuvre de destruction. Il me dit : « Une autre fois, tu t'abstiendras de telles remarques. » Je lui trouvai l'œil méchant, et une impression de malaise m'étreignit le cœur !

CHAPITRE XI

Ma vie en 1879 et 1880

Je vais vous raconter dans ce chapitre, mes chers élèves, ce qu'il m'était difficile de vous dire au temps où je vous enseignais le français. Ce sont quelques faits et gestes de mon mari, qui arrivèrent après le bal des francs-maçons. Pour vous donner une idée de la cupidité et du manque de cœur de M. Scala, je vais commencer par vous citer un petit exemple.

Comme je vous l'ai dit dans un chapitre précédent, j'avais un peu étudié le piano ; mais l'accident arrivé à mon doigt m'en rendait l'étude difficile et même pénible. Lorsque ma mère eut hérité de son père, elle fit présent à mon frère d'un tour et de quelques séries d'outils nécessaires et, à moi, d'un superbe piano Pleyel, en palissandre. Ce piano faisait bel effet dans mon salon de jeune femme ; mais je n'osais en jouer devant mon mari qui, lui, jouait en amateur, mais dont la mère était une parfaite pianiste. Il m'avait déclaré que, lorsqu'on jouait si médiocrement, il valait mieux s'abstenir.

Un jour, un encaisseur vint me demander le montant du mois de la location du piano. Je dis à ce monsieur qu'il y avait erreur, que ce piano m'avait été donné par ma mère, lorsque j'étais jeune fille et qu'elle l'avait payé devant moi. « Je repasserai, » me dit-il. Je racontai le fait à mon mari, qui me dit que sa mère avait, en location, un piano de cette maison et qu'on s'était trompé.

Quelques mois après, l'encaisseur revint pour toucher le prix de la location et il me démontra qu'il s'agissait bien de mon piano. Je me rendis aussitôt chez le facteur, qui me déclara, avec preuves à l'appui, qu'il l'avait bel et bien acheté ; mais qu'il nous le laisserait en location, comme il avait été convenu avec mon mari. M. Scala avait promis de venir payer tous les mois ; mais comme il n'en faisait rien, le facteur de piano avait fini par nous envoyer son receveur.

Ainsi le piano ne m'appartenait plus depuis quelques mois et je n'en savais rien! Je fus prise de peur que Jacques ne vendît, de la sorte, toutes mes petites affaires, bijoux etc... et je n'osai plus sortir.

Sur ces entrefaites, l'anniversaire d'une date que j'avais oubliée arriva, anniversaire du fameux jour où je lui avais rendu sa parole. Je n'y pensais plus, mais lui nourrissait, depuis ce jour, des sentiments de rancune et de vengeance!

Je le vis s'approcher de moi au moment où, après le dîner, je tournais autour de la table, pour remettre de l'ordre dans la salle à manger. Il me poussa avec la table jusqu'à un angle, où je fus positivement acculée et emprisonnée. « Maintenant, me dit-il, tu vas me nommer la personne qui t'avait si bien renseignée sur mon compte, et qui a été la cause de l'affront que tu m'as fait le jour où tu m'as rendu ta parole. Tu ne sortiras de là que lorsque je saurai ce nom. » J'étais perplexe ; ce cynisme m'effrayait et je souffrais, non seulement moralement, mais encore physiquement ; cette table me serrait assez fort dans ce coin et, de plus, j'avais peur du regard haineux et méchant de mon mari. Le cœur me manquait et, pourtant, je ne voulais pas être la cause d'un malheur ; car, je voyais bien qu'il était capable de tout. « Je vais lui faire son affaire, disait-il, cela ne se passera pas ainsi! Il y a juste un an, jour pour jour, heure pour heure. » Je répondis : « A quoi bon te le dire, cela ne changera rien à l'affaire, et, jusqu'à présent, je ne trouve guère qu'il ait eu tort, car cela va de mal en pis! » — « Je veux le savoir de ta propre bouche. » — « Non, dis-je, tu ne le sauras pas. » Alors, il commença ses questions ; mais aussitôt qu'il nomma mon frère, je répondis : « non » avec un tel accent de sincérité, qu'il me dit : « Maintenant, je sais qui c'est, » et, enfin, après une bonne heure de ce martyre — j'avais été serrée comme dans un étau — il me laissa passer.

Je n'ai jamais su ce qui était advenu après cette scène. S'était-il rendu chez la personne qu'il soupçonnait, ou avait- il agi ainsi simplement pour me faire souffrir?

Ma mère, qui était restée quelque temps sans venir me

voir, me fit enfin une visite. Nous étions seules, je pus donc lui parler à cœur ouvert et j'en profitai pour lui dire que mon mari ne rentrait que le matin. Ma mère me donna le conseil de l'accompagner ; elle me dit que je n'étais plus une petite fille et que je pouvais aller partout avec lui. L'idée ne me parut pas mauvaise ; je me dis, que, peut-être, je pourrais le retenir sur la pente dangereuse où chaque jour je le voyais glisser.

Mon mari fut très étonné lorsque, le soir venu, je lui fis la proposition de l'accompagner. « Mets ton chapeau, me dit-il, et viens avec moi. » Nous trouvâmes, au lieu du rendez-vous, un jeune homme que je connaissais déjà. C'était un pharmacien qui m'avait assez ennuyée par la cour assidue qu'il me faisait quand le dimanche nous le rencontrions, comme par hasard, là où nous allions nous promener. Une fois même je manquai de me tuer pour éviter qu'il ne me prît dans ses bras. Nous étions allés dans un endroit où il y avait une balançoire ; j'aimais à me balancer ; mais voilà que ce monsieur, d'un bond s'élance sur la balançoire. Je fis contre mauvaise fortune bon cœur, quand je vis tout à coup mon mari disparaître. Son ami commença alors à me regarder d'une façon qui me mit mal à l'aise, j'évitai son regard ; pourtant, à la dérobée, je vis encore ses yeux flamboyer d'un éclat extraordinaire ; puis, tout à coup, je me sentis saisir à bras le corps. Je me dégageai et sautai de la balançoire qui était en mouvement, au risque de me tuer.

Mais, revenons au jour où j'accompagnai mon mari. Ce fut ce jeune homme que je trouvai installé devant une table, attendant M. Scala. Tout surpris de me voir, il s'efforça cependant de ne pas trop montrer sa joie, pour ne pas m'effaroucher. Il pensa peut-être que j'étais revenue à de meilleurs sentiments à son égard.

Nous étions entrés dans un vrai bouge. Les hommes et les femmes chantaient, dansaient, s'enivraient à qui mieux mieux et faisaient de mauvaises plaisanteries, même répugnantes ! Il y avait une salle de théâtre, où chacun disait sa petite chanson. Ce fut à mon tour, je regardai mon mari qui me dit : « Tu as voulu venir, il faut faire comme les autres. » Alors, je gravis les marches de ces planches maudites et, moi aussi, je chantai ma petite chanson ! Je fus applaudie bien que, pourtant, on dut sentir que je n'étais là que par hasard et que j'appartenais à un monde tout différent.

Nous ne quittâmes cet endroit que le matin. Bien des femmes avaient drôlement regardé mon mari. Il est probable qu'elles comprirent son silence vis-à-vis d'elles. Ensuite, nous nous rendîmes dans un café aux environs des halles pour prendre du café noir, en attendant l'ouverture des portes des maisons. Avant d'arriver, on avait cassé les vitres de deux ou trois becs de gaz, histoire de rire et de s'amuser. Enfin, nous rentrâmes chez nous ; mon mari ne me fit aucune question, et moi j'évitai de lui parler de mes impressions de la nuit.

Le surlendemain, Jacques me dit : « Madame m'accompagne-t-elle ce soir ? » — « Oui, » lui répondis-je. Il en fut surpris, mais se garda bien de répliquer quelque chose. Je partis donc avec lui. Dire où il m'emmena serait difficile. Comme l'avant-veille, nous allâmes dans un bouge infect où les dames étaient, les unes assises sur les tables, les autres sur les genoux des messieurs. On se servait aux tonneaux mêmes. C'était écœurant, et je m'attendais à des choses de la plus grande inconvenance. Mon mari me regardait de temps en temps, il voulait peut-être voir l'effet que cela produisait sur moi.

Tout à coup, surgit d'une salle voisine, le jeune pharmacien qui, sans avoir été invité, s'assit à notre table. Il tenait dans ses bras un joli petit chat blanc et, comme il se permit des plaisanteries fort inconvenantes, je priai M. Scala de me reconduire. J'avais assez de cette couple d'heures passées dans cet air corrompu !

Ainsi finirent mes escapades nocturnes. Quand j'eus une explication avec mon mari, celui-ci n'eut rien d'autre à me dire que ceci : « Tu es bien difficile ; M. Untel est devenu riche, parce que sa femme a eu un enfant avec un autre ! » Quelle amertume pour mon cœur. Combien je souffris à ces paroles !

Je n'accompagnai donc plus mon mari, mais à la maison j'avais des ennuis de toutes sortes ; j'étais persécutée par l'amour d'un des ouvriers qui cherchait tous les moments favorables pour me parler. Il devait voir que j'étais malheureuse, et je crois que son grand amour pour moi venait surtout d'un sentiment de pitié ; puis il était jeune ; il avait l'emploi de correcteur. Pourtant, je le craignais un peu, car ma cuisine étant au sous-sol, il venait assez fréquemment s'y laver les mains.

Je ne savais pas, alors, qu'il avait mis de l'argent dans

la maison ; mon mari ne m'avait pas encore dit que ses ouvriers apportaient des cautionnements ; c'est plus tard que je l'appris. J'étais, du reste, très ignorante dans toutes ces choses.

M. Scala recommençait de plus belle son existence de débauche, s'appuyant, disait-il, sur cet ouvrier qui, à mon avis, s'y connaissait mieux que lui dans la partie. Comme le travail de la maison, mon ménage, ma cuisine, tout cela me fatiguait outre mesure, je dormais profondément quand mon mari rentrait ; souvent je ne l'entendais pas. Mais voilà qu'une belle nuit je me réveille et je fus très étonnée en voyant, à la lueur de la lune qui se reflétait dans les vitres de la chambre, deux têtes sur mes oreillers. Je crus rêver et je me soulevai pour mieux voir. Mon mari s'était bien couché à côté de moi, mais lorsque je reconnus l'autre tête, celle du jeune correcteur, je crus deviner alors les raisons qui avaient fait agir M. Scala de la sorte et je me précipitai en bas du lit.

J'allai dans la salle à manger attendre l'heure où ce jeune homme étant parti, je pourrais rentrer dans ma chambre. Mon mari m'avait annoncé, deux ou trois jours avant, qu'il avait apporté un cautionnement.

Dès le matin, M. Scala vint me trouver et nous eûmes une forte scène, où je lui dis ma façon de penser. — Je n'étais déjà plus l'ingénue qu'il avait épousée ! — Il me répliqua que j'étais une sotte, qu'il devait de l'argent à cet ouvrier et, qu'après tout, il m'avait tirée de la bourgeoisie où j'étais née pour m'élever au rang de comtesse. — Alors, hors de moi, je lui répondis que ma famille, toute bourgeoise qu'elle fût, était une famille honorable et honnête et que jamais je ne porterais son titre, car, s'il m'avait élevée à ce rang, c'était pour m'abaisser jusque dans la fange et, qu'il le sache bien, jamais je ne céderais à ce trafic honteux. « Si tu lui dois de l'argent, arrange-toi ! » Alors, M. Scala qui ne m'avait pas interrompue, mais dont les yeux brillaient de rage, me souffleta !

J'avais parlé, mais j'étais bouleversée. Après ce geste odieux, je m'affaissai, car je faisais une fausse couche !... Que ce fût le jeune correcteur ou le pharmacien, peu importait à mon mari !......

Quelques mois avant, j'avais déjà mis au monde un enfant mort-né, c'était un garçon. Nous étions allés à une noce, où, après la cérémonie, on s'était rendu au restaurant, par groupes de deux personnes, en descendant à toute vitesse une pente qui y conduisait. J'étais au bras de mon mari et, ne pouvant suivre la bande joyeuse, vu mon état de grossesse avancée, je lui dis de me laisser. C'était à la campagne ; craignait-il que je ne me perde seule ? Toujours est-il que, sans égards, il m'entraîna en me serrant le bras !

Le même soir, je me sentis souffrante ; pendant neuf jours, j'eus malaise sur malaise et, enfin, je mis au monde un enfant mort, une quinzaine de jours avant terme. Je précise ce fait parce que, non seulement j'eus le chagrin de perdre le bébé que j'attendais avec tant de joie et d'espérance ; mais encore j'eus la douleur de voir ma grand'mère douter de mon innocence et même affirmer que cet enfant avait été conçu avant le mariage. Je ne l'avais pas revue depuis cette époque et ma mère lui avait écrit, espérant qu'à cette occasion nous nous réconcilierions. Lorsque ma grand'mère, en m'embrassant, me dit sa façon de penser, j'en fus tellement suffoquée que je restai bouche bée, n'ayant trouvé que ces paroles : « Oh ! bonne maman ! »

Je n'avais même pas pu me défendre ; elle ne m'en avait pas donné le temps, car, aussitôt ces paroles prononcées, elle s'était éloignée du lit et avait dit adieu à ma mère et au médecin qui était là.

En réfléchissant à la conduite inexplicable de ma grand'mère, je pensai qu'elle avait pu concevoir des doutes parce que mon fiancé s'étant opposé au mariage à l'église et à la robe blanche, je lui avais tenu tête, et, voyant ma mère prête à accéder à son désir, j'étais allée trouver ma grand'mère qui, alors, m'avait fait cadeau de deux cents francs pour ma robe blanche, en me disant qu'elle me reverrait à l'église.

J'ajoute encore ces détails pour que l'on voie que le titre que j'ai choisi pour ce livre ne pouvait être mieux trouvé, car, je puis le dire, j'ai vidé la coupe jusqu'à la lie ! On le verra par la suite.

Souvent, lorsque j'allais faire des emplettes et que je me voyais forcée de rester plus longtemps dehors, je remarquais que mon lit, que je faisais moi-même très soigneusement, n'était pas dans les mêmes plis, le soir, quand je me couchais. Je crus d'abord que mon mari s'était reposé ; puis, peu à peu, des soupçons bien fondés s'éveillèrent en moi, car ces jours-là il était toujours venu quelqu'un, soit une amie, soit une parente.

Enfin, un beau jour, Jacques me dit : « Va demander cinq cents francs à telle personne ; il faut qu'elle te les donne. » — « Je sais qu'elle ne les a pas, » lui répondis-je. — « Vas-y, te dis-je, elle les trouvera ; il me les faut. » Puis, il ajouta : « Elle est ma maîtresse. » Je frissonnai des pieds à la tête, et, toute troublée, je lui dis : « Ce n'est pas vrai, tu mens ! » Et, je partis, non pour demander l'argent, mais pour me convaincre de la fausseté de ce qu'il avançait.

Je me rendis chez la personne et lui jetai au visage, en entrant : « Tu es la maîtresse de mon mari, il vient de me le dire. » — « Le lâche, l'infâme, » répondit-elle, et elle se mit la tête dans les mains. Elle était couchée, souffrante, je crois. Le médecin que je n'avais pas entendu entrer, m'avait suivie dans la chambre : « Docteur, son mari lui nomme ses maîtresses ! » Etait-ce un aveu ? Quant à moi, je fondis en larmes et, en sanglotant, je gagnai la porte !

J'arrivai chez moi. M. Scala était sorti, il courait pour avoir de l'argent. Que n'avait-il pas fait pour s'en procurer ? Aux hommes, il avait voulu vendre sa femme ! Aux femmes qui devenaient ses maîtresses, il n'hésitait pas à en soutirer. Je commençais à mépriser mon mari ! Mais, comme on va le voir, je n'étais pas au bout.

Peu de temps après, il était allé chez sa mère et m'y avait donné rendez-vous pour le dîner. Je n'avais plus revu le jeune correcteur ; un autre ouvrier m'avait aidée à fermer le magasin depuis la fameuse nuit dont j'ai parlé plus haut.

J'arrivai donc chez ma belle-mère, où se trouvait déjà M. Scala. Sa mère ne nous attendant pas, nous allâmes au restaurant, et, à ma grande surprise, sa sœur était avec nous. D'abord, on m'annonça que mon mari était en faillite et poursuivi par les personnes auxquelles il devait de l'argent. Il était urgent qu'il parte le soir même ; mais on ne me dit pas où il devait aller. Ma belle-mère me donna le conseil de sauver un peu de linge, car on allait tout vendre ! Nous en étions là !

Je rentrai donc seule chez moi et, le lendemain matin, après une nuit d'insomnie, j'allai ouvrir la boutique. Je trouvai à la porte les pauvres employés. Ils avaient passé la nuit guettant mon mari pour s'en saisir, aussitôt qu'il rentrerait. Aux questions qu'ils me posèrent, je répondis que je ne savais pas ce qu'il était devenu. Et, en effet, je ne le savais pas plus qu'eux tous. Je ne me rendais pas encore compte de ce qu'il y avait de frauduleux dans sa conduite envers eux, car, à mon avis, toutes les presses à imprimer qui étaient dans le magasin devaient représenter une assez belle somme.

Je reçus, par la première poste, une lettre de M. Scala, dans laquelle il m'annonçait son départ et me disait adieu. Cette lettre, je la montrai à ces messieurs. Nous étions tous désemparés, et me voyant aussi la dupe de mon mari, ils me plaignirent et m'offrirent même de sauver un peu de linge et quelques souvenirs. Ils avaient de la sympathie pour moi et me le prouvèrent, bien qu'ils fussent touchés dans cette faillite, puisque leurs cautionnements sombraient avec la maison.

Le lendemain matin, des hommes de loi arrivèrent pour la vente. Tout avait été estimé et saisi à mon insu, un jour où je ne m'étais pas trouvée chez moi. Ma mère qui avait été prévenue me fit racheter ma chambre à coucher. Où s'était-elle procuré l'argent ? Je ne l'ai jamais su.

Enfin, j'eus la douleur de voir vider mes tiroirs, et leur contenu jeté au milieu de la cour. Toutes mes petites affaires de jeune fille gisaient là, pêle-mêle, avec mon trousseau. On vendit tout à la criée ! Quelle souffrance ! J'avais le cœur brisé, la gorge serrée ; je devais être pâle comme une morte ! Et, seule, car différentes circonstances m'avaient forcée à me fâcher avec ma mère !

Je tâchai de faire bonne contenance devant les gens qui me regardaient, bien que j'eusse le cœur ulcéré et, lorsque tout fut terminé, le magasin fermé, je me réfugiai chez ma belle-mère. Je sentais bien qu'elle avait de l'estime et de l'affection pour moi et qu'elle compatissait à mon sort.

En arrivant chez elle, je ne pus retenir un sanglot convulsif, qui fut suivi d'une attaque de nerfs. Je fus tellement secouée par toutes ces émotions que je fus prise subitement de ce mal si douloureux qu'on nomme « colique de miséréré ». Mes souffrances durèrent plus de vingt-quatre heures ! Ma belle-mère ne me quitta pas.

Enfin, je me remis et, quelques jours après, je me rendis chez les personnes qui avaient eu l'amabilité de sauver quelques menus objets de cette affreuse vente. Les unes me les rendirent avec grâce, d'autres les gardèrent comme acompte sur ce que mon mari leur devait.

CHAPITRE XII

Seule à Paris

Après dix-huit mois à peu près de mariage, je me trouvais donc seule à Paris ; toutes mes affaires vendues ou retenues en paiement de dettes.

Je cherchai du travail. Une dame qui avait assisté à la vente de mon mobilier me dit d'aller voir le curé de ma paroisse, qu'il m'aiderait et me procurerait de l'ouvrage. Je crus à une inspiration divine et je me dis : puisque mon mari a agi de la sorte avec moi et me laisse dans le dénuement le plus complet, je suis libérée de la promesse que je lui ai faite. J'allai donc à l'église. Etait-ce le curé à qui j'eus affaire ? Je ne saurais le dire. Je me rappelle seulement être entrée par une porte qui donnait près du confessionnal ; la dame qui m'avait donné ce conseil m'y avait conduite. C'était une chambre voûtée dans laquelle se trouvaient un bureau et un canapé, autant que je puis m'en souvenir.

Je parlai donc à ce prêtre, qui n'était pas aussi vieux que je me représentais un curé. Il avait une telle façon de me regarder, de me tenir les mains, tout en me disant des paroles de consolation, que je fus prise d'un malaise inexprimable et que j'acceptai un chapelet, sans même le remercier. Enfin, ce prêtre me dit qu'il fallait appeler les grâces du bon Dieu sur moi, me confesser et communier. J'étais prête à revenir à Dieu ; je me sentais tellement malheureuse, délaissée, abandonnée, l'âme ulcérée !

Je résolus donc, le lendemain, de me confesser ; mais, dans la matinée du même jour, la dame me fit une visite et me remit cinquante francs de la part de M. le Curé pour pourvoir à mes premiers besoins. Je désirais du travail et je le lui répétai ; elle m'assura que M. le Curé m'en procurerait. Alors j'acceptai cette somme.

Le soir même, fidèle à ma promesse, je me rendis à l'église pour me confesser avec l'intention de communier le lendemain matin. Je fus étonnée de voir cette dame dans la chapelle où se trouvait le confessionnal. Enfin, ce fut mon tour, je me mis à genoux et je fis les prières usuelles que je n'avais pas encore oubliées ; puis, chose étrange, le prêtre commença aussitôt à me poser des questions sur certains points si délicats, que je ressentis un dégoût. Moi qui venais me réconforter ! Je ne sais quelles paroles pourraient dépeindre l'état de mon âme.

J'étais si mal à mon aise auprès de ce prêtre que je me levai et partis sans en entendre davantage. Il m'avait semblé qu'il n'était pas un saint homme et, au lieu de m'attirer dans le sein de l'Eglise, il m'en avait de nouveau éloignée !

Je reviens donc à ces quelques jours néfastes, où j'emballai toutes les pauvres nippes qui me restèrent une fois la vente terminée. Je ne possédais pour toute fortune que les cinquante francs que le prêtre m'avait envoyés.

J'avoue que je ne les lui rendis pas, car je les avais déjà écornés, puis je ne revis jamais la dame qui m'avait attirée près de lui. Quelques jours après, je reçus de la caisse des pauvres des francs-maçons la somme de soixante-dix francs pour m'aider dans ma pénible situation. J'espérais que cela allait me suffire jusqu'à ce que j'eusse trouvé de l'ouvrage. Enfin, une tante de mon mari me donna de la lingerie à faire ; puis je vécus un peu chez sa mère, de sorte que, en vendant quelques bijoux, j'arrivai à peu près à me tirer d'affaire.

Parmi les personnes qui avaient eu l'amabilité de m'aider à sauver quelques souvenirs, lors de la vente de mon mobilier, il y avait un jeune homme nouvellement marié fort distingué de sa personne. Il avait emporté deux gros et beaux volumes, que mon grand-père Ruhmkorff m'avait donnés et auxquels je tenais beaucoup ; ils devaient avoir une certaine valeur.

J'avais déjà fait la connaissance de sa jeune femme je me promettais alors de les fréquenter. Ce monsieur était tellement désespéré de la faillite de mon mari, que j'en conclus qu'il lui avait aussi donné un cautionnement. Qui sait, peut-être la dot de sa femme sombrait-elle avec la maison ! Qu'avait donc fait M. Scala de tout cet argent puisque les machines à imprimer n'étaient même pas payées, et que personne ne rentra dans son argent ?

J'avais été touchée de la gracieuseté de ce monsieur et, plus tard, quand tout fut terminé, je lui écrivis que je viendrais chercher mes livres prochainement. Il me répondit en m'invitant à dîner et me fixa le jour. Je me rendis à son invitation. Entre autres choses, sa femme me dit qu'elle regrettait l'argent que son mari avait perdu dans cette spéculation et que je devais être bien malheureuse.

Un peu avant l'heure du repas, un frère du mari arriva pour prendre part au dîner. On me posa alors quelques questions au sujet de M. Scala. Je dis la vérité, en affirmant que je ne savais rien, car depuis que mon mari était parti, je n'avais reçu aucune nouvelle. Sa mère m'assurait ne rien savoir non plus.

Le dîner avait duré longtemps, ou plutôt avait traîné en longueur, vu toutes les questions que l'on m'avait faites. L'heure avançait et je ne voulais pas rentrer après dix heures, bien que je fusse seule dans l'appartement de la sœur de mon mari, qui était justement en voyage. On me versa encore à boire, puis je mis mon chapeau pour partir. « Les livres sont trop lourds pour que vous les emportiez, me dit-on ; nous vous les enverrons un de ces jours. »

Le frère me conduisit à l'omnibus ; mais je n'avais pas fait cinquante pas que je fus prise d'un malaise indéfinissable. Je voyais tout tourner et je me sentis défaillir au point de tomber à la renverse ! Je vis alors qu'on me hissait dans une voiture découverte, puis que je roulais au milieu d'arbres gigantesques. Ce fut tout, j'étais partie dans une autre sphère !... Il me semble me rappeler avoir pris quelque chose de chaud en route ; mais où et comment ? Il me serait impossible de le dire.

Qu'on juge de mon effroi lorsque, au petit jour, je me réveillai sur un lit qui n'était pas le mien et dans une chambre de garçon ! J'aperçus, en ouvrant les yeux, devant une table et en train d'écrire, le jeune homme qui m'avait accompagnée la veille en sortant de chez son frère. Comme je fis un mouvement, il accourut au lit et je vis devant moi une figure toute blême, décomposée ! « Enfin, me dit-il, vous vous réveillez ! Pardonnez-moi, Madame, je vous avais donné un narcotique. Oui, j'eus la folle pensée de vous posséder pour venger mon frère de la somme que votre mari lui a volée ! »

J'entendais bien ce qu'il me disait ; mais je n'avais pas encore la force de répondre, je cherchais à ressaisir mes sens. Il ajouta : « Quand je vous ai vue inanimée dans mes bras, le cœur m'a manqué, j'ai eu peur de vous avoir tuée. Toute la nuit, je vous ai fait prendre l'air au Bois de Boulogne dans une voiture et, enfin, je vous ai amenée ici, où j'avais l'intention de me brûler la cervelle, si vous n'étiez pas revenue à vous. Voyez vous-même ce que j'ai écrit. »

En effet, il avouait ses torts et écrivait ses dernières volontés. Il me supplia de le croire et m'assura qu'il ne m'avait pas manqué de respect. « Je suis un malheureux, aveuglé par la soif de vengeance ! » — « Mais, c'est infâme cela, Monsieur ! » — « Oui, me dit-il, c'est une infamie que j'allais commettre ! Je suis fou ! Si vous le pouvez, levez-vous vite, ajouta-t-il car mon frère doit venir à cinq heures jouir de sa vengeance ! Il faut donc que vous partiez avant qu'il vienne. »

J'étais si faible que, malgré son aide, cela n'alla pas si vite, bien que je fusse tout habillée. Il n'avait fait que me dégrafer un peu pour m'aider à respirer. Alors, nous entendîmes des pas dans l'escalier, c'était le frère ! Je pris mon air hautain en passant devant lui, et le jeune homme, prenant la parole, lui dit : « Je n'ai pas pu nous venger, Madame sort d'ici aussi pure qu'elle y est entrée malgré elle. Je croyais l'avoir tuée ; elle ne se réveillait pas. Nous sommes des misérables, que Madame veuille bien nous le pardonner ! » Je partis sans dire un mot, ne pouvant articuler une parole.

L'air me fit du bien et j'allai me promener ; car il était trop tôt pour rentrer. La concierge de ma belle-sœur ne devait pas savoir que j'avais découché, bien que cela ait été sans mon consentement. J'eus le temps de réfléchir à la scélératesse de ces gens et à mon malheur si ce jeune homme n'avait pas été pris de remords.

Le cœur gonflé d'amertume, ne sachant où déverser son trop plein de fiel, je résolus de ne parler à âme qui vive de ce qui venait de se passer, bien que ce fût ma belle-mère qui m'eût conseillé d'accepter ce dîner. Je craignais qu'on ne crût pas à mes paroles et le moindre doute m'aurait rendue trop malheureuse.

Je rentrai donc, comme si je venais de faire mes provisions. Il n'y a que le caniche de ma belle-sœur qui, lui forcément, était dans le secret ; mais il ne pouvait parler et n'allait pas me trahir. Il me fit fête, ce dont je fus

heureuse, et cela effaça pour un moment l'impression pénible qui me restait de cette affreuse nuit.

Si j'avais pris la résolution de ne plus aller à confesse,
je conservais pourtant en moi une croyance, une piété que,
peut-être, beaucoup de personnes, allant tous les dimanches à l'église, ne possèdent pas. Je me jetai à genoux et,
la tête dans les mains, me remémorant cette vilaine nuit
où j'avais failli être déshonorée, je fis une fervente prière,
dans laquelle je suppliai Dieu de me protéger et de venir
à mon aide.

Ma belle-mère n'avait toujours pas de nouvelles de mon
mari ; du moins, elle le prétendait. Etait-ce vrai ? Il y
avait déjà trois mois que j'étais seule et, pendant ce laps
de temps, je me sentais imprégnée d'une telle tristesse,
que rien ne pouvait m'en faire sortir. Une seule fois,
pourtant, je ris de bon cœur, oubliant pour quelques
minutes les soucis dont j'étais accablée.

Un jour que j'allais travailler chez ma belle-mère, j'emmenai Denise, la chienne de la sœur de mon mari. En
sortant de la maison, elle me demanda à porter mon
petit cabas, dans lequel se trouvaient mon ouvrage et
mes accessoires de couture. Je le lui mis dans la gueule
par les deux anses, et nous partîmes.

En chemin, un autre chien vint se planter devant elle
en aboyant. Denise voulut lui répondre et, au premier
grognement qu'elle fit entendre, lâcha une anse ; l'autre
chien s'en saisit et les voilà tous les deux, tirant à qui
mieux mieux sur son anse ; de sorte que, bientôt, la
corbeille était en deux morceaux ; mon ouvrage, mes
ciseaux, mon dé et mon fil avaient roulé de tous côtés.
Cette scène amusante n'avait pas manqué de spectateurs
et ce fut un éclat de rire général ; moi-même entraînée,
je ris de grand cœur.

Je commençais à m'apercevoir que j'étais à charge
à ma belle-mère. Je travaillais ; mais je ne rapportais
pas beaucoup, n'ayant que peu d'ouvrage et, en plus,
je n'y étais pas habituée. C'est alors que Madame Scala
mère me fit présent d'un joli petit chien blanc et me
donna le conseil d'aller travailler dans un square, prétendant que cela me ferait du bien de prendre l'air.
Comme elle m'avait indiqué le square du Palais-Royal,
je m'y rendis, croyant qu'elle viendrait m'y rejoin-

dre. J'avais emmené mon petit chien, comme ma belle-mère me l'avait conseillé.

Bientôt après mon arrivée, je remarquai les assiduités d'un jeune homme auprès de moi ; puis, celui-ci repoussé, il en vint un autre. Enfin, après la deuxième séance, j'étais fixée sur les intentions de ma belle-mère, d'autant plus qu'un jeune homme me dit : « Mais, Madame, si vous voulez rester honnête femme, il ne faut pas venir ici avec votre petit chien ; vous faites supposer que vous cherchez quelque chose ». Je m'en allai honteuse !

J'avais été trop candide pour comprendre à temps que ma belle-mère me suggérait un moyen de gagner plus facilement et plus vite de quoi vivre. Mais maintenant je savais à quoi m'en tenir et j'en conçus du chagrin.

En rentrant, je déclarai à ma belle-mère que je ne voulais plus du petit chien et que j'allais me chercher une place. Elle me présenta à un directeur du Bon Marché. J'attendis en vain ma nomination à un emploi quelconque, lorsque, enfin, des nouvelles de M. Scala arrivèrent. Il était à Vienne, en Autriche, où il avait trouvé à se placer comme caissier dans une grande maison de confection.

Il avait ajouté à la missive adressée à sa mère une lettre pour moi, me demandant pardon pour tous les torts qu'il avait eus envers moi, m'assurant qu'il allait chercher à les réparer, afin de regagner mon affection. Je ne répondis pas d'abord, car je n'y croyais pas.

Les lettres de mon mari devenaient plus fréquentes et aussi plus pressantes pour que j'aille le retrouver. Quant à moi, j'attendais toujours une place, mon travail ne me suffisait pas et je me sentais de plus en plus à la charge de ma belle-mère, lorsque mon mari m'annonça que Mademoiselle M..., la belle-sœur de son patron, venait prochainement à Paris pour faire la commande des costumes qu'elle emportait comme modèles.

Aussitôt que j'eus connaissance de l'arrivée de cette dame, j'allai la voir. Elle me proposa, avec l'assentiment de mon mari, de m'emmener et de m'occuper comme vendeuse dans sa maison. Je n'avais que quelques jours de réflexion.

Les lettres de mon mari me faisaient supposer qu'il s'était amendé et qu'il était dans de bonnes dispositions pour se mettre en bon chemin. Il me réclamait et ne

pouvait vivre sans moi, prétendait-il. Sa mère me dit :
« Qui sait, tu pourras peut-être en faire un homme de
bien et surtout à l'étranger. »

J'acceptai donc les propositions et les conditions que
Mademoiselle M... me fit et je m'occupai activement de
mes préparatifs de départ.

Je ne cherchai pas à revoir mon frère, mais ma mère
et ma grand'mère. Il me semblait que cela m'aurait
porté malheur de partir sans les avoir embrassées. Ne
voulant pas que ma grand'mère soupçonnât mes intentions de départ, je lui dis : « Bonne maman, je ne
voudrais confier à personne le joli petit couteau que tu
m'as donné, je viens te prier de me le faire repasser. »
Il y avait juste un an que je ne l'avais vue. J'avais
évité d'aller la voir, d'abord honteuse que leurs prévisions à tous se fussent réalisées, et pourtant j'aurais dû
y aller et ne pas la laisser dans la croyance que j'avais
manqué avant mon mariage, puisqu'il n'en était pas
ainsi !

Enfin, après quelques phrases sur notre santé à elle
et à moi, je l'embrassai bien tendrement, me doutant
bien que cela serait le dernier baiser. Nous avions évité
de parler de mon mari. Je ne vis qu'elle, ni oncle, ni
tante. Pauvre grand'mère, elle mourut quelques semaines
après mon départ ! Mon couteau fut donc perdu pour
moi, et c'était un souvenir d'elle !

Quant à ma mère, je lui dis franchement que j'allais
retrouver mon mari à Vienne, espérant, vu les promesses
qu'il me faisait, qu'il deviendrait meilleur. Puis, je la
priai de faire croire à tout le monde que j'avais accepté
une place d'institutrice à l'étranger. Je ne lui parlai pas
du passé. A quoi cela aurait-il servi de rouvrir des plaies
à demi fermées ? Je l'embrassai, en lui promettant de
lui écrire poste restante.

Ce fut bien pénible à mon cœur de ne pas embrasser
mon frère ; mais depuis le jour de mon mariage je ne
l'avais pas revu, et comme je me rendais auprès de mon
mari, je ne pouvais me résoudre à le revoir !

Jacques étant parti en juin 1880 et moi à la fin de
la même année, j'étais donc restée à peu près quatre
mois seule à Paris.

CHAPITRE XIII

Arrivée à Vienne

Je partis donc pour Vienne, où j'arrivai avec une si grande quantité de bagages, moi qui n'emportais que mon linge et quelques vêtements, qu'on peut juger de mon étonnement. Pourtant, à la douane, le mystère s'éclaircit; on avait mis, au nombre de mes bagages, des costumes achetés à Paris et qui devaient servir de modèles à la maison M.... Heureusement que j'eus la présence d'esprit de ne pas me récrier ; ce qui aurait pu arriver, n'étant pas prévenue du fait.

Mon mari était à la gare ; il était d'une pâleur livide. Quant à moi, je sentais mes jambes fléchir et mon cœur battre à tout rompre! Nous nous embrassâmes et je fus remplie de l'espoir que nous allions mener une nouvelle vie.

En route, pendant les trente-six heures que dura le trajet, je pris la ferme résolution de ne jamais parler à Jacques du passé. Ne voulant pas vivre sous un faux nom, j'exigeai, à mon arrivée, qu'il reprît le sien, car il en avait changé pour éviter des poursuites. Il dut retenir une chambre chez un autre locataire qui en louait aussi. Pour la police, nous étions sensément débarqués du matin même ; ce qui était vrai pour ma part.

Je me rendis chez Mlle M..., qui, comme je l'ai déjà dit, m'avait engagée à titre de vendeuse ; je pris mon emploi dans les premiers jours d'octobre 1880. Je ne m'attendais pas au luxe que je trouvai dans cette maison, du reste située dans le plus beau quartier au coin du Ring et de la Kaerntnerstrasse ; elle avait belle apparence. Il y avait d'immenses salons, décorés de grandes et magnifiques glaces, où de superbes lustres se reflétaient : C'était splendide.

J'étais contente et je me promettais de faire honneur à

Mlle M.... La sœur de mon mari, qui était justement revenue de voyage avant mon départ, avait un peu remonté ma garde-robe, — nous étions de la même taille — de sorte que j'avais l'air d'une Parisienne très coquette, ce qui ne me nuisait pas dans cette maison.

Je me serais peut-être mise à ce genre de commerce ; mais je remarquai bientôt que Mlle M... était fort commune. Elle disait des gros mots à ses vendeuses ou aux employés qui avaient affaire à elle — c'était sa sœur, Mme B... qui gérait les ateliers. — Enfin, elle jurait comme un palefrenier ; elle fumait d'énormes cigares et, quand une Altesse quelconque entrait au salon, elle tenait son cigare par derrière et l'une de ces dames devait aller le prendre, sans qu'on s'en aperçoive. Mlle M... faisait alors ses courbettes, comme un pigeon qui roucoule ; elle venait de nous dire, à nous, les plus vilaines expressions. Le mot de Cambronne n'était rien à côté des siens.

Avec moi, pourtant, elle avait un peu de retenue. Etait-ce parce que j'étais nouvelle dans sa maison ? Mais, une fois, elle s'oublia et commença sa série de vocables ou plutôt à égrener son chapelet, comme nous disions.

Mlle M... m'ayant priée de lui apporter un costume d'un autre salon, je m'y rendis en marchant normalement. Alors, furieuse, elle vint à moi et me dit : « Vous n'êtes donc pas assez fendue ? » — « Je ne savais pas, lui répondis-je, que vous vouliez que je coure, ce qui ne se fait guère dans un salon. » Puis, j'allai trouver mon mari à la caisse et je lui annonçai que je partais, ne voulant plus rester dans cette maison. J'y avais passé environ trois mois, à raison de 40 florins par mois.

Un pressentiment me disait que je trouverais quelque chose de plus rémunérateur et plus à mon goût. N'avais-je pas entendu dire qu'on se faisait de beaux mois à donner des leçons ? Je n'étais, peut-être, pas aussi savante qu'il aurait fallu que je le fusse ; mais, à en juger par le savoir de quelques personnes qui enseignaient le français et dont j'avais fait la connaissance, je me dis que je possédais suffisamment ma langue maternelle, pour ne pas tromper les parents qui me confieraient leurs enfants comme élèves.

Lorsque mon mari rentra le soir, ce fut l'occasion de la première scène entre nous, depuis notre réconciliation. Il me dit qu'il ne gagnait pas assez pour deux, ce dont je m'étais rendu compte, car il recommençait à dépenser la plus grande partie de ses appointements, qui étaient de 100 florins, à lui seul et en parties fines avec son chef, qui était aussi un libertin.

C'est dans cette maison que je fis la connaissance du peintre Makart et, puisque je le nomme, je vais encore ajouter ce petit détail : Mlle M... avait fait quelques costumes pour un tableau historique que composait Makart. Afin de se rendre mieux compte de l'effet de ces costumes, il fallait que l'une des vendeuses les mît et passât devant le peintre. Je venais d'arriver à Vienne et, lorsque ce fut mon tour de me présenter devant Makart, il me regarda beaucoup à la dérobée, s'enhardit même à me prendre la main, à la tenir dans la sienne, et, la jugeant peut-être à son goût, me demanda avec instance de lui servir de modèle. Un scrupule me fit refuser cette offre gracieuse ; mais il ne se tint pas pour battu et, une autre fois, insista encore, en me disant : « Ce ne sera que pour la main. » Je refusai catégoriquement, car il me répugnait, quoique fille de peintre, de servir de modèle.

N'avais-je pas alors un mari, comme on l'a déjà vu, qui aurait été au comble de ses vœux de me voir le modèle du peintre Makart, si renommé à Vienne. Je n'en parlai même pas à M. Scala. Du reste, si le peintre Makart avait vu l'autre main de plus près avec son doigt du milieu abîmé, il n'aurait peut-être pas été aussi enchanté. Quant à moi, je lui avais trouvé une gaude ressemblance avec le photographe Pierre Petit, chez lequel je jouais, quand j'accompagnais mon père qui travaillait pour lui. Sa bonne figure était restée présente dans mes souvenirs. d'enfant.

Avant de commencer un autre chapitre, je vais relater un épisode qui intéressera mes élèves, j'en suis persuadée.

Il n'y avait que quelques jours que j'étais à Vienne ; Mlle M... m'envoya chez une de ses clientes. On m'avait indiqué le chemin, puis j'y étais déjà allée deux jours auparavant avec une ouvrière. C'était dans la Landstrasse, non loin du Rennweg. Je partis donc avec l'intention de m'y rendre à pied ; mais en sortant de la maison M..., je vis un jeune homme conduisant lui-même sa voiture — sorte de phaéton. Il avait de magnifiques chevaux.

Ce jeune homme me regarda et, tout à coup, je le vis mettre ses chevaux au pas et longer le trottoir. D'abord,

je n'y attachai pas d'importance, je continuai mon chemin ; mais il se pencha pour mieux me voir ; car j'avais
un chapeau « Niniche », qui ne laissait apercevoir qu'une
seule partie de ma figure.

Je longeai alors le plus possible les maisons ; mais cela
ne m'empêcha pas de l'entendre me chuchoter quelques
paroles. Enfin, je le regardai, comme pour lui demander
grâce. J'étais rouge comme une pivoine et je sentais que
tout le monde avait les yeux dirigés sur moi et prenait
plaisir à cette scène.

Arrivée à la place Schwarzenberg, pour me débarrasser
de cet importun, je montai dans un tramway sur lequel
il y avait Rennweg. Je fus fort étonnée, en voyant que
la voiture se dirigeait aussi près de moi ; elle me frôla
et son propriétaire, après m'avoir encore fixée, fit entendre un soupir, fouetta sa monture et partit au galop.

Les personnes qui se trouvaient sur la plate-forme du
tramway riaient et l'une me dit : « Es war ja der Kronprinz ». (Mais c'était le Prince Rodolphe.) Je fus encore
l'objet des regards de tous les voyageurs ; car ils avaient
vu le manège du Kronprinz et mon embarras. Enfin quelques minutes après, j'arrivai à destination.

Quelques semaines s'étaient écoulées ; nous étions au
mois de décembre, lorsque mon mari me conduisit à l'Opéra. A la droite de la scène, il y avait une loge dans laquelle
la haute aristocratie, des membres de la cour même, prenaient place. J'y vis un officier. Je crus reconnaître le
Prince Rodolphe ; mais je n'osai trop le fixer, lorsque je
le vis, dans un entr'acte, sa lorgnette braquée sur les
loges, qui regardait tout le monde.

Je n'étais pas dans une loge, mais aux fauteuils d'orchestre. Pourtant, sa lorgnette se dirigea vers moi et il
me reconnut ; car je sentais que, même pendant le chant,
il ne me quittait pas des yeux, derrière sa lorgnette, bien
que cela le forçât de tourner presque le dos à la scène.

Mon mari ne comprenait pas et cherchait la personne
que le Prince pouvait bien lorgner ainsi. Quant à moi,
j'évitai de diriger mes yeux vers ce côté de l'orchestre ;
je craignais que le rouge ne me montât à la figure et je
faisais tous mes efforts pour paraître ne pas m'apercevoir qu'il fût même là.

Quelque temps après, il se maria. Je vis les jolies voitures de la cour avec toute sa pompe. Puis, quelques

années plus tard, en sortant de chez moi, j'entendis crier la mort du Prince dans la rue ! J'eus comme un serrement de cœur. Cela me fit de la peine ! Je pensai que, ne fût-ce qu'un moment, je devais lui avoir plu et que, pendant une soirée, ma physionomie avait eu le don d'occuper sa pensée.

Le pauvre Prince, dis-je, et le pauvre Empereur ! Telles furent mes paroles, ne connaissant pas encore la tragédie de Mayerling. Ayant entendu parler de l'Empereur d'une façon si touchante, je m'associai au deuil de mes élèves, qui avaient tant de vénération pour lui.

J'appris plus tard par le Professeur de la Baronne de W..., que la jeune fille lui avait exprimé quelquefois des idées de suicide et lui avait demandé un jour, si, en se tirant devant une glace un coup de revolver dans la tête, on pouvait ne pas se défigurer. Quelque temps après, on apprenait l'horrible drame.

CHAPITRE XIV

Séjour à Vienne

Comme je l'ai déjà dit, vers la fin de décembre je me trouvai sans occupation. Je n'eus pas le temps de m'en soucier, car nous avions souvent rencontré, au restaurant où nous prenions nos repas, un monsieur et une dame, qui, tous les deux Français, donnaient des leçons. La dame, déjà souffrante à mon arrivée, tomba sérieusement malade et mourut quelques jours avant les fêtes de Noël.

Monsieur Dubrot me demanda alors, si je voulais prendre trois familles dans lesquelles sa femme avait enseigné le français. Il partageait ses leçons entre trois ou quatre personnes qu'elle avait connues, me dit-il. Cela m'arrivait comme une bénédiction du bon Dieu.

J'allai me présenter le lendemain même ; étant recommandée par le mari de l'institutrice qui venait de mourir, je fus acceptée. Ces dames prirent aussitôt mes heures et, tout compte fait, j'arrivai ainsi à gagner 5 florins de plus que chez Mlle M..., et il me restait beaucoup de temps pour coudre et chercher d'autres leçons.

Mon mari, malheureusement, recommençait de plus belle sa vie de débauche, et il passait déjà ses nuits, comme à Paris, hors de la maison. Seulement, il me disait des injures quand il rentrait, ce qu'il ne faisait pas à Paris. Puis, il n'apportait plus ses appointements, comme au début ; il les dépensait en grande partie avec son chef, qui s'entendait parfaitement avec lui.

Le restaurateur, que nous payions à la fin de chaque mois, finit par me dire que mon mari ne s'acquittait plus de sa dette, et qu'il venait même la nuit, après avoir assisté soit aux bals ou aux concerts, qui se donnaient dans les salles du Musikverein dont le restaurant dépendait. Ce monsieur me donna le conseil de parler, en secret, à M. B..., et de lui dépeindre notre position ; car la nuit, mon mari faisant aussi servir du champagne, ses dettes augmentaient rapidement.

Je suivis son conseil, mais je m'étais mal adressée ; car M. B... remercia mon mari qui rentra furieux et me dit qu'il ne se chercherait pas de place. « Puisque je lui avais fait perdre la sienne, disait-il, j'avais à le nourrir. » Je lui parlai de notre situation et de ma position intéressante ; je lui représentai ses débauches qui recommençaient à l'étranger, ses nuits passées dehors et toutes les promesses qu'il m'avait faites.

M. Scala devint tellement furieux, qu'il me donna un soufflet, qui fut entendu par la propriétaire de notre chambre. Celle-ci me dit, le lendemain, que, si c'était elle, elle ne resterait pas avec un tel homme ! Je pensais bien aussi que c'était m'avilir de rester avec lui ; mais j'étais à l'étranger, sans aucune aide, et, j'espérais toujours qu'il s'amenderait.

Une fois que l'on m'avait fait présent d'un billet pour une redoute, je lui dis que cela me ferait plaisir d'y aller, pour voir ce que c'était. Il acquiesça. J'en éprouvai une grande joie et je me mis à préparer ma toilette. Ce billet étant pour quatre personnes, je dis à mon mari que nous pourrions emmener M. et Mme L..., dont nous avions fait la connaissance.

C'était entendu ; cette dame, à qui j'apportai la nouvelle, se faisant une fête de nous accompagner, alla toute joyeuse en faire part à son mari. Nous fixâmes un lieu de rendez-vous et je les quittai.

Le jour arriva ; mais ne voilà-t-il pas que, prête à partir, mon mari me dit qu'il avait disposé du billet et que, vu le nombre restreint de personnes, il n'y avait que lui qui pourrait y aller. Qu'on juge de mon désappointement ! Je pensai aussitôt à ce couple qui devait nous accompagner.

M. Scala partit donc seul ; mais je me mis à le suivre. Je voulais voir les personnes qu'il emmenait. Je vis qu'il avait dû m'apercevoir, car il me fit traverser des rues mal fréquentées, où une femme seule n'aime guère à se promener le soir.

Tout à coup, au beau milieu de la chaussée, il se retourne et me dit : « Eh bien, combien de temps me suivras-tu encore ? Tu es ici en bonne compagnie ; tu ressembles à ces filles ». — « Tu as raison, » répliquai-je, et, alors, je pris son bras, en lui disant que cela serait mieux ainsi.

Cela ne lui convenait pas, car il me donna un fort coup
de coude en pleine poitrine, pour me faire lâcher son
bras ! Je crus me trouver mal, tant le coup avait porté
à un endroit des plus sensibles ; mais, me ressaisissant,
je lui appliquai un soufflet et je m'éloignai aussitôt, le
laissant ramasser son chapeau.

Je me rendis alors auprès de M. et Mme L... qui étaient
précisément en train de fermer leur porte pour aller au
rendez-vous. En me voyant arriver aussi précipitamment,
ils pensèrent qu'il y avait quelque chose. M. L... rouvrit
sa porte, je me jetai vite sur le canapé et, en hâte, on fit
venir un médecin, car je faisais une fausse couche ! Etait-
ce l'émotion ; était-ce le coup qui en était la cause ? Dieu
seul le sait.

M. L... alla aussitôt chercher mon mari. Celui-ci ne
voulait d'abord pas venir, mais, lorsqu'on lui dit que
c'était le médecin qui l'avait ordonné, il fallut bien qu'il
suivît ce monsieur. On l'avait trouvé entouré de jeunes
filles. Je supposai que cela devait être d'anciennes connaissances, des ouvrières de chez M....

Il me fallut rester une dizaine de jours chez cette dame,
n'étant pas transportable. Puis, lorsque je fus rétablie,
Mme L... me dit : « Chère Madame Scala, vous me faites
plaisir en venant me voir ; mais je ne veux plus que
votre mari vous accompagne. » M. L... lui-même enjoignit à M. Scala de ne plus remettre les pieds chez lui !
Il avait essayé de détourner sa femme de ses devoirs
d'épouse, me dit-on.

Plus tard, je me procurai un billet d'entrée pour voir,
enfin, une redoute ; je pris place dans un coin de la gale-
rie, d'où je pouvais jouir pleinement du spectacle qui
s'offrait à mes yeux. J'avoue que cela m'intéressa beaucoup de voir tous ces dominos, ces couleurs chatoyantes,
avec ces superbes lustres de la grande salle du Musikverein (Conservatoire de musique).

Je me dis : qui sait s'il ne se déroule pas quelque intri-
gue parmi tous ces danseurs et danseuses qui semblent
ne pas se connaître ?... Je fus distraite dans mes réflexions
par la présence à mes côtés d'un monsieur qui, voyant une
dame seule, en noir et pourvue d'un loup garni d'une large
dentelle, avait peut-être des raisons pour chercher à savoir
qui elle était. Il me posa des questions et me demanda
pourquoi je ne prenais pas part à cette fête ? Je voulais

m'amuser un peu à ses dépens et je le laissai parler ; puis, à la fin, ayant répondu « non » à une question qu'il me posa, il me quitta.

Un autre prit sa place, et, celui-ci, moins habile que son prédécesseur, me dit franchement qu'il voudrait au moins entendre le timbre de ma voix. Je fis la muette pour le taquiner et c'est à l'aide de mimique que je lui répondis ; alors voyant qu'il n'arriverait pas à ses fins, il redescendit dans la salle.

Quant à moi, je me dis que ces messieurs, comme mon mari, alors, devaient être en faute et craignaient, peut-être, que ce ne fût leur femme qui se trouvât là, sous ce costume austère, et je partis.

Je m'étais donc vue forcée de ne commencer mes leçons que vers le 15 janvier 1881, afin d'être complètement remise ; comme on a pu en juger, c'était la fatalité qui m'avait empêchée de m'y rendre plus tôt.

Ce fut, pour moi, le début de la plus grande des misères M. Scala exigeait que je lui donne tout ce que je gagnais sous prétexte que nous étions mariés sous le régime de la communauté, et il m'arrivait souvent de ne pas avoir de quoi me payer un repas. Je mangeais alors quelques figues sèches avec beaucoup de pain, ou je me passais de manger. Quant à mon mari, il faisait des visites où il savait qu'on l'inviterait à dîner. Comme, partout, il était le Comte Scala, il ne voulait pas m'emmener, parce que, disait-il, ayant renoncé à porter ce titre, je ferais mauvaise figure chez ses amis.

Il tint parole, il ne se chercha pas de place et, pendant huit mois, j'eus à nourrir, de mon travail, un être qui se vautrait le jour, mais qui n'en sortait pas moins la nuit. Je ne puis oublier, qu'un matin, il rentra dans un état pitoyable ; je voyais bien qu'il sortait de chez une femme ; il me dit, du reste : « Tiens, j'ai oublié ma tabatière sous l'oreiller. » — Il prisait.

Je commençais à éprouver une répulsion invincible pour mon mari et, un jour que je ne pus surmonter ce sentiment, je crus qu'il allait me tuer. Peut-être eut-il peur au dernier moment ; car, il se contenta de prendre un objet auquel je tenais beaucoup, une bobine d'induction, souvenir de mon grand-père, et il la brisa devant mes yeux.

J'étais tout à la fois excédée par de pareilles scènes,

par mon travail de jour et de nuit et minée par le chagrin. Le jour je donnais mes leçons et, la nuit, je faisais
de la dentelle de « Luxeuil », nommée aussi « Point-lace ».

Enfin, après huit mois de luttes de toutes sortes, M.
Scala retrouva une place chez un des premiers photographes de Vienne, M. W.... Il y était caissier et nous avions
un appartement dans la même maison. C'était une assez
belle position. Quant à moi, je donnais toujours mes leçons que j'avais augmentées en nombre par quelques
annonces. Je gagnais donc gentiment ma vie. Seulement,
comme nous avions contracté des dettes durant ces quelques mois, il fallait les payer avant de jouir de nos revenus.

Pendant quelque temps, mon mari se comporta assez
bien ; notre appartement, attenant à celui de son chef, le
forçait à passer ses nuits au logis et non dans des bouges.
Nous aurions pu envisager l'avenir sous des couleurs
moins sombres.

Comme il est d'usage à Vienne, mon mari fit partie
d'une société qui se rendait deux fois par semaine dans
un local où l'on jouait aux boules. Plusieurs familles s'y
réunissaient et notre société n'était composée que de
Français. Les dames accompagnaient leur mari.

Cela me fatiguait bien un peu, étant, de nouveau, dans
une position intéressante très avancée ; mais je m'efforçais de faire bonne mine à tout le monde pour ne pas
ennuyer mon mari. Pourtant, une fois, je me rappelle
que je luttais pour ne pas me trouver mal. Une dame,
qui s'en était aperçue, alla près de lui et lui dit de me
reconduire. Il refusa net, disant que je n'avais pas besoin
de venir.

Etait-ce la fatigue d'une journée de leçons, étaient-ce
toutes ces lumières ou la fumée, ou bien mon état de
santé? Toujours est-il que je m'évanouis! Il était une
heure du matin, et, à Vienne — autrefois du moins, —
une dame seule n'aurait pas osé aller, à pareille heure, par
les rues désertes de la ville.

La dame vint me reconduire, me fit coucher et me dit
en me quittant : « Vous avez un bien triste mari ! » Pendant qu'elle me reconduisait, M. Scala faisait la cour à
sa fille. Si bien que, malgré la jeunesse de celle-ci — 14
ans à peine — il n'avait d'yeux que pour elle. J'eus alors
le loisir de m'en apercevoir ; il se rendait même chez elle,

sous un prétexte ou sous un autre, aux heures où il savait qu'il n'y rencontrerait pas les parents.

Nous fréquentions cette famille depuis le jour où la dame m'avait reconduite chez moi. Le monsieur et la dame nous avaient invités à déjeuner un dimanche. Mon mari s'y rendit seul et moi, qui avais une leçon à donner, j'allai l'y retrouver à midi.

Arrivée à la porte, je sonnai et la dame vint m'ouvrir ; mais, au lieu de me faire entrer, elle me dit, avec une physionomie rigide qui me glaça le cœur : « Je regrette, Madame, de ne pouvoir vous recevoir et je vous prie de ne plus venir chez moi, aussi longtemps que vous vivrez avec M. Scala. Mon mari vient de le mettre à la porte. Il vous en dira les raisons, s'il l'ose ! »

Je partis honteuse et j'avoue que je me doutais bien de ce qui avait dû se passer, car j'avais remarqué, comme on l'a vu plus haut, les assiduités de mon mari auprès de cette fillette ; mais, je ne pouvais me figurer que cela en viendrait là. J'avais ressenti d'abord inconsciemment de l'antipathie pour cette petite. Elle était comme une chatte auprès de lui. A-t-elle eu peur au dernier moment, ou les a-t-on surpris ensemble ? Je ne le sus jamais, bien que j'eusse plus tard fréquenté de nouveau la famille.

En rentrant, ce jour-là, je ne fis aucun reproche à mon mari, mais j'espérais que la tristesse répandue sur mon visage lui en dirait assez long sur mes sentiments à son égard.

M. Scala dépensait l'argent d'une manière fabuleuse, me prenant aussitôt celui que j'apportais. Je me rappelle qu'une fois, j'avais touché 16 florins ; au restaurant, il invita un jeune homme à venir s'asseoir à notre table et fit le généreux en offrant du vin de Champagne. Je venais de lui remettre les 16 florins.

En sortant, je lui fis la remarque que nous n'avions plus rien pour le lendemain et qu'il me fallait absolument des bottines. Aussi longtemps que je vivrai, je me rappellerai son mouvement de colère. Il leva sa canne et m'en donna un coup à la nuque ! Il aurait pu me tuer. Il l'avait peut-être voulu, car nous étions bien seuls dans une allée bordée d'arbres et de buissons épars. Cette promenade longe le Stadtpark. Je m'éloignai, en me tenant à quelque distance, ne voulant pas qu'il voie que mes larmes étaient prêtes à couler ; car la douleur que je ressentais était indicible !

Quelque temps après, je m'achetai des bottines, sans lui en demander la permission ; seulement, par économie, j'en pris à élastiques ; elles étaient bien moins chères. Le soir venu, je voulus les retirer, cela me fut impossible malgré tous les efforts que je fis. Enfin, craignant pour le petit ange que j'attendais, je me mis sur mon lit toute chaussée, me disant que, lorsque mon mari rentrerait, il me les ôterait. M. Scala, selon son habitude, ne rentra que le matin et comme, en dormant, j'avais fini par glisser mes pieds dans le lit, il me fit une scène, comme si j'avais commis un crime. A en juger par les injures qu'il me dit, il était surtout fâché contre moi d'avoir osé faire cet achat, quand il aurait si bien pu en employer l'argent à autre chose. Le lendemain, j'avais un tire-bottes de sorte que je n'eus plus besoin de recourir à lui.

Dans nos différentes scènes, il y en eut de très amusantes ; comme celle-ci, par exemple : Un jour qu'il rentra un peu tard et que mon dîner s'était desséché dans le four, en le voyant ainsi, il prit le plat et le lança de sa place à la porte de la salle à manger. Je ne répliquai rien, je pris le plat de légumes et je le lançai à la suite du plat de viande !... Il me regarda d'un air fort étonné et se mit à rire ; quant à moi, je soutins son regard, mais je ne ris pas !

M. Scala avait pris l'habitude de bouder et cela durait des semaines avant qu'il ne m'adressât la parole.

Une fois, qu'il me fallait absolument une réponse, je recourus à un moyen étrange pour qu'il se déridât : je lançai une chaise au plafond, alors, il eut la condescendance de me répondre.

Un jour où je donnais mes leçons au dehors, comme toujours, du reste, mon mari s'était coupé et avait besoin de vieille toile. Il n'avait qu'à en prendre dans la caisse à pharmacie, où il savait qu'il y en avait un paquet. Je suppose qu'il ne s'en souvint pas, car, après avoir cherché dans mon armoire et n'en ayant pas trouvé, il avait jeté tout mon linge, pêle-mêle, au milieu de la chambre et, finalement, déchiré un de mes jolis mouchoirs dont il avait étalé le reste sur le monceau de linge, comme pour couronner son œuvre. Je rentrai assez tard ce jour-là. Guidée par la faible clarté de la lune, je voulus prendre une allumette sur ma table de nuit ; je butai et faillis tomber. Toute tremblante, ne sachant si ce n'était pas mon mari qui gisait à terre, j'allumai la bougie et, enfin, je vis ce dont il s'agissait. Il n'avait rien laissé dans l'armoire, et il me fallut une grande partie de la nuit pour replier et remettre mon linge en place.

Quand M. Scala rentra, il me fit une scène, trouvant que c'était une manie, qui touchait à la folie, d'avoir tant d'ordre dans ses affaires, et il prétendit que la vieille toile devait être en vue dans une armoire. « Tu as oublié la pharmacie, » dis-je. Il ne répliqua rien, se sentant en tort. Me dire un mot de regret, M. Scala en était incapable.

Nous avions fini par nous acheter des meubles, en donnant, comme acompte, le produit de ma chambre à coucher que l'on avait vendue à Paris ; nous nous étions engagés à payer le reste mensuellement.

Le temps avait passé et je me trouvais encore à la veille d'accoucher ; mais, cette fois, j'espérais mettre au monde un enfant vivant et je me réjouissais à cette pensée. Seulement, nous étions encore à court d'argent. Beaucoup de familles m'avaient priée d'interrompre mes leçons, surtout celles où mes élèves étaient des fillettes ; mais je comptais sur le produit de la leçon que je donnais dans la banlieue et je voyais arriver avec joie la fin du mois qui me permettrait d'attendre les événements. Malheureusement, la dame oublia de me payer, je dus y retourner encore une fois, de sorte que je rentrai chez moi exténuée ; le conducteur m'avait aidée à descendre de tramway.

En entrant dans mon appartement et me sentant mal à l'aise, j'eus peur ; oui peur d'être seule dans un moment pareil ! Si j'avais ressenti les douleurs, j'aurais envoyé la concierge chez la sage-femme. Je me couchai donc croyant à une fausse alerte et, du reste, je me sentis un peu mieux.

Vers minuit, mon mari arriva ; je poussai un soupir de soulagement quand je l'entendis mettre la clef dans la serrure ; mais comme il y avait plusieurs nuits qu'il n'était revenu qu'à l'aube et que, malgré cela, il devait se rendre à son bureau à l'heure habituelle, il avait une profonde envie de dormir. Lorsque je lui dis : « Jacques, va chercher la sage-femme, je souffre depuis six heures et maintenant ce sont des douleurs atroces. » Il me répondit : « Laisse-moi faire un petit somme, attends encore un peu,

cela ne sera pas long. » Puis, il s'endormit ! Que faire ?
Je mordais mes draps, je n'en pouvais plus ! Je me mis
à le secouer après l'avoir appelé plusieurs fois, mes cris
ne le réveillant pas. Enfin, vers trois heures, il m'entendit
et courut chez la sage-femme...

Je mis au monde un enfant à terme, mais mort ! S'était-
il trouvé étouffé pendant cette longue attente ?... Encore
déçue dans mes espérances d'être mère ! Encore mon
pauvre petit ange qui était là, sans mouvement, sans vie !
Ce père était peut-être la cause de sa mort !

Ma petite layette dut encore être reléguée, moi qui avais
pris tant de plaisir à la faire, puis à la compléter. Comme
je pleurais en la remettant dans une malle !

Quelques dames étaient venues me voir ; mais je n'avais
personne pour me soigner. La sage-femme, tous les matins, plaçait près de mon lit ce dont je pouvais avoir besoin
pendant la journée et, le soir, elle en faisait autant pour la
nuit. Je voyais rarement M. Scala ; on aurait dit qu'il
avait déserté le domicile conjugal, et je pensais que son
chef ne devait pas être sans s'apercevoir de sa conduite
déréglée.

J'étais surprise que la propriétaire, qui était en même
temps la femme du chef de mon mari et qui avait toujours
été gentille et aimable envers moi au commencement, me
traitât froidement et ne m'offrît pas de me rendre quelque
service dans une circonstance pareille. Elle ne m'envoya
même pas sa bonne.

Bientôt tout s'éclaircit ; aussitôt que je fus remise et que
la propriétaire apprit que je commençais à sortir, elle me
fit prier de venir la trouver. Je me rendis à son appel,
bien que j'eusse le pressentiment que j'allais entendre
quelque chose de désagréable.

Je ne m'étais pas trompée et, rien que d'y penser, j'en
frémis de honte. Je croyais que Mme W... allait nous
donner congé ; ce qu'elle fit du reste. Mais, ce à quoi je
ne m'attendais pas, c'était à la raison pour laquelle elle
nous donnait congé. Mon mari avait commis une indéli-
catesse ; il manquait 50 florins dans la caisse. Il y avait
déjà quelque temps qu'on le soupçonnait d'irrégularités
dans ses comptes, mais on n'en était pas sûr et l'on ne
disait rien jusqu'à ce que l'on en eût acquis la certitude.

Cette dame me prévint que M. W... avait remercié mon
mari et que s'il ne rendait pas la somme dans les vingt-
quatre heures, on le ferait arrêter. Comme j'étais en

couche lorsque tout cela se passa, on ne m'avait rien dit pour ne pas me tourmenter. Je priai Mme W... de vouloir bien croire que je n'avais pas été la cause de ces malversations, car je ne voyais presque pas M. Scala, qui ne rentrait pour ainsi dire pas à la maison. Sa sœur m'ayant envoyé de quoi payer la sage-femme, je n'étais donc pour rien dans ses détournements. « Pauvre femme, » me dit-elle, et elle me donna une poignée de main lorsque je la quittai.

J'étais affolée en sortant de chez cette dame ; mais je pensai aussitôt au moyen de trouver les 50 florins. Des bijoux, je n'en avais plus depuis longtemps. Ils avaient été ou vendus ou engagés ; mais je savais avoir une amie en Mme S..., la mère des premiers élèves que j'aie eus à Vienne. Elle me montrait beaucoup de sympathie et m'avait souvent dit que je devais avoir du chagrin !

J'allai donc la trouver et, en me voyant arriver à une heure qui n'était pas celle de la leçon, elle me prit par la main, m'entraîna au salon et me dit : « Venez vous confesser, il y a quelque chose. » Je baissai la tête, ne pouvant articuler une parole. « Voyons, ayez confiance en moi. » Je finis par lui avouer ce que mon mari avait fait, en ajoutant qu'il fallait que je rende la somme le lendemain matin, si je ne voulais pas le voir aller en prison !

Aussitôt Mme S... se leva, alla dans sa chambre et me remit, quelques secondes après, les 50 florins que je n'avais pas osé lui demander ; puis, m'assura qu'elle attendrait que je puisse les lui rendre, sans pour cela me priver du nécessaire. Elle ajouta : « Pourquoi restez-vous avec cet homme ? Il finira par vous faire mourir de chagrin ; vous avez très mauvaise mine. » — « Que faire », lui dis-je, « à l'étranger, je ne vois pas d'issue », et je la quittai en la remerciant.

———

CHAPITRE XV

Enfin mère !
Cruauté du destin

Mon mari dut se chercher une autre position ; seulement, cela devenait plus difficile après ce qui venait de se passer. Pourtant, il en trouva une comme comptable dans un dépôt d'eaux minérales.

Quant à moi, j'ignorais de plus en plus la couleur de l'argent qu'il gagnait. Il prétendait toujours ne pas avoir été payé, de sorte que je m'ingéniais à trouver du travail, n'ayant pas de leçons en été ! Il y avait longtemps déjà que, pendant les nuits, je faisais de la dentelle au point-lace (Luxeuil) ; mais cela ne suffisait pas ; puis, il m'était difficile de rencontrer des personnes prisant cet ouvrage à sa juste valeur, d'autant, qu'au début, je ne connaissais guère que des familles bourgeoises et même de petite bourgeoisie.

Donc, un soir, je rentrai désespérée d'être toujours sans occupation et, n'ayant absolument rien à manger à la maison, je me jetai à genoux devant mon lit et je fis une fervente prière. Quand je me relevai, il me sembla que la grâce de Dieu était descendue en moi. Je me sentis plus calme, je me couchai alors l'âme apaisée et je m'endormis presque aussitôt.

J'eus un rêve dont je me souviendrai toute ma vie : je voyais à profusion des fleurs que j'avais brodées moi-même ; des bouquets entiers étaient là, étalés devant mes yeux... C'était une inspiration du bon Dieu. Il exauçait ma prière et me suggérait un moyen d'existence.

J'avais bien vu, une fois, que la mère de mon mari appliquait des bouquets d'étoffe d'ameublement ; mais cela ne m'avait jamais plu. J'avais appris le dessin, je voulais faire mieux ; seulement, je ne savais pas broder. Heureusement que je ne manquais pas d'initiative.

Que faire ? Je n'avais absolument rien, pas un sou pour acheter le nécessaire. J'en parlai à mon mari ; il n'avait pas d'argent, disait-il, pour faire des essais et se mit à rire.

J'eus encore recours à Mme S... qui me donna aussitôt dix florins, avec lesquels je pus acheter un métier bon marché, un morceau de satin et de la soie. Je voulais seulement m'exercer ; mais, à mon idée, cela ne devait pas être bon à jeter, c'est la raison pour laquelle je pris de suite cette étoffe. En outre, j'achetai, comme ma belle-mère, un bouquet en cretonne que je découpai et appliquai sur le satin ; je le couvris entièrement de soie ; je brodai aussi bien que possible et j'ombrai si joliment les fleurs, qu'elles paraissaient être naturelles.

Je me dépêchais, car je voulais que Mme S... vît mon œuvre et elle était sur le point de partir pour la campagne, elle et ses enfants, mes élèves par conséquent. N'était-ce pas l'été, époque à laquelle les maîtres et les maîtresses vivent de leurs rentes ou de dettes s'ils n'ont pas fait quelques économies pendant l'hiver ?

Mme S..., que je nommerai dorénavant mon amie, à cause des bontés qu'elle eut pour moi, fut enthousiasmée de mon travail et me recommanda aussitôt à son tapissier, qui ne tarda pas à m'apporter de l'ouvrage.

Mon mari ne conserva pas longtemps sa place. Qu'y eut-il encore là ? Je n'ai jamais su la raison pour laquelle on le remercia après trois ou quatre mois. Je n'en eus pas de regret, car son emploi nous forçait d'habiter hors de la ville, donc assez loin de toutes mes leçons et, sachant ma mère fort gênée, je faisais toutes les routes à pied, inscrivant dans mon livre le montant des tramways ou omnibus pour le lui envoyer. C'est ainsi, et en me privant, que je pouvais, de temps en temps, en cachette, joindre cinquante francs à mes lettres. Depuis que nous demeurions si loin, cela me devenait plus difficile.

M. Scala dut en avoir vent, car, un jour que j'avais échangé la monnaie autrichienne contre un billet de banque, il rentra gracieux, aimable. — J'avais eu le temps de cacher ce billet dans mon matelas avant son arrivée. Il me dit gentiment : « Tu dois avoir touché de l'argent aujourd'hui ; il m'en faut absolument pour demain. » — « Je n'en ai pas, » lui répondis-je. — « C'est impossible. » Je ne répliquai rien.

Enfin, de fil en aiguille, il se monta et m'attrapa des deux mains par le cou. Il serra si fort que je ne pouvais même pas crier ! Il me disait : « Ah ! tu ne veux pas me le donner ! Tu ne veux pas me le donner ! » Aussitôt qu'il me lâcha, je m'enfuis affolée chez mes voisines et, là, je vis que mon cou saignait. Ses ongles avaient dû pénétrer assez profondément !

Ces dames ne me firent aucune question, me donnèrent un verre d'eau fraîche ; mais elles ne furent pas sans penser qu'il s'était passé quelque chose d'anormal. L'une me dit : « Comme vous devez être malheureuse avec votre mari ! »

Quand je fus un peu remise de cette forte émotion, le soir même, je rentrai chez moi ; mais, j'avais peur de lui et, ne voulant pas coucher à ses côtés, — nous avions deux lits jumeaux, à la viennoise, — je vins prendre mes oreillers et mes couvertures, pour m'étendre sur l'ottomane. Voyant ce que je me proposais de faire, il me jeta le matelas sur le dos, en me disant que je faisais bien. Ainsi, il m'avait mise, par le fait, en possession de mes cinquante francs qui s'y trouvaient cachés.

Il est dit que la nuit porte conseil. Je ne pouvais dormir tant mon cou était endolori ; le lendemain, il était tout enflé et tout rouge ; Je résolus donc, ayant mûrement réfléchi, d'aller trouver le Consul pour lui demander s'il n'y aurait pas moyen de me faire séparer de mon mari qui me battait. Je lui montrai mon cou tout rouge et enflé, avec les marques des ongles qui étaient entrés dans la chair !

Le Consul me demanda mon adresse et me pria de revenir le lendemain à l'heure qu'il m'indiqua. J'attendis ce moment avec une impatience fébrile, car il me semblait qu'il était impossible qu'on ne trouvât pas un moyen de me séparer de cet homme infâme, qui venait d'essayer de me tuer !

Enfin, l'heure arriva ; je me rendis au Consulat et grand fut mon étonnement, lorsque j'entendis les paroles du Consul. Je crus rêver. Voici ce qu'il me dit : « Comment, Madame, vous vous plaignez de votre mari ! S'il vous a demandé votre argent, il était dans son droit, puisque vous êtes mariés sous le régime de la communauté. Il veut vous empêcher d'acheter des bijoux, parce que vous en aviez l'intention ; et, s'il vous a fait mal, c'est dans la lutte qui s'est engagée entre vous, quand vous avez refusé de donner l'argent que vous gagnez et dont vous avez besoin pour des choses plus utiles que des bijoux. »

Je suffoquais ; mais il ajouta : « A l'étranger, il est difficile de faire des séparations. Nous ne nous en occupons pas. Votre mari est maître de disposer de vos appointements. » — « Je vous remercie, Monsieur, dis-je, si c'est là le soutien que l'on trouve au Consulat, alors, je suis sûre d'être rouée de coups et de mourir de faim ! J'ai dit une fois à mon mari que, tous mes bijoux ayant été vendus ou engagés, la seule chose que je voudrais au moins retrouver, c'est mon alliance, parce que je voyais que les familles doutaient de la légitimité de mon mariage. »

Je vis que j'importunais ce monsieur, qui fit un signe d'impatience, comme pour me congédier, et je partis atterrée, me demandant, si je ne ferais pas mieux d'aller me jeter dans le Danube. Je n'allais plus me confesser ; mais j'étais chrétienne et je rentrai chez moi.

M. Scala m'y attendait ; il ne me dit rien, mais ricana pour me faire souffrir ! C'était un monstre et j'étais à nouveau liée à cet homme, sans pouvoir dissoudre ces liens abhorrés. Quelle amertume s'était emparée de moi ! Quel dégoût de la vie ! J'ai expié au centuple ce coup de tête qui m'a fait l'épouser, malgré les avertissements qui ne m'ont pas été ménagés ! Je l'aimais alors, c'est ma seule excuse. Enfin, le mal était irrémédiable !

Ma vie de douleur ou plutôt de martyre recommença de plus belle ; car il se voyait le maître absolu, surtout étant soutenu par le Consul.

Mon mari trouva bientôt une autre situation ; il fut agréé comme rédacteur au journal *Le Danube*. Il était dans son élément, seulement, il y avait des relations qui devaient me rester inconnues.

Avant de rentrer en ville, notre loyer n'étant pas expiré, nous restâmes encore plus de deux mois à Penzing, où je passai mon été à broder. Je cherchai une brodeuse pour m'aider un peu et trouvai une jeune fille brodant au plumetis ; elle eut vite appris mon genre de broderie. J'occupai même plusieurs jeunes filles par la suite.

Enfin, nous retournâmes en ville et j'eus le plaisir de voir ma jeune brodeuse, Caroline, y venir tous les matins. Elle avait acquis toute ma confiance, de sorte que je pouvais m'absenter pour aller donner mes leçons. Je revenais de temps en temps pour me rendre compte du travail de mes ouvrières ; je leur montrais ce que je voulais qu'elles fassent, et, ainsi, j'avais un atelier de broderie, sans pour cela abandonner mes leçons. La nuit, je préparais leur ouvrage, je dessinais les modèles qui s'exécutaient pendant le jour. Le coussin d'essai fut vendu 20 florins.

M. Scala, pour que je ne manque pas de travail, avait porté lui-même ce coussin à un des plus grands tapissiers de Vienne, M. Bamberger, qui me donna beaucoup d'ouvrage. Il disait que ma broderie était comme une peinture, que mes ombres donnaient l'illusion du naturel. Il m'ouvrit même un compte, afin que je ne sois pas arrêtée dans mes travaux par le manque d'argent. Le tapissier de Mme S... me donna aussi quelques broderies à faire.

J'aurais pu me trouver heureuse, si mon mari n'avait pas eu cette conduite désordonnée. Mais j'étais toujours poursuivie par la fatalité. Que de luttes morales et physiques n'eus-je pas à supporter ! Je croyais à un temps meilleur. J'espérais toujours en Dieu !

Encore, pour la cinquième fois, dans une position intéressante, je travaillais doublement pour que mon petit ange n'eût pas à souffrir en venant au monde. Seulement, comme l'été approchait, mes leçons allaient cesser de nouveau.

Mon mari ne me rapportant absolument rien, je résolus de lui parler sérieusement. Je lui dis donc, avec un courage que je ne me connaissais pas, que, vu ma nouvelle grossesse, j'avais décidé de vivre de mon gain et qu'il devait en faire autant du sien. J'ajoutai que je payerais la moitié du loyer et que je ne reviendrais jamais sur ce que je disais. A lui de s'arranger en conséquence. « C'est bien, Madame », puis il ricana, comme toujours ; mais je n'y fis pas attention ; je méprisais déjà mon mari et je n'étais pas loin de le haïr !

Je me sentais forte, surtout depuis que j'avais adressé cette fervente prière au bon Dieu qui m'avait donné une telle preuve de sa bonté. « Téméraire est celui qui ne croit à rien ! »

J'eus beaucoup d'ouvrage. L'été se passa ainsi, je ne puis dire sans fatigue, car, toujours courbée sur le métier, ma position ne devait pas être favorable à l'enfant ; mais il fallait finir un travail pour une exposition et je ne me couchais guère. M. Scala ne rentrait que le matin et, comme il avait soin de regarder mon travail avant de partir, il le regardait de même en rentrant. N'eut-il pas la hardiesse, une fois, de me dire : « Tu n'as fait que cela cette nuit, tu n'avances guère ! » C'était un travail sur peluche, je n'avais pas quitté le métier de la nuit, tout juste le temps de remplir ma lampe une seconde fois.

Une nuit, qu'il était rentré plus tôt que d'habitude, il voulut avoir la lampe ; force me fut de prendre celle de la cuisine qu'il fallait remplir trois fois pendant une nuit et qui éclairait fort mal, l'abat-jour étant remplacé par un réflecteur. Je la plaçai directement sur l'ouvrage, le plus près possible de l'endroit que je brodais. Malheureusement, mon métier, par un faux mouvement, vacilla, la lampe tomba sur la peluche. Je n'eus que le temps d'enlever d'une main la lampe, et, de l'autre, le verre. Rien ne fut brûlé, si ce n'est la main qui avait saisi le verre surchauffé ; aussi, avec quelle rapidité le lançai-je à terre. M. Scala, entendant le bruit, vint voir et me dit : « Tu es une sotte ; ce n'est que cela, eh bien ! cela guérira. » Puis il retourna se coucher !

J'eus, à la main, des cloques qui m'empêchèrent de travailler pendant quelques jours, malgré toutes les compresses que j'appliquai sur les brûlures.

Il fallait, bien que je n'eusse pu livrer mon ouvrage à temps, donner la moitié du loyer que j'avais promis de payer. Que cet été fut donc dur pour moi, à la veille d'accoucher, n'ayant par conséquent pas de leçons ! Pendant huit jours, je mangeai des lentilles sans beurre. Ma brodeuse, Caroline, dut deviner ce qui se passait, car, je la vis, un beau matin, arriver avec un pot énorme contenant une bonne soupe. « Ma mère vous envoie de la soupe viennoise pour que vous la goûtiez. » me dit-elle. Je la goûtai, n'est pas le mot ; je la mangeai gloutonnement, cette bonne soupe aux pâtes (Einmachsuppe).

M. Scala voyait mes efforts pour arriver à finir ce travail, avant l'expiration du terme ; il devait donc se douter des privations que je m'imposais. Il prenait ses repas avec son chef et, en rentrant, me disait d'un air goguenard : « Aujourd'hui, j'ai mangé telle ou telle chose, » et ricanait, pour changer.

Enfin, après le terme payé, je mis au monde une jolie petite fille, vivante, cette fois ! J'eus une couche fort pénible et je faillis mourir ! La sage-femme, tout à coup, se mit à crier : « Mais, elle meurt, allez vite chercher un médecin. » Mon mari y courut ; elle ne le laissa même pas prendre son chapeau, et, pendant qu'il était parti, me versait de l'eau froide sur le corps, puis courait à la fenêtre, appelait, criait : « Vite, vite, elle meurt, elle se meurt ! » Et elle me versait une nouvelle potée d'eau pour me ranimer. Quant à moi, je me disais : « Mais, je me sens bien, au contraire ! » Seulement, je ne distinguais plus nettement les objets qui étaient dans la chambre ; un voile m'en séparait.

Mon mari arriva, enfin, avec un médecin. Celui-ci quittant aussitôt sa jaquette, releva les manches de sa chemise jusqu'aux épaules. Puis, je ne le vis plus ; le brouillard s'était épaissi ; mais je l'entendis interpeller sévèrement la sage-femme : « Il était grand temps ! Vous aurez affaire à moi, Madame. »

Je fus longue, bien longue à me remettre. Je restai fluette et très pâle pendant des mois et des mois. Mais, j'étais heureuse, j'avais une petite fille et cette chère enfant était née à la même heure que la petite Archiduchesse Elisabeth, fille du Prince Rodolphe.

Je comptais sur ma petite Reine pour ramener le père à de meilleurs sentiments. Il m'avait dit, à sa naissance, quelques bonnes paroles et je me laissais aller de nouveau à l'espérance. Il avait désiré que sa sœur fût marraine et celle-ci avait envoyé, outre une jolie pelisse, un billet de cent francs, avec lequel nous pûmes payer les honoraires du médecin et la sage-femme.

Quelle ironie du destin ! ce fut mon mari qui fut cause de la mort de mon cher petit ange ! Ma petite Reine n'avait même pas encore six semaines, il faisait un vent glacial, c'était au commencement d'octobre ; j'avais repris mes leçons et je continuais mes broderies avec une ouvrière seulement, n'ayant pas assez d'ouvrage pour en occuper plusieurs. Selon mon habitude, je sacrifiais mes nuits ; je me rappelle même ne pas avoir défait mon lit pendant toute la semaine. Je ne savais plus ce que c'était que de dormir ; mais aussi, que de tasses de café noir n'ai-je pas prises pendant ce laps de temps ! J'avais dû engager une petite bonne, parce que je ne voulais pas mettre ma petite fille en nourrice. A Vienne, d'ailleurs, ce n'était guère l'usage.

J'eus comme un pressentiment de ce qui allait arriver. Un soir, après mes couches, un gros papillon de nuit, une énorme bête, voltigea dans ma chambre. N'était-ce pas un présage de mauvais augure ?

Lorsque vers deux heures, mon mari rentra, je lui dis :
« Je t'en prie, Jacques, attrape ce papillon et jette-le par
la fenêtre ou tue-le. » — « Que te fait-il, ce papillon,
laisse-moi me coucher ? » Je finis par m'endormir ; mais,
au moment où je jouissais d'un sommeil réparateur, je
sentis quelque chose d'anormal s'attacher à ma jambe. Je
saisis aussitôt le papillon — car c'était cette horrible bête
— et je le lançai à l'autre bout de la chambre. Je ne devais
pas encore me lever ; mais, le lendemain matin, je racontai l'incident à mon mari qui ne voulut pas y croire ;
lorsqu'il vit le papillon gisant, à moitié mort, dans le
coin que je lui indiquai, il fallut bien qu'il se rendît à
l'évidence.

Au moment de ma couche, j'avais dit à Caroline, ma
brodeuse : « Je n'aimerais pas que mon enfant vînt au
monde le 13 ! » Non, la petite ne naquit pas le 13, mais
elle mourut le 13, même pas six semaines après sa naissance et voici dans quelles circonstances :

Comme je l'ai déjà dit, j'avais repris mes leçons ; mais
je donnais mes ordres à la bonne avant de partir et je
revenais toujours toutes les deux heures à peu près. Ce
jour-là, il faisait un vent glacial qui vous transperçait.
J'avais dit que l'on ne ferait pas sortir ma petite Reine par
cet affreux vent. M. Scala en avait jugé autrement et, à ce
que j'ai appris plus tard, il avait besoin qu'il n'y eût pas
de témoin dans l'appartement !

J'avais suspendu dans ma chambre l'horaire de mes
leçons avec les adresses des familles, afin que l'on sût où
me trouver, dans le cas où l'on aurait besoin de moi, pour
une chose ou pour une autre. Mon mari se servit donc de
cet horaire et vit de suite où je me trouverais à telle heure.
Malgré les ordres formels que j'avais donnés à la bonne,
il me l'envoya avec l'enfant.

C'était loin, très loin : il y a une grande distance du
Vᵉ arrondissement, Wehrgasse, au 11ᵉ, Praterstrasse. Quel
fut mon effroi, lorsque je sortis, de voir la bonne m'attendre sous la porte, en plein courant d'air — cette maison était un passage. La pelisse de mon enfant était soule-
vée par ce grand vent ! Je pris vite la petite des bras de la
bonne. Pauvre chérie, elle grelottait !

Lorsque je demandai à cette fille pourquoi elle m'avait
désobéi, elle me raconta que Monsieur s'était fâché et
avait dit qu'il fallait qu'un enfant sorte par tous les temps,
enfin qu'il l'avait forcée de quitter la maison avec Reine,

en lui donnant l'adresse de la famille dans laquelle elle serait sûre de me rencontrer.

Je rentrai en tramway avec ma pauvre petite fille ; mais, malgré la hâte que je mis à la réchauffer, elle était fiévreuse et avait attrapé une fluxion de poitrine. Les efforts du médecin et les soins que je lui donnai n'arrivèrent pas à enrayer le mal et, le 13 octobre, elle mourut !

Mon mari prétendit que je n'avais pas su la soigner et que j'étais la cause de sa mort !

CHAPITRE XVI

De déception en déception

Le chagrin de perdre ma pauvre petite Reine et la couche difficile que j'avais faite, avaient opéré en moi un changement physique. On me dit plus tard que l'on avait craint que je ne finisse par m'aliter un jour et que je ne fusse atteinte de phtisie galopante. Mes traits étaient empreints d'une grande tristesse ; je restai très pâle pendant plus d'un an et, à ce qu'il paraît, j'avais les yeux fiévreux. Je m'en aperçus moi-même, car, lorsque j'entrais dans une salle, je faisais sensation. Cela me donnait, peut-être, l'air intéressant. En tramway, tout le monde me regardait et j'eus des élèves qui me dirent : « Comme vous êtes jolie, Madame ! »

Mon mari voulut encore essayer de profiter de cet état de choses et il recommença à me conduire au concert le dimanche. Puis, il invita à venir, chez nous, son chef et d'autres messieurs, non ensemble, bien entendu. Il me faisait toujours faire un ragoût de mouton et prétendait que ces messieurs avaient exprimé le désir de manger ce ragoût préparé à la française. Je m'exécutai aussi bien que possible ; mais cela n'aboutit à rien, comme on va le voir.

On me faisait la cour, mon mari trouvait aussitôt un prétexte pour s'éloigner un moment. Je me rappelle même, qu'un monsieur voulut boire dans mon verre ; je le repoussai. M. Scala alors, — j'avoue que je n'en fus pas surprise — prit le verre, chercha, à la lumière, la place où j'avais bu et le lui présenta en lui disant : « Tenez, c'est ici. » Je regardai mon mari et je haussai les épaules.

Un sculpteur dont nous avions fait la connaissance avait voulu, pour nous remercier des quelques repas qu'il avait pris chez nous, faire notre médaillon à tous les deux ensemble, ce qui lui procura l'occasion de venir souvent nous voir ; mais ce monsieur, qui était Américain, était fort correct dans ses manières. Si mon mari l'avait attiré pour des raisons connues de lui seul, l'artiste vit bien à qui il avait affaire et ses prévenances ne me choquaient nullement, car c'était de la pure courtoisie.

Une fois, il m'avait entendue raconter qu'une dame cherchait à vendre sa machine à coudre et qu'elle me la laisserait pour quinze florins. Je n'avais pas caché ma joie à l'idée de réaliser un désir que je caressais depuis long-temps.

Ce jour-là, le sculpteur et mon mari partirent ensemble et, lorsque celui-ci revint, pendant la nuit, il m'annonça que son ami lui avait donné les quinze florins pour m'ache-ter la machine, mais qu'il les avait dépensés ! Qu'on se figure la physionomie de ce monsieur, quand il vint quel-ques jours après me faire ses adieux et qu'il ne vit pas la machine. Il avait voulu me prouver sa reconnaissance, disait-il ; puis, il ajouta que s'il avait dû rester encore à Vienne, il n'aurait jamais revu M. Scala.

Quand je m'enquis de la machine, j'appris qu'elle avait été vendue ; mais que j'aurais encore pu l'avoir si mon mari s'y était pris à temps.

M. Scala avait été assez aimable depuis ma couche et cela dura même quelques mois. Le médecin lui avait-il parlé ? Ou bien se créait-il des espérances et croyait-il que j'allais finir par céder à l'un de ses nombreux amis pour lui rapporter, de cette manière, de quoi vivre sans travailler ? Il comptait aussi que je ne pourrais continuer ce genre d'existence, car, je ne voulais, à aucun prix, revenir sur ce que j'avais décidé. Nous partagions les frais de maison, le loyer, etc... je m'habillais, il payait son entretien.

Sa sœur, une fois, m'avait envoyé trois toilettes ; il me força à les vendre et à lui en donner le prix. « C'était à lui, » prétendait-il. Il fit de même des cent francs qu'elle nous envoya au moment de ma couche. Après avoir payé le médecin et la sage-femme, il prit le reste, bien que je fusse dans le besoin.

Je me souviens avoir décousu deux robes qui étaient très amples et avec double jupe, puis m'être refait deux jupes et deux blouses ; tout cela pendant les nuits pour qu'il ne s'en aperçoive pas. Ensuite, après avoir remonté les autres robes, je les avais vendues et, de cette façon, je profitai de l'envoi que sa sœur m'avait fait. Il ne le remarqua pas. Par égard pour sa sœur, M. Scala m'avait permis de garder la plus simple de ces toilettes, ne se doutant pas que j'avais prélevé la moitié des autres.

Cela me rappelle un fait remontant à l'époque où mon mari était resté huit mois sans occupation et où je lui passai, assez adroitement, une leçon. J'avais reçu une réponse à une annonce que j'avais insérée dans la *Neue Freie Presse*. La lettre était écrite en si petits caractères que je crus avoir affaire à une dame et je répondis en disant, comme la personne m'en avait priée, l'heure à laquelle, elle me trouverait chez moi.

Le lendemain matin, à la première heure, M. Scala était encore couché, je vis arriver une dame, son panier au bras, fichu sur la tête comme pour aller faire ses provisions. Elle me dit son nom, puis, elle me pria de ne pas donner de leçons à son mari qui se cherchait simplement une maîtresse, non pour le français, mais pour ses plaisirs. Je la calmai et je lui expliquai que je ne savais pas avoir répondu à un monsieur, tant l'écriture était féminine ; mais qu'elle pouvait être tranquille, car je ne donnais pas de leçons aux messieurs. Elle me remercia et me dit qu'elle avait trouvé ma lettre dans la poche de son mari et qu'elle avait cru de son devoir de me prévenir.

A l'heure indiquée, je vis, en effet, arriver un monsieur, un vrai gentleman. Je le conduisis dans la salle à manger et, lorsqu'il me dit m'avoir écrit pour des leçons, je lui répondis que je m'étais méprise sur son écriture très fine, que je ne donnais des leçons qu'aux dames et aux enfants ; puis, M. Scala, entrant justement, j'ajoutai : « Voilà, du reste, mon mari qui vous enseignera le français mieux que je ne saurais le faire, » et je les laissai seuls tous les deux.

Pris au piège l'un et l'autre, il fallut bien qu'ils s'arrangeassent. Ils prirent jour et heure. J'appris, plus tard, que nous avions affaire à un des premiers photographes, qui, avec mon mari, se vit forcé de dire son vrai nom. Cela ne dura pas longtemps ; l'un n'ayant pas trouvé ce qu'il cherchait et l'autre n'ayant pas cherché ce qu'il avait trouvé.

Mais, revenons en arrière. Une chose en amène une autre, et ce que je viens de rappeler là s'était passé deux à trois ans avant ce que j'ai à raconter. J'ai donc laissé mon récit aux gracieusetés intéressées de mon mari envers moi. Sa dernière fut de me conduire au concert de Pablo de Sarasate, qui donnait alors quelques auditions, à Vienne, aux-quelles toute l'aristocratie et la riche bourgeoisie assis-taient.

M. Scala avait reçu des billets, disait-il. C'était une loge et nous n'étions pas seuls ; quelques messieurs étaient avec nous. Quant à moi, aussitôt que Pablo de Sarasate eut commencé à jouer de son violon, je n'avais d'yeux et d'oreilles que pour lui. Je me sentais tout émue, toute réconfortée, il me semblait qu'il me versait un baume con-solateur dans le cœur ! En un mot, son jeu et sa personne m'avaient fascinée. En sortant de la salle, où j'avais senti comme des larmes, d'une douceur extrême, tomber sur mon cœur attristé, je repris courage et, en pensant à mon pauvre petit ange, je me retrouvai prête à la nouvelle lutte que je prévoyais déjà.

Je me remis donc sérieusement à mes occupations. Me sentant un peu plus forte, je recommençai à broder et je me vis forcée d'engager quelques brodeuses ; mais je n'avais pas voulu laisser mes leçons et j'eus raison, comme on le verra par la suite.

Un jour, en rentrant pour voir où en étaient mes bro-deuses, je fus étonnée de les trouver dans la cour avec les métiers. Qu'y avait-il, que s'était-il passé ? Elles m'appri-rent que M. Scala les avait mises à la porte, leur disant que son appartement n'était pas un atelier. Lorsque j'eus une explication avec lui, il me dit que, si je voulais faire un atelier de la demeure, il fallait que je paye les trois quarts du loyer, qu'il ne voulait pas de toutes ces femmes chez lui. « Mais, répliquai-je, tu as ta chambre et moi la mienne; elles ne peuvent te gêner et nous avons contracté tant de dettes autrefois, que, si j'en paye la moitié, il faut que je travaille doublement. C'est bien, on travaillera ailleurs, » ajoutai-je.

J'allai le lendemain matin voir une pauvre femme, qui gagnait péniblement sa vie en faisant des raccommodages. C'était elle qui s'était chargée de vendre les effets que ma belle-sœur m'avait envoyés. Je m'arrangeai donc avec cette dame et, comme elle avait une chambre à deux fenêtres, je lui en louai la moitié à raison de cinq florins par mois. Mes brodeuses n'étaient guère contentes ; il y en eut qui me quittèrent à la fin de la semaine.

Que de difficultés surgirent alors ! J'avais un travail à faire pour le grand tapissier Bamberger dont j'ai déjà par-lé, et il fallait que cela fût fini et qu'il eût encore le temps de le monter pour Noël. Nous ne pûmes le terminer pour la date qu'il m'avait fixée et il me le laissa pour compte, car lui-même, disait-il, ayant dû livrer la chambre complètement finie, s'était vu obligé de mettre une étoffe non brodée, mais allant aussi avec l'ameublement. « Je vous avais offert un bel atelier dans ma maison pour vous et vos brodeuses, pourquoi n'avez-vous pas accepté ? » — « Vous me défendiez de travailler pour d'autres, lui répondis-je, et je donne aussi des leçons ; vous ne me l'auriez pas permis. N'en parlons donc plus, je vous prie ; je remporte mon ouvrage, puisqu'il ne peut vous servir. »

Je rentrai chez moi dans un état d'exaspération indescriptible : frais de toutes sortes, brodeuses à payer, chambre, chauffage, éclairage, et nous étions à la veille du jour de l'an, époque où les dépenses augmentent pour tous. Le loyer ne venait à échéance qu'en février, j'avais donc un bon mois pour me débrouiller. Je payai mes brodeuses et je les remerciai ; mais je gardai près de moi la jeune fille que j'avais dressée, ma petite amie des mauvais jours.

Lorsque Caroline vit que l'ouvrage n'avait pas été accepté, elle me pria de ne pas la payer, disant que j'avais déjà assez de frais et qu'elle attendrait que je sois en état de le faire, qu'elle était chez sa mère et n'avait besoin de rien pour le moment. J'acceptai cette offre si généreuse, car j'avais 80 florins de perte, sans compter le temps que j'avais consacré moi-même à ce travail, et déduction faite du montant de la vente à vil prix des lambrequins.

Nous ne restâmes que trois mois chez cette dame, renonçant à prendre beaucoup d'ouvrage. Quand j'eus payé la moitié du terme, je réinstallai Caroline, mon unique brodeuse, chez moi, dans ma chambre. Mon mari prétendait encore que je devais pourtant payer les trois quarts du loyer. Je ne répondis pas, trouvant que c'était absurde, d'autant plus que nous avions chacun notre chambre.

Il y avait plus de deux mois que nous travaillions ainsi, moi allant de plus belle à mes leçons, car nous étions en pleine saison, lorsqu'un jour, en rentrant, fatiguée mais contente, j'avais de si gentils élèves, que, souvent, j'en oubliais mes soucis de ménage, je trouvai dans le vestibule ma brodeuse avec son métier, qui travaillait devant une fenêtre. Elle me dit que M. Scala l'avait congédiée et elle me regarda d'une manière si expressive, que je lus dans son regard ce qu'elle n'osait me dire !

C'était une honnête fille, elle lui aura tenu rigueur. Il y avait quelque temps qu'elle s'excusait auprès de moi, prétextant un empêchement pour tel ou tel jour, et cela coïncidait toujours avec mes absences prolongées. Je compris alors qu'elle s'était vue forcée d'éviter d'être seule avec mon mari.

Je donnai donc à ma brodeuse le travail à finir chez elle. Quant à moi, je m'adonnai uniquement aux leçons et je mis encore plus d'annonces dans les journaux. Il n'y avait, à cette époque, que très peu de vraies Françaises à Vienne et les Suissesses n'y étaient pas encore en grand nombre. J'eus d'autant plus de chance que les Parisiennes étaient fort recherchées et, comme je plaisais aux familles, je fus aussi recommandée de l'une à l'autre de sorte que, bientôt, je n'eus plus besoin de faire des insertions.

Plus je cherchais de l'occupation et plus mon mari cherchait à passer son temps dans la débauche. Il rentrait souvent, à l'aube, dans un état que je ne saurais décrire ; ce qui augmenta l'aversion que j'éprouvais déjà pour lui.

Une nuit, mon mari rentra, le plastron de sa chemise plein de sang. Je fus suffoquée en le voyant dans cet état. Devais-je croire à l'histoire qu'il me raconta ? Il avait craché le sang, disait-il, et s'était soutenu sur une borne au coin d'une rue. Je le savais capable de tout et je me demandais si je devais ajouter foi à son récit. Ne m'avait-il pas dit maintes fois, qu'il tuerait un homme comme un chien ?

Je passai dans l'angoisse le reste de la nuit, tâchant de repousser les sentiments d'incrédulité qui m'assaillaient. Mes tempes battaient d'une telle force que j'attendais le jour avec impatience pour aller voir cette borne. En effet, mon mari avait rendu le sang et le pharmacien voisin me confirma le fait ; il avait été réveillé et avait prescrit un médicament à M. Scala. J'espérais que cela lui donnerait à réfléchir et qu'il ferait peut-être un retour sur lui-même.

Le journal *Le Danube* cessa de paraître pour des raisons qui me restèrent inconnues. Je supposai que le directeur était insolvable et qu'il faisait faillite. Quant à mon mari, il était intelligent, capable et instruit ; seulement, il avait tous les défauts d'un noceur et d'un malhonnête homme.

—————

Scala

CHAPITRE XVII

Monsieur Scala quitte Vienne

Parmi les nombreuses relations qu'eut mon mari, lorsqu'il était rédacteur au journal *Le Danube*, se trouvaient un monsieur et une dame auxquels il daigna me présenter. M. et Mme H..., Français tous les deux, nous reçurent quelquefois. Nous fîmes ensemble une ou deux excursions dans les environs de Moedling. Je me souviens même qu'une fois, où la montée était assez raide, je ne pouvais suivre les trois autres qui avaient coutume de faire de semblables parties. Pour redescendre, c'était tellement à pic que, bien que Mme H... fût plus âgée que moi, je la laissai sauter en avant. Alors, mon mari me dit : « Regarde, Mme H..., ne dirait-on pas une jeune femme ; pourquoi n'en fais-tu pas autant ? » Je voulus lui montrer que, si je le voulais, je le pouvais aussi et je me mis à descendre en courant cette pente hérissée d'arbustes. Mais, le vertige me prit-il, je ne saurais le dire, tout ce que je sais, c'est que je courais toujours, sans pouvoir m'arrêter. M. Scala, dut voir que j'agissais contre ma volonté, car il prit un chemin transversal et put encore arriver à temps pour me retenir avec sa canne qui me barra le passage. J'allais peut-être tomber dans un ravin, où je me serais cassé quelque membre. Je lui sus gré de m'avoir sauvée d'un accident probable.

Mme H... m'avait prise en amitié ; mais, connaissant mon mari, je craignais encore quelques déceptions et, me doutant que cela ne pourrait durer longtemps, je gardai quelque réserve.

M. Scala avait conçu le projet de fonder lui-même un journal, et, dans ce but, il s'associa avec M. H.... Il pensait, peut-être, que ce monsieur possédait assez d'argent pour une entreprise de cette nature.

Le journal parut en effet. Il se nommait *Le Coin du*

Feu. Tous mes élèves s'y abonnèrent. Il y avait beaucoup de gravures et il était bien rédigé ; en un mot, c'était un journal fort intéressant, une feuille hebdomadaire qui aurait pu avoir un avenir brillant, à Vienne, si le bailleur de fonds, M. H..., avait eu assez d'argent pour lui permettre de prendre pied. Il ne disposait que de quelques milliers de florins, quand il en aurait fallu cent mille, la réclame étant indispensable pour faire connaître un journal.

Aussitôt que mon mari se trouvait à la tête de quelque argent, il en mettait une partie dans l'entreprise ; mais l'autre partie, il la dépensait en noces et festins de toutes sortes. Quant à moi, je tenais bon, je vivais de mon travail, c'est-à-dire de mes leçons et des quelques petites broderies que je pouvais faire seule pendant la nuit. J'étais arrivée à payer toutes les dettes que j'avais faites lors de mes fameux déboires et, enfin, je pouvais envoyer à ma mère ce qui manquait à la pension que lui faisait la sœur de mon grand-père Ruhmkorff. Dans une pension de famille, quatre cents francs, pour elle, étaient insuffisants.

L'été approchait encore et je n'avais pas grande avance ; de plus, je commençais une nouvelle grossesse. On m'offrit un engagement pour l'été ; on me proposa de passer deux mois et demi, la période des vacances, dans une famille à la campagne, moyennant la table, le logement, le blanchissage et trente florins par mois. J'acceptai, comme on peut bien le penser. Quant à M. Scala, il en était enchanté.

J'avoue que je me réjouissais beaucoup, car j'aimais énormément la petite Milly qui était une de mes premières élèves. Je fis donc mes préparatifs de départ, tout en continuant mes leçons qui devaient cesser fin juin. Mme F..., chez qui je devais me rendre à G..., avant de partir elle-même, m'avait remis quarante florins pour les frais de mon voyage. Je les gardais précieusement dans mon porte-monnaie.

Depuis que mon mari avait commencé son journal, nous avions pris un appartement tout près de son associé et naturellement de leur bureau. Cela faisait la huitième fois que nous déménagions en trois ans et demi environ. Il fallait toujours se rapprocher de son travail ; cela était secondaire, si je m'éloignais du mien.

Dans cet appartement, nous avions une belle chambre,

à deux fenêtres, dont nous fîmes le salon ; puis deux autres petites pièces à une fenêtre, nommées, à Vienne, cabinets. Du plus grand, nous avions fait la chambre à coucher, il correspondait avec l'autre cabinet qui nous servait de salle à manger ; mais comme M. Scala ne prenait pas ses repas à la maison, je mangeais tantôt au restaurant, tantôt chez moi, dans le petit cabinet où je faisais un frugal repas. J'avais placé mon métier dans cette pièce et, lorsque je rentrais, il était rare que je ne m'y assoie pas pour broder un peu. Nous avions, en outre, une belle cuisine et une petite entrée.

J'avais pris une femme de ménage, car il m'était devenu impossible d'entretenir l'appartement comme je le faisais autrefois, lorsqu'il était plus petit. Pour économiser quelques sous, que ne fait-on pas ?

Deux fois par semaine, j'allais à Brunn donner encore quelques leçons à des élèves qui s'y étaient installés pour l'été. C'était la dernière leçon du mois de juin, j'étais donc moi-même à la veille de mon départ. Je me levai assez tôt ce jour-là ; j'ouvris à la femme de ménage et je vaquai à mes petites affaires. Je dus quitter l'appartement l'espace d'un moment. Quand je revins, mon mari, s'étant levé, n'était plus dans la chambre.

L'heure du train approchait, je me hâtai donc. Lorsque je voulus prendre, dans le tiroir de ma table de nuit, les objets que j'y avais déposés la veille, tels que mouchoir, petit crayon, et porte-monnaie, je trouvai le tiroir entr'ouvert et le porte-monnaie gisant tout béant : les quarante florins n'y étaient plus !

Qui avait pu me voler cet argent qui n'était pas à moi ? J'accusai la femme de ménage et j'allai porter plainte à la police. On fit une perquisition chez elle, où l'on découvrit, sous un édredon, un gros Kugelhupf qu'elle y avait caché, disait-elle, pour que ses enfants ne le voient pas avant le lendemain, qui était un jour de fête. On la questionna et il me fut dit qu'on ne pouvait rien faire, car on ne trouvait pas l'emploi de cette somme ; qu'il fallait attendre, mais que je pouvais partir, l'affaire suivait son cours.

J'avais le produit de mes leçons du mois de juin ; après avoir effectué tous les paiements que j'avais à faire, il me resta assez d'argent pour mon voyage. Lorsque je revins et que je demandai quelle suite on avait donné à ma plainte, on me fit entendre que la pauvre femme n'avait rien pris, mais que quelqu'un de proche avait pu avoir besoin d'argent pour ses affaires. Du reste, la femme de ménage s'était contentée d'une petite indemnité pour les ennuis qu'elle avait eus ; seulement, elle n'avait plus voulu servir mon mari.

Donc c'était lui ! Je me rappelai alors que, lorsqu'il avait besoin d'argent, il lui était arrivé, à plusieurs reprises, d'arranger une partie de cartes et de me soutirer ainsi, adroitement, quelques florins, car je perdais toujours !

En été, M. Scala vint une fois me rendre visite à G... ; il avait été invité par la famille dans laquelle je me trouvais. De retour à Vienne, il commença à me demander de l'argent, c'était toujours pressé, par retour du courrier ; si je ne lui en envoyais pas, le journal tomberait, disait-il.

Que pouvais-je faire ? Je lui envoyai ce que j'avais emporté, toute ma bourse ; puis, à une autre demande, ce fut le montant de mon premier mois. Mme F... elle-même, disait qu'il serait fâcheux que ce journal tombât et elle m'avança un mois, puis un autre. Cela en faisait trois et je ne devais rester chez elle que deux mois et demi. Jusqu'à la femme de chambre qui me prêta aussi quelque argent. Je m'endettai donc de nouveau !

Enfin, je reçus de M. H... une lettre, dans laquelle il me demandait de signer un papier, qui devait le garantir les sommes qu'il avait prêtées à M. Scala et pour son entreprise et pour lui-même.

Heureusement que je redevins lucide ; n'avais-je pas déjà signé des papiers pour l'achat des meubles, d'une pendule et d'une montre en or, que sais-je encore ? Je n'avais nulle envie de me rendre responsable d'une telle somme, qui représentait une vraie petite fortune. Je renvoyai donc toute cette paperasse et je refusai net, me proposant, dès que Mme F... serait revenue d'une excursion qu'elle faisait avec son mari, d'aller à Vienne, surprendre M. Scala.

Aussitôt que cette dame fut rentrée, je lui dis que des affaires de la plus haute importance me rappelaient à Vienne. Je lui racontai que l'associé de mon mari m'avait écrit et que celui-ci, de son côté, m'annonçait que le journal étant tombé, il se voyait forcé de vendre différentes choses. Je la priai de vouloir bien me permettre de la quitter quinze jours plus tôt et de m'avancer encore quelques florins, que je lui rendrais en leçons pendant l'hiver.

Je partis donc, munie du nécessaire pour faire face aux premiers besoins. Une surprise m'attendait chez moi. La concierge m'annonça, d'abord, qu'elle n'avait plus en sa possession la double clef que je lui avais laissée, afin que la femme de ménage puisse faire son travail, entrer et sortir, sans déranger mon mari.

La concierge avait l'air drôle et ne voulait pas que je fasse venir un serrurier pour ouvrir ma porte. « Mais, enfin, que se passe-t-il ? Je veux rentrer chez moi coûte que coûte. » Voyant que j'étais résolue à mettre mes paroles en actions, elle m'apporta une clef qu'elle trouva chez elle et qui allait fort bien à ma serrure.

Je pénétrai enfin dans mon appartement. La concierge m'y avait suivie et se tenait dans la cuisine, se demandant probablement ce qui allait se passer. Elle me savait enceinte et craignait peut-être mes nerfs. En effet, ma surprise fut grande. On avait jeté toutes mes affaires dans le cabinet qui donnait dans la cuisine, et où se trouvait mon métier. Tout le linge de mon armoire y était empilé, ainsi que mes effets et tous les menus objets qui prouvaient qu'une femme légitime habitait aussi cet appartement. En un mot, toutes mes affaires y étaient entassées pêle-mêle, les unes dans une malle, les autres sur le lit que l'on avait retiré de notre chambre. Bref, il y en avait jusque sur le sol.

De notre grande pièce, mon mari s'était fait un atelier de peintre. Il y avait un chevalet surmonté d'un tableau commencé. Je sentais, et je voyais aussi, qu'une autre femme avait pris ma place !

Harassée de fatigue, après avoir rangé un peu ma chambre et fait mon lit, je me couchai. Les yeux grands ouverts, je réfléchissais à toutes ces choses étranges ! L'argent que j'avais envoyé et qu'il fallait que je rende aux personnes qui me l'avaient prêté, avait donc été dépensé pour sa maîtresse ? Puis, bien des choses manquaient. Il avait vendu ma boîte de couverts pour douze personnes ; une superbe jaquette longue en velours frappé, garnie de plumes, avait été enlevée de la malle dans laquelle je serrais mes vêtements d'hiver. J'étais tellement exténuée que je ne vis pas, ce soir-là, tout ce qu'il me manquait.

Tout à coup, j'entendis des pourparlers à la porte. Voix d'hommes, voix de femmes discutant à voix basse. Je

supposai que la concierge devait les prévenir que j'étais
rentrée, car M. Scala pénétra seul dans l'appartement. Mon
mari vint à moi et me dit qu'il croyait que je ne reviendrais que le 15 septembre, que, d'ici là, ses affaires se
seraient arrangées. « Non, répliquai-je, tes affaires ne se
seraient pas arrangées et les miennes auraient complètement disparu ! »

« Eh bien ! puisque tu le sais, me dit-il, mieux vaut que
je te parle de suite. J'aime une autre femme, j'en suis fou !
Toi, je t'estime beaucoup, parce que tu es travailleuse ;
mais je ne t'aime plus ! » — Dis plutôt que tu n'as aimé,
en moi, que l'argent de ma mère et que tu croyais qu'elle
en avait beaucoup plus, » répliquai-je ! Alors, il ajouta :
« J'ai formé un projet que je vais te soumettre. Cet appartement est parfaitement distribué. J'habiterai la grande
chambre et le cabinet attenant que j'occupe déjà. On con-
damnera la porte qui conduit du grand cabinet dans
l'autre, et, ainsi, tu auras le petit cabinet et la cuisine,
par laquelle tu as une sortie sur le corridor. Quant à ma
sortie à moi, cela sera celle de l'entrée dans laquelle donne
la grande pièce. Comme tu n'es pas là pendant la journée,
tu ne la rencontreras pas, d'autant plus que tu seras
forcée de rentrer et de sortir par la cuisine. »

« Comment, tu m'offres d'habiter sous le même toit que
ta maîtresse ! N'as-tu pas honte de me proposer cela, à
moi, ta femme qui porte dans son sein un enfant dont tu
es le père ? Sans cœur, va ! Tu l'aimeras, cette femme,
aussi longtemps qu'elle aura de l'argent ! » — « Eh bien !
puisque tu n'acceptes pas, je pars avec elle. » — « Pars,
cela vaudra mieux, car il t'est difficile de retrouver un
emploi ici, vu ta conduite, et tes chefs ne pouvant donner
de bons renseignements sur toi. » — « Mais, je n'ai pas
d'argent, dit-il, je vais vendre les meubles. » — « C'est
bien, vends-les. » — « Nous n'avons pas fini de les payer. »
— « Je m'arrangerai avec le marchand. Ensuite, je
gagnerai toujours assez pour moi et le pauvre petit être
qui va venir, mais dont tu ne te préoccupes pas ! »

Il ne s'attendait probablement pas à cette réponse et
espérait que, le voyant décidé à partir, je céderais et,
comme par le passé, je serais toujours prête à l'aider. La
même semaine, M. Scala avait tout vendu. Avec quel
plaisir faisait-il ses préparatifs de départ ! On eût dit
qu'il craignait qu'un empêchement ne survînt.

Lorsque la voiture, pleine d'affaires et de meubles

vendus à un marchand, s'éloigna de la maison, je fus fort étonnée de voir que le berceau de l'enfant s'en allait avec les meubles. Il l'avait vendu ! Je courus après la voiture, mais le marchand prétendit, à juste titre, l'avoir acheté ; alors mon mari lui parla et je pus reprendre le berceau du bébé, auquel il ne pensait même pas !

Le jour de son départ, il voulut me faire ses adieux. J'avais loué un grand cabinet meublé chez une dame, Madame Sch..., qui prenait alors des leçons de français avec moi et qui, par conséquent, ne me l'avait pas loué trop cher. M. Scala y vint donc ; mais, ne me rencontrant pas, il me laissa un petit mot, me priant d'aller le rejoindre à la gare du Sud à l'heure qu'il m'indiquait.

Deux jours avant son départ, il m'avait encore fait emprunter, à Madame F..., qui était revenue de la campagne, la somme de 125 florins, sans laquelle il ne pouvait partir, prétendait-il. En hiver je passais trois après-midi par semaine dans cette famille, il m'était facile de rendre cet argent en leçons ; c'est la raison pour laquelle j'accédai à son désir.

J'allai donc à la gare, pensant qu'il avait peut-être quelque chose à me communiquer. Il était seul, mais bientôt, quelques secondes avant le départ du train, une demoiselle accompagnée d'une femme de chambre, arriva en toute hâte, comme une folle, regarda M. Scala et dit en même temps : « Mais je n'ai pas mon billet. » Puis, elle monta dans le train, s'installa dans le compartiment à côté du sien. Lui avait-il fait un signe ? Je ne saurais le dire. Nos adieux furent tout ce qu'il y a de plus froids.

En sortant de la gare, j'avoue que je poussai un soupir de soulagement ! Enfin débarrassée de cet être infâme ! Je me sentais, malgré ma grossesse avancée, des ailes pour rentrer chez moi. La première chose que je fis, fut de me prosterner devant le crucifix, pour remercier le bon Dieu d'avoir arrangé les choses de cette façon ; je Le priai de me soutenir dans la lutte qui recommençait de plus belle. Enfin, je me promis de travailler sans relâche pour mon enfant, pour ma mère que je voulais aider, puis pour payer toutes les dettes que mon mari laissait et dont j'étais responsable.

Mon pauvre cœur était tellement ulcéré, depuis près de six ans que j'étais mariée, que rien ne pouvait le faire pleurer, comme au temps où je sentais que si mes yeux ne versaient plus de larmes, c'était mon cœur qui en répandait !

Je me rappelle que le lendemain du jour où j'étais revenue de G..., un monsieur s'était présenté et avait demandé M. Scala. Je lui répondis qu'il était sorti. Alors, il me dit : « Pardon, madame, vous êtes bien sa femme légitime ? » — « Mais oui, monsieur. » — « C'est étrange, ajouta-t-il, je ne le savais pas marié. Excusez-moi, madame, » et il s'en alla.

Je supposai que ce monsieur devait être le frère de la personne que mon mari aimait et que, peut-être, il avait promis le mariage à la famille. Il en était bien capable.

Je me demande si l'on a raison d'élever les jeunes filles comme je l'ai été, ne connaissant rien de la vie, n'ayant lu que des livres enfantins ! Ne devrait-on pas les prévenir de ce qui les attend, en se mariant, afin qu'elles ne soient pas aussi déçues dans l'idéal qu'elles se font du mariage et que, dans leur innocence, elles ne deviennent pas le jouet d'un être pervers !

CHAPITRE XVIII

Suprême douleur

J'étais seule, bien seule ! Mon mari avait tout vendu ;
il avait encaissé le produit de mes leçons d'été et même
davantage, puisque l'on m'avait payé plusieurs mois
d'avance. Il ne se préoccupa pas de savoir si sa femme,
qu'il laissait là, enceinte, aurait du pain à manger le
lendemain !

J'avais une amie, je l'ai déjà dit ; mais elle était encore
à la campagne. A qui me confier, chez qui aller ? J'avais
bien un gîte qui m'était assuré pour un mois, mais il
fallait le payer à la fin de ce mois.

Enfin, les familles rentrèrent en ville et je commençai
mes leçons. Je me privais beaucoup, ou, à vrai dire, je ne
mangeais presque pas, ce qui devait se voir à ma mine.
La mère de deux élèves, madame S..., que je rencontrai,
en fut tellement effrayée qu'elle vint à moi en me disant :
« Qu'y a-t-il ? Que s'est-il passé ? » Je lui racontai le
départ de mon mari. « Cela vaut mieux pour vous, ma
pauvre petite », me répondit-elle, « mais comme je suppose
que, jusqu'à la fin du mois, vous serez sans argent, vous
allez venir tous les jours prendre votre repas de midi avec
nous. Votre couvert sera mis ; je compte sur vous ; cela
vous permettra d'attendre que vos familles vous payent
les honoraires du mois ».

Cette dame avait un cœur d'or ; elle me le prouva encore
maintes fois par la suite. Je me rendis donc chez elle
pendant tout le mois d'octobre, comme elle m'en avait
priée, ce qui me permit à ce moment de me tirer d'affaire.

Heureusement pour moi, toutes les personnes auxquelles
je devais de l'argent voulurent bien croire à mes promesses. Tout le monde accepta d'attendre quelques mois
encore, sauf la personne qui avait vendu une montre en

or à mon mari. Celle-ci fit des difficultés et me poursuivit même pendant quelque temps. Elle cessa pourtant ses poursuites, car j'étais dans l'impossibilité de lui donner ne fût-ce qu'un florin, puisque, moi-même, je n'avais plus rien, absolument rien !

Madame S..., arriva enfin de la campagne, et comme je le supposais elle ne me laissa pas dans la peine. Puis, j'avais quelques familles qui ne regardaient pas de si près à la tournure de la maîtresse de français. Pour les enfants, j'étais hydropique. Il y en eut, cependant, qui ne voulurent pas que leurs fillettes recommencent leurs leçons et qui préférèrent attendre que je sois « revenue de Rome, » comme il est d'usage de dire à Vienne.

J'avais annoncé à la dame qui m'avait loué la chambre que mon intention était d'y accoucher et j'avais ajouté que je me munissais du nécessaire, que toutes mes dispositions étaient prises et que cela ne lui causerait aucun embarras. Elle y consentit.

J'étais enfin tranquille, travaillant du matin au soir, et je puis le dire du soir au matin, car je me mis de plus belle à faire de la dentelle de Luxeuil pendant la nuit. Aussitôt rentrée, le soir, après avoir pris une légère collation, je me couchais vers dix heures, me relevais à minuit, une heure au plus tard, et je travaillais jusqu'à cinq heures et demie ; alors, je faisais un petit somme pour me reposer, me réchauffer, bien que j'eusse travaillé dans mon lit et surtout pour être plus fraîche pour mes leçons, qui commençaient la plupart du temps à neuf heures, quelquefois même à huit.

C'est de cette façon que je gagnai quelque argent pour mes couches et pour attendre que je puisse reprendre toutes mes leçons. Je me trouvais même avec une petite avance pour payer le premier mois de nourrice.

Mon mari avait eu « l'amabilité » de me renvoyer un volume de Schiller, qui manquait à l'œuvre et que sa maîtresse avait emporté. Il avait ajouté quelques mots pour me faire connaître le bureau de poste où j'aurais à lui annoncer la naissance de l'enfant ; il était à Klausenburg, en Hongrie. Il eut la hardiesse de joindre sa photographie à cet envoi. Etait-ce comme souvenir ?... En la voyant, j'eus un sentiment de dégoût, de mépris. Non seulement, je méprisais cet homme, mais encore je le haïssais ! Je mis donc cette photographie de côté, en pensant à l'enfant qui allait naître et dont il était le père !

Fin novembre, un mois à cinq semaines avant ma délivrance, la dame chez laquelle je demeurais, madame Sch..., vint me trouver, un soir, dans ma chambre et me dit que, n'ayant pas eu d'enfant elle-même, elle ne savait pas ce que c'était qu'un accouchement. Elle avait entendu dire que cela provoquait un grand dérangement dans tout l'appartement et elle me priait de déménager !

J'étais atterrée par cette nouvelle ! La chambre, ou plutôt ce grand cabinet était ce qu'il me fallait ; séparé du reste de l'appartement par la cuisine et l'entrée, il ne coûtait, tout meublé, que douze florins par mois. Il est vrai que cette dame profitait du français, puisque je ne parlais, autant que possible, que cette langue avec elle. J'allai le lendemain prendre l'avis de Mme S... Elle m'avait déjà aidée à trouver une nourrice, puis une sage-femme. Elle m'aida encore de ses conseils et vint même avec moi pour traiter avec la sage-femme, à qui elle proposa de me prendre chez elle. Celle-ci accepta avec plaisir, car elle y voyait un gain de plus. Que pouvais-je faire ? risquer une fausse couche en faisant un déménagement ! Qui, du reste, m'aurait prise à demeure dans cet état ? La sage-femme avait une petite chambre pour des cas semblables ; et ainsi j'allais accoucher comme une malheureuse qui, n'étant pas mariée, se cachait pour mettre son enfant au monde.

Au commencement de décembre, je ressentis un malaise qui me fit supposer que je m'étais trompée dans mes calculs, de sorte que je craignais à tout instant que l'événement attendu ne me surprît dans une famille. Un jour, je me crus positivement au moment de ma délivrance. Je quittai précipitamment la famille dans laquelle je me trouvais et je me rendis en voiture chez moi, où j'emballai à la hâte le nécessaire, et, avec la même voiture, j'allai chez la sage-femme. Celle-ci me dit que j'en avais encore pour quelque temps, mais qu'il était plus prudent que je reste chez elle.

Cette femme ne s'était pas trompée ; je restai près de quatre semaines dans l'attente, rongeant mon frein, car je ne pouvais donner mes leçons et j'allais avoir de grandes dépenses. Je perdais déjà un mois de gain, sans compter la perte prévue d'avance ; mais j'étais cependant plus tranquille.

Avant de partir de chez moi, j'avais prié Mme Sch...

de bien vouloir annoncer elle-même à mon mari la naissance de l'enfant, aussitôt qu'elle en recevrait la nouvelle. M. Scala m'avait déjà adressé deux cartes, me suppliant de lui envoyer de l'argent. Je ne lui avais pas répondu et je ne voulais pas lui écrire moi-même, afin qu'il sache bien que tout était fini entre nous. Mme Sch... m'ayant promis de se rendre à mon désir, je lui laissai l'adresse de mon mari.

Enfin, le 8 janvier, j'accouchai d'un beau garçon ! J'étais bien heureuse. On écrivit donc aussitôt à cette dame. Dans quel sens la lettre adressée à M. Scala était-elle rédigée ? Je n'en savais rien ; toujours est-il que quelques jours après, — j'étais encore alitée — m'arriva une lettre de mon mari me disant que, puisque j'avais prévu les fortes douleurs, j'aurais aussi pu prévoir la couleur des cheveux de l'enfant, etc.... Ainsi, il confirmait, par ces paroles, les doutes qu'il avait osé exprimer pour me martyriser. Quelle offense ! J'en tombai malade, si bien que la sage-femme, voyant l'adresse sur la missive de M. Scala, lui répondit d'une façon assez brève, qui dut le remettre à sa place...

Plus tard, tout s'éclaircit, j'appris que, malheureusement, Mme Sch..., ayant dû se rendre au chevet de sa nièce malade, avait écrit une lettre qu'elle laissa à sa sœur et à laquelle celle-ci devait ajouter la date de la naissance, le sexe de l'enfant, y mettre le quantième et l'expédier. Ce qui fit que mon mari douta des douleurs et, qui plus est, d'être le père de l'enfant ! Ne devais-je pas boire la coupe jusqu'à la lie ? Je laisse à juger combien mon chagrin fut profond.

Mais dans cette bonne ville de Vienne, j'avais des amies et je ne me laissai pas abattre. Toutes ces familles, dans lesquelles j'enseignais le français, m'étaient dévouées corps et âme. Je puisai du courage dans leur amitié. Quelques dames vinrent me voir chez la sage-femme, où je dus rester encore plus de deux semaines. Mon amie, Mme S..., qui avait accepté d'être marraine de mon bébé, m'envoyait la nourriture, celle que me donnait la sage-femme étant loin d'être ce qu'il fallait à ma santé.

A Vienne, on prend un parrain pour un garçon et une marraine pour une fille ; mais si Mme S... avait accepté, il paraît que son mari devait la remplacer, là où l'on aurait eu besoin d'un homme ou d'un tuteur, à défaut de père.

Aussitôt qu'il me fut permis de travailler, je commen-

çai chez la sage-femme trois mètres de dentelle de
Luxeuil que M. F... m'avait commandée pour sa femme.
Cette dentelle, qui avait près de 15 centimètres de largeur, était faite avec du fil 150. Cela demanda du temps ;
mais avec quel plaisir je la fis et quelle reconnaissance je
vouai à M. F... ! N'était-ce pas un moyen délicat de me
venir en aide, puisque j'avais en perspective une somme
de cent florins à toucher ? L'avance que je croyais avoir
en novembre, ne s'était-elle pas écroulée avec tous mes
projets d'alors ?

Pendant que j'étais encore chez la sage-femme, je pensais à tout ce que j'avais à faire pour remplir tous mes
engagements envers nos créanciers : N'avais-je pas en
plus de ma chambre vingt-cinq florins de mois de nourrice à payer et ne fallait-il pas vivre ? Cependant, je ne
dépensais que fort peu pour moi-même ; me privant toujours et m'étant toujours privée, cela ne changeait rien ;
le principal était que j'arrive à couvrir tous mes frais
avec mon gain. Je n'oubliai pas ma mère non plus, bien
que j'eusse l'espoir que mon frère, dans la bonne saison,
pourrait l'aider à son tour.

Je résolus d'écrire à un professeur de français, M.
Bréant, que je ne connaissais pas, mais que mon mari
avait fréquenté lorsqu'il était au journal *Le Danube*. Il
avait souvent emporté ma musique, me disant qu'on y
donnait des soirées musicales. Je lui avais demandé, une
fois, pourquoi il ne m'y emmenait pas ; car cela m'inté-
resserait aussi. Il m'avait répondu qu'il était connu
comme comte et, qu'ayant renoncé au titre, je ne pouvais
y aller. Je ne répliquai rien, mais je notai le nom et
l'adresse de ce professeur.

Je lui écrivis donc, en le priant de vouloir bien me
recommander pour des leçons. Je lui dépeignis ma position et, quelques jours après, je reçus une réponse m'invitant à aller le voir aussitôt que cela me serait possible.
Je me rendis donc chez lui la semaine suivante. Je trouvai
un homme d'un certain âge et je me demandai, en moi-
même, si c'était vraiment avec ce monsieur que mon
mari passait ses soirées musicales.

Après m'avoir offert de m'asseoir, le professeur me dit :
« M. Scala était donc marié ? Vous êtes sa femme légitime ? Je ne sais à quoi m'en tenir, car il m'avait dit qu'il
était célibataire. Il est venu chez moi pendant quelques

mois, et, comme il faisait la cour à ma fille, je voyais en lui un prétendant et j'attendais toujours qu'il fasse sa demande en mariage. » Je lui répondis que cela ne m'étonnait pas et que je comprenais alors la raison pour laquelle mon mari ne voulait pas que je l'accompagne. Ce monsieur était hors de lui.

Enfin, après que je lui eus raconté le départ de M. Scala, M. Bréant me dit qu'il était prêt à me venir en aide et que, pour commencer, je donnerais des leçons de français à sa fille, la saison étant trop avancée pour me recommander ; mais qu'il me procurerait des copies. M. Bréant était professeur de français à l'école de guerre, à l'Académie Orientale, au Thérésianum, que sais-je encore ? Il avait pour élèves tous les jeunes gens de la haute aristocratie.

Je retournai chez le professeur quelques jours après ma première visite. Je vis alors sa fille, à qui je donnai des leçons pendant trois ans et jamais nous ne parlâmes de mon mari, si bien qu'elle dut supposer que son père ne m'avait rien dit. Seulement, celui-ci avait l'air de me voir très volontiers. Je dis l'air, et pourtant j'en eus la certitude quand une fois, ayant quelque chose à lui demander, je vins un dimanche pour être sûre de le trouver. La bonne m'avait fait entrer au salon et j'entendis dans la pièce voisine, le professeur dire à son élève : « Excusez-moi, mon cher ami, je ne puis faire attendre cette dame. Une femme charmante, exquise, est au salon; un coquin de mari l'a abandonnée ! »

Lorsque je descendis, quelques minutes après, il y avait, en bas de l'escalier, un officier qui me dévisagea. Je passai, sans faire mine de m'en apercevoir.

Etant seule, j'eus à soutenir bien des luttes. On m'accablait de tous côtés, sous prétexte de me venir en aide, dans un intérêt facile à comprendre. C'est ainsi que j'eus à me défendre des avances du mari de ma meilleure amie. Que de souffrances morales j'eus à supporter, et que n'ai-je pas fait pour éviter ces rencontres qu'il recherchait et qu'il provoquait même ! Que de ruses ne me fallait-il pas employer !

Devant sa femme, il me donnait des conseils que celle-ci appuyait encore de son approbation, moi qui savais, qui connaissais ses intentions. Ainsi, comme j'avais assez de voix, il me donna le conseil de me faire chanteuse de concert. Il prétendait que j'aurais du succès et que je gagnerais beaucoup plus d'argent qu'à courir le cachet. Cela ne me ferait-il pas sortir de ma sphère, en me jetant dans un monde léger ? Alors, pensait-il, les offres qu'il m'avait déjà faites de me mettre chez moi, de m'entretenir, de me donner une voiture, je ne les refuserais plus ! Je me défendis du mieux qu'il me fût possible et, enfin, je refusai catégoriquement, préférant ma profession.

J'avais en effet de la voix, car au couvent on m'envoyait, aux grandes fêtes, chanter à l'église Saint Spire, à Corbeil, — trois quarts d'heure de voiture —, et l'on était si satisfait que j'en revenais avec des paniers de fruits et de gâteaux qui m'avaient été offerts pour mes compagnes et pour moi.

J'allais chez Mme S... presque tous les dimanches, il y avait toujours beaucoup de monde ; mais cela n'empêchait pas son mari de saisir toutes les occasions pour me parler de son amour, ou de me regarder de façon à me faire baisser les yeux.

Une fois, sachant que je devais venir, il se créa une occupation à la porte de sa cave et me prit dans ses bras pour m'y faire descendre. Il y eut une lutte. Je ne voulais non seulement faillir, mais encore moins manquer à mes devoirs envers sa femme. Quelle vilaine action j'aurais commise, en prenant le mari de celle que je considérais comme ma meilleure amie, de celle qui, en maintes occasions, était venue à mon aide ! Il était furieux contre moi et, toute la soirée, il me jeta des regards furibonds. Quant à moi, je ne bronchai pas.

Que de fois il revint à la charge, me faisant de belles promesses ! Je refusai tout, malgré ma misère. Il s'en étonnait, me disant que j'avais très mauvaise mine, que je travaillais trop. « J'aimerais mieux mourir à la peine, lui répliquai-je, que de vous céder et d'être parjure à l'amitié ! » — « Sottise que tout cela, me dit-il, elle ne le saurait pas. » — « Mais, moi, je le saurais, et je ne pourrais supporter cette pensée ! »

J'étais tracassée de tous côtés. Il me semblait être une balle, qui allait d'un point à un autre, mais qui rebondissait toujours, se heurtant partout ! Par exemple, j'enseignais le français à une jeune fille qui, pendant sa leçon, me racontait son chagrin. Elle boitait, et cette infirmité la rendait très malheureuse. Je la consolai de mon mieux, lui disant de s'adonner à la musique, puisqu'elle était douée pour le piano.

J'avais remarqué que la porte qui se trouvait dans sa
chambre était entr'ouverte, mais je n'y attachai pas d'importance. Seulement, lorsque je me levai pour mettre mon
chapeau, le frère de mon élève, — jeune homme de 25 ans
à peu près — en sortit et me salua en passant devant moi.
Je dis adieu à la jeune fille et je partis. Je fus très étonnée,
en voyant ce jeune homme dans l'escalier au milieu d'un
étage. Je crus qu'il avait oublié quelque chose et je restai
sur le palier pour lui laisser le passage libre ; alors il se
rangea contre le mur. Je voulus passer, croyant à une
déférence de sa part, mais, arrivée près de lui, il me saisit
et me tint si fort dans ses bras robustes, qu'il me fut impossible de me dégager ; puis, il me couvrit de baisers
brûlants ! Toute la tête y passa ! Je crus avoir affaire à un
fou ; j'eus peur, j'appelai, mais personne ne vint à mon
secours !

Enfin, je sentis ses bras moins fermes, moins serrés et...
s'ouvrir ! J'étais dégagée de cette folle étreinte ! Je lui
dis qu'il avait agi en malhonnête homme et que je ne
remettrais jamais les pieds dans sa maison. Il se mit à
genoux et me supplia de lui pardonner ce moment de folie,
disant qu'il n'avait pu se maîtriser, que, pendant une
heure, il avait attendu cet instant et, en m'entendant
parler à sa sœur, cela l'avait rendu fou ; puis il me baisa
la main aussi dévotement que s'il avait baisé celle d'une
duchesse à la cour. J'étais tellement outrée que, la gorge
serrée, je ne trouvai rien de plus à lui dire, et je sortis de
la maison.

Je ne ménageais pas mes forces, travaillant avec ardeur
et stimulée par la responsabilité de mon bébé chéri, que
j'allais voir deux fois par semaine. Comme il n'était pas
loin de sa marraine, celle-ci allait l'embrasser de temps en
temps, entre mes visites.

Ce bonheur ne dura que cinq mois ! Un jour, en rentrant, je trouvai une dépêche de Doebling, m'annonçant
que mon petit Alfred était malade. J'y allai aussitôt.
Dans la première pièce, je vis, dans son berceau et une
bougie allumée à côté, un petit enfant mort, je crus que
c'était le mien et je m'y dirigeai toute chancelante. Mais
non, c'était sa petite sœur de lait qui était morte la veille
de la même maladie, qui devait emporter, quelques heures
après, mon pauvre petit Fredy !

Une épidémie provenant de l'eau d'un puits, disait-on,

était cause qu'en huit jours onze enfants moururent de la même maladie dans ces deux grandes maisons de Nusswald où, du reste, beaucoup de grandes personnes faillirent mourir pendant ce laps de temps.

Le médecin n'avait pu le sauver malgré tous les soins qui lui furent prodigués. C'était un bel enfant, il aurait peut-être pu vivre celui-là, bien que les médecins m'eussent affirmé, plus tard, qu'avec mon mari, il m'aurait été difficile d'avoir un enfant viable !

A l'enterrement, une voisine me dit que la nourrice ne lui donnait plus le sein depuis quelques semaines, qu'elle était enceinte et s'était cachée de moi pour que je ne lui reprenne pas le bébé.

A quoi cette dénonciation pouvait-elle servir ? C'était trop tard ! Dieu, du reste, la punissait, car son enfant mourait comme le mien, par sa faute ! Mon chagrin fut d'autant plus grand que je vis souffrir mon pauvre Fredy sans pouvoir le soulager ! Pauvre, pauvre petit !

Ayant l'adresse de mon mari, et le dernier lien qui nous unissait encore étant rompu, je voulus tenter de me séparer de lui et j'allai chez un avocat. Celui-ci écrivit à M. Scala, qui lui répondit qu'il ne voulait que le divorce et qu'il devait être demandé à Paris et non à Vienne. Il exigeait 3.000 francs pour les frais de déplacement.

L'avocat, après m'avoir fait connaître les conditions que mon mari avait posées, me dit: « Croyez-moi, Madame, ne cherchez jamais à vivre avec cet homme, je vous respecte trop pour vous lire sa lettre. C'est un homme perdu pour vous. C'est une canaille (ein Schuft) ».

Force me fut de renoncer au projet de me séparer de mon mari, mais je pris la ferme résolution de ne jamais vivre avec lui, dût-il venir implorer ma miséricorde. Il avait encore des droits sur moi et je résolus de me tuer, le cas échéant !

J'étais donc, du fait de la mort de mon pauvre petit Fredy, encore une fois seule, seule à lutter, et pas un être à aimer auprès de moi ! Oui, j'avais encore ma mère et mon frère qui étaient toujours malades. Ne fallait-il pas continuer de vivre ?

CHAPITRE XIX

Un été à la campagne

La saison désastreuse pour les professeurs arrivait encore, la dame chez laquelle j'avais passé l'été précédent, me fit la proposition de m'emmener à G.... J'acceptai donc. Je devais aller la retrouver au commencement de juillet, époque à laquelle mes élèves me quittaient.

Je donnais alors des leçons dans une famille, où je prenais mon repas de midi une fois par semaine. Il y avait un répétiteur qui, lui aussi, dînait avec nous. — Il est d'usage à Vienne de nommer dîner le repas de midi et souper le repas du soir. J'étais un peu gênée, à table, par les regards du jeune homme et je me proposais de ne pas recommencer ces leçons dans les mêmes conditions au mois d'octobre. Le répétiteur s'en douta-t-il ?...

Sus ces entrefaites, je reçus une lettre d'une dame qui désirait me parler pour des leçons. Je me rendis à l'heure indiquée à l'adresse qu'elle m'avait donnée, croyant qu'on voulait peut-être m'engager pour l'été ; mais que je pourrais arranger les leçons pour l'hiver.

Je demandai donc Mme ***. Une femme était venue m'ouvrir et avait refermé la porte. Je pénétrai dans une pièce vide ; à l'exception d'un canapé, il n'y avait aucun meuble. Je pensai, comme il arrive souvent, que la famille avait emporté ses meubles à la campagne et j'attendis. Tout à coup, je vis entrer par l'autre porte un monsieur que je connaissais déjà, ce répétiteur qui m'avait excédée de ses regards pendant les repas. Je fus surprise et outrée, car je me voyais prise dans un guet-apens.

« Qu'est-ce que cela veut dire ? » — « Cela veut dire que, maintenant, je vous aurai » et, ajoutant le geste à la parole, il s'approcha et voulut me prendre dans ses bras ! « Arrière, lui dis-je, ne me touchez pas, » et je le souffletai. Ses yeux de bête féroce me faisaient positivement peur ; son souffle, si près de ma figure, me répugnait !

J'essayai d'ouvrir la porte, mais en vain, elle était fermée à clef. Il avait dû louer à cet effet un appartement vacant. Je m'enhardis, je fis trembler la porte, j'appelai, je l'injuriai. Enfin, la femme, — une femme de ménage, je suppose — vint m'ouvrir et je sortis de cette cage, en y laissant cet homme qui avait voulu m'outrager. Il put alors compter les coups d'ongles que je lui avais donnés dans la lutte qui s'était engagée entre nous !

Je me trouvais très malheureuse d'être ainsi exposée. Etait-ce parce que j'étais seule ou, comme je l'appris plus tard, parce que j'étais jeune et avais la figure assez avenante ? Mais quand je donnais des leçons à un jeune homme, je me demandais combien de temps cela allait durer ?

Pourtant, il y en avait de comme il faut qui, eux, me vénéraient en silence. Par exemple, il y en eut un qui, pendant que je me baissai pour ramasser quelque chose, déposa bien doucement un baiser sur mes cheveux. Je le sentis, mais je fis comme si je ne m'en étais pas aperçue. Un autre était affreusement troublé lorsque j'avais un peu de suie sur la figure, ce qui arrivait fréquemment à Vienne, où il fait tant de vent. Enfin, un troisième me remettait mes peignes en place, quand le chapeau les avait dérangés.

Je me sentais aimée par tous mes élèves, garçons et filles, et cela me mettait un peu de baume dans le cœur. Quand on me faisait des avances, je ne comprenais pas et nous n'en étions pas moins de bons amis.

Je partis donc pour G... où ma petite élève, Milly, m'attendait avec impatience. Quant à la mère, bien qu'elle m'eût rendu service en me prêtant de l'argent lorsque M. Scala était sur le point de partir, je n'éprouvais aucun sentiment d'amitié pour elle, mais plutôt de l'antipathie. Du reste, cette antipathie était réciproque, comme on le verra par la suite. Etait-elle jalouse ? Je finis par le croire ; car elle était coquette et je devais lui porter ombrage. Elle me dit une fois que je ne savais pas me tenir à ma place et que je devais éviter d'aller au salon, que tous les messieurs accouraient à ma rencontre aussitôt qu'ils m'entendaient venir. Il est vrai que les amis de son mari me fêtaient beaucoup et ne cachaient pas la sympathie qu'ils avaient pour moi. A la campagne, il m'eût été difficile de ne pas paraître au salon, puisque c'était la pièce dans laquelle on se tenait, quand il faisait mauvais temps.

Je m'étais fait un très joli chapeau, à peu de frais, avec tout ce que j'avais trouvé en tulle et en fleurs dans mes cartons. Eh bien, Mme F... voulut l'acheter. Je refusai, lui offrant de lui en faire un autre avec du neuf, que nous aurions acheté dans la ville voisine. Non, c'était le mien qu'elle voulait ; mais ne m'étant décidément pas rendue à son désir en le lui vendant, je m'étais attiré l'inimitié de cette dame.

Pendant mon premier séjour à G..., j'avais fait la connaissance d'un tout jeune homme qui se mit à m'aimer sincèrement, de toute la fougue de sa jeunesse ! J'étais, moi aussi, jeune ; mais il l'était encore plus que moi de quelques années. Bien que privée de tout bonheur, de toute joie, je le repoussai, et pourtant son amour m'avait gagnée, je m'en rendis compte dans bien des circonstances.

Lorsque je rencontrais Max J..., c'était comme un courant magnétique sur un aimant ; je faisais mon possible pour que nos regards ne se croisent pas. Je me défendais de cet amour ! Etais-je libre de me donner à lui, puisque j'appartenais à un autre, à celui qui s'était conduit envers moi d'une façon si infâme ?

Donc, comment éviter Max, qui se mettait sur mon passage pour me rencontrer, me voir, ne fût-ce que quelques minutes ? Nous fîmes plusieurs promenades ensemble, ainsi le voulurent les circonstances et, de fil en aiguille, il me parla de son amour, qui, comme il le vit du reste, était partagé. La seconde année, je le retrouvai et alors j'étais déjà seule ; mais pourtant je le repoussai encore.

Je pensai arranger les choses en lui disant que, vu sa jeunesse et moi n'étant pas libre, puisque mon mari m'avait abandonnée, nous pouvions nous considérer comme fiancés et je lui promis de divorcer d'avec M. Scala quand j'en trouverais la possibilté.

Je me savais aimée et tendrement aimée ! On aurait dit que cette idée seule me donnait des ailes. Mais aussi, comme la malveillance d'autrui allait me les rogner !

Chez Mme F..., où l'on avait assurément remarqué la grande sympathie qui régnait entre Max et moi, on me fit toutes les misères possibles. Le garçon, mon élève, se mit de la partie et soi-disant pour me taquiner, me fit des méchancetés. Ainsi, un jour, en excursion dans une vallée transformée en ruisseau qu'il fallait souvent passer à l'aide de planches, chaque fois que c'était mon tour de traverser,

il enlevait la planche. Je dus donc franchir plusieurs fois
à gué ce ruisseau, de sorte que j'eus les pieds mouillés
jusqu'aux mollets et j'en tombai malade.

Une autre fois, il entra dans ma chambre, armé de grands
ciseaux à papier ; il voulut me couper les petits cheveux
que j'avais sur le front. Je me défendis contre cette attaque ; mais les ciseaux étaient longs et le gamin — douze
à treize ans — entêté, me coupa l'oreille ! J'allai aussitôt
trouver sa mère qui sommeillait un peu, comme elle avait
l'habitude de le faire l'après-midi. Après que je lui eus
raconté l'affaire en quelques mots et montré mon oreille,
elle me dit : « Comment peut-on me réveiller pour si peu ! »
Mon oreille fendue en deux, ma blouse neuve couverte de
sang, cela était peu !

Mme F... ne m'aimait pas, je l'ai déjà dit ; elle me
supportait parce que son mari le voulait, à cause de mon
français parisien fort recherché à Vienne. Elle avait même
été dure pour moi et m'avait montré son mécontentement
des dentelles que son mari m'avait commandées. M. F...
était très humain, bon comme le pain, et de plus un excel-
lent père de famille.

Je me vois forcée de revenir encore sur mes pas pour
raconter ce que je ne puis oublier de la conduite de
Mme F... à mon égard.

J'étais, comme on le sait déjà, chez une sage-femme
pour mes couches. Le 24 décembre au matin, la femme de
chambre de cette dame vint me voir et me dit : « Monsieur
et Madame ont préparé votre cadeau de Noël. C'est un
joli petit arbre garni de 10 à 12 florins tout neufs. Monsieur l'a fait mettre dans une corbeille et il a commandé
que l'on remplisse le fond de bonbons en papillotes.
Vous aurez aussi un beau poulet rôti ; mais je vous en
prie, si quelqu'un de la maison venait, ne dites pas que
je vous l'ai raconté, je serais grondée. » Je le lui promis.

Toute la journée, je pensais à l'emploi que je ferais de
cette belle somme que le petit Jésus allait m'envoyer.
Je voulais l'employer utilement, bien entendu.

Le soir venu, la corbeille me fut apportée par cette
même bonne. Elle avait la figure toute déconfite et me
dit qu'elle était désolée de m'avoir énuméré tout ce que
Monsieur et Madame avaient l'intention de m'envoyer.
Elle ajouta qu'aussitôt que Monsieur avait quitté la

maison pour aller au café, Madame avait ôté les florins en disant qu'elle me ferait un autre cadeau et c'est la raison pour laquelle il n'y avait dans la corbeille que l'arbre garni de bonbons et le poulet.

Ne voulant pas que la brouille entrât dans la maison par ma faute, je n'en parlai jamais au mari et je ne reçus pas d'autre cadeau.

M\u1d50\u1d49 F... était une amie de M\u1d50\u1d49 S.... Comme je donnais des leçons dans ces deux familles, celle-ci invita celle-là à prendre part au goûter qu'elle offrait à l'occasion du baptême de mon petit garçon. M\u1d50\u1d49 F... y vint donc avec Milly, ma chère petite élève. Je vis bien, en l'embrassant, que cette enfant était triste et avait du chagrin ; sa mère la grondait souvent et même la battait, la pauvre petite ! Aussitôt que cela me fut possible, je lui demandai la cause de sa tristesse. Elle me dit, en m'embrassant et séchant ses larmes qui avaient tout à coup fait irruption : « Papa m'avait donné deux billets (Lose) pour votre petit garçon et il m'avait recommandé d'en mettre un dans chacune des mains du bébé ; mais maman, en chemin, m'a dit de les lui remettre, qu'elle vous ferait un cadeau plus utile. » Je la consolai, la pauvre enfant, mais j'étais déjà fixée sur le cadeau qui devait remplacer ces Lose (billets à lots).

La marraine avait mis dans chaque main de mon petit Fredy un Laibacherloos qui, eux aussi, ont des tirages une ou deux fois par an et avec lesquels, si le bonheur voulait qu'un des numéros sortît on gagnerait une vraie fortune. Puis, si ces billets ne rapportent rien, ils sont, dans tous les cas, remboursables au pair ; de sorte que, le jour de son baptême, mon petit garçon reçut déjà un joli cadeau.

Lorsque M. Scala me quitta, il me donna dans une enveloppe un reçu d'une banque, attestant qu'il avait déjà versé la somme de deux florins pour un Laibacherloos ; mais qu'il s'engageait à payer le reste à raison de deux florins par mois. Quelques mois s'étant écoulés depuis, je pensai que le premier versement devait être perdu ; pourtant, je voulus en avoir le cœur net et je me rendis dans cette banque ; on me répondit que, si je payais la somme entière, je pourrais avoir le billet. Il me sembla que le numéro de ce billet devait sortir comme compensation de tous mes chagrins avec M. Scala et je l'achetai. Celui-ci, comme les deux autres, sont en ma possession ; aucun n'est sorti, même pas au pair. Malgré cela, je ne veux pas les vendre, espérant toujours que la fortune me sourira un jour.

Mais je vois que je m'éloigne encore de mon sujet, j'y reviens donc. Le jour du baptême, madame F..., quitta en même temps que moi la famille S... ; nous prîmes le tramway ensemble. En route, cette dame me dit : « Quand vous aurez besoin d'autres chemises pour votre petit garçon, vous me le direz. » Je la remerciai.

Mon petit Fredy était très fort et les chemises que j'avais dans ma layette furent bientôt trop petites ; je pris donc la liberté de demander à madame F..., celles qu'elle m'avait promises. J'y fis encore adroitement allusion un mois après. Bref, deux mois se passèrent et mon pauvre petit mourut à cinq mois sans que cette dame ait songé à tenir sa promesse, bien que je l'en eusse priée à plusieurs reprises. Je commençais à lui en faire, lorsque je le perdis.

Madame F..., était forte pour de telles vilenies. Ainsi, lorsque j'étais dans la plus grande des misères, ne me donna-t-elle pas comme cadeau, pour Noël, des frisettes qu'elle avait portées et, une autre année, trois mètres de dentelle que j'avais vue maintes fois traîner dans une de ses corbeilles à ouvrage, et dont je ne trouvai jamais l'emploi. Aussi, voyant qu'elle se débarrassait ainsi de ses fouillis, lorsque j'eus ma mère avec moi, je la priai de me donner quelque chose d'utile. Sa figure s'allongea et, à Noël, elle me donna cinq florins, j'achetai une robe de chambre avec cette somme et je le lui dis en la remerciant.

A n'en pas douter, cette dame était jalouse de moi ; elle m'avait dit plusieurs fois que, lorsque j'étais là, les amis de son mari manquaient de politesse envers elle. Voulant probablement me montrer la supériorité qu'elle avait sur moi, un jour que je l'attendais au bain, elle me fit entrer dans sa cabine, puis, ouvrant son peignoir se montra à moi en disant : « Voyez comme je suis belle femme ; les Françaises ne sauraient en dire autant. » — « C'est possible, madame, mais je n'en sais rien, n'en ayant pas vu dans cet état », et je sortis. Je crois qu'elle aimait à se montrer ainsi, car Max me raconta qu'il la vit, un jour, à moitié nue. Elle avait entr'ouvert sa porte lorsqu'il passa et elle jeta un cri d'effroi. Madame F..., avait ouvert, croyant que c'était sa femme de chambre, disait-elle.

Quand M. F..., venait passer son congé à G..., nous faisions de belles parties. Nous allâmes une fois à pied à Mariazell. C'est alors que j'eus le plaisir de visiter les usines de fonte en Styrie. Cela m'intéressa beaucoup de voir tous ces fourneaux, ces creusets dans lesquels la fonte était en fusion, puis passée dans les laminoirs et enfin portée à la forge, où les ouvriers lui donnaient la forme voulue. On faisait des barres de fer que l'on battait sur des enclumes gigantesques.

Je fus fort impressionnée de tout ce que je vis et j'y pensais souvent. Du reste, j'étais dans ma jeunesse une vraie sensitive. Je me rappelle qu'ayant voulu cueillir un crocus, je le serrai un peu, et l'air, peut-être aussi quelques gouttes d'eau, l'ayant fait gémir, je ne cueillis plus jamais de fleurs.

Lorsque je passais mes vacances dans une famille, j'avais naturellement plus de loisirs qu'à la ville en hiver. C'est alors que je pouvais penser, revenir sur le passé et faire des projets d'avenir. Du reste, cette belle nature, qui s'offrait à mes yeux du matin au soir, n'était-elle pas faite pour me porter à la rêverie ?

Après avoir longuement réfléchi, pesé le pour et le contre, je résolus de faire venir mon frère pour vivre avec moi à Vienne. Il était toujours souffrant depuis qu'il avait attrapé une fluxion de poitrine et je pensais que, si peu qu'il gagnât, cela nous suffirait avec ce que mes leçons me rapportaient tous les mois. Je l'engageai donc à venir près de moi plutôt que de vivre seul à Paris et malade, car je savais qu'il voyait rarement notre mère.

J'avais, en un an, à peu près éclairci ma situation, payé toutes mes dettes. C'était le résultat d'un travail intense de jour et de nuit. N'ayant plus ces charges qui m'avaient été imposées par mon mari avant qu'il me quitte, j'avais comme un sentiment d'effroi à l'idée de me retrouver seule en hiver, et en butte à toutes les persécutions dont j'avais été l'objet l'année précédente. J'aurai, pensai-je, un porte-respect en mon frère et je me réconciliai avec lui. Il acquiesça à ma demande et je rentrai à Vienne en septembre avec ce nouvel espoir d'une vie heureuse avec Alphonse.

CHAPITRE XX

Arrivée et départ de mon frère
et de ma mère

Il y avait près de huit ans que je n'avais vu mon frère, et je crois que ce fut pour lui comme pour moi une grande émotion lorsque nous nous embrassâmes à la gare de l'Ouest.

Au commencement, cela alla bien. Espérant qu'il pourrait travailler un peu à Vienne, je lui avais procuré une recommandation pour une maison d'électricité. Malheureusement, cette année-là le froid sévit assez tôt ; un vent glacial comme j'en avais rarement vu souffla des journées entières.

Ne sachant au juste de quelle maladie mon frère était atteint, lui si robuste autrefois, je ne me doutais pas que je faisais son malheur en l'engageant à venir à Vienne, où le climat était pour lui des plus pernicieux. Il fut forcé de cesser d'aller à son travail et il s'alita. Comme je gagnais assez largement ma vie, je lui donnais tous les soins nécessaires. C'est alors qu'avec son assentiment je fis venir ma mère, qui était restée seule à Paris : Moi dehors, elle le soignera, pensai-je.

Une grand'tante de Hanovre lui servait une petite pension, je l'ai déjà dit ; mais je voulus savoir si la tante Christiane continuerait alors à payer les quatre cents francs à ma mère si je la prenais chez moi, et je lui écrivis. On ne savait pas, dans toute la famille, ce que j'étais devenue, et elle, comme d'autres, crurent que j'avais mal tourné. Que de racontars de pure invention n'avait-on pas faits sur mon compte ! Je sus plus tard qu'au reçu de ma lettre, elle avait été bien heureuse en apprenant que, depuis ma disparition de Paris, j'étais à Vienne où je travaillais.

Mon frère, qui avait été lésé dans ses intérêts du fait de mon mariage avec M. Scala, voyant déjà que le capital qui devait lui revenir de cette tante allait être divisé, me dit un jour : « Eh bien ! tu es contente, tu as coupé la poire en deux ! » — « Quelle poire, lui dis-je ? » — « Tu ne comprends pas ? » répliqua-t-il. Enfin, une lueur traversa mon esprit, mais en même temps assombrit mon pauvre cœur ! Moi, qui étais tout à ma joie de posséder mon frère, là, près de moi, et qui voulais, au contraire, lui rendre la vie aussi douce que possible ! Je quittai la chambre aussitôt que j'eus compris et j'allai pleurer en silence dans la cuisine. Je me remis, en pensant qu'il devait bien souffrir pour m'avoir dit cela. Peut-être avait-il cru que j'allais lui disputer l'héritage de notre grand'tante, alors que je trouvais de toute justice que celle-ci ne pensât qu'à lui, en raison, surtout, de son état de santé.

Enfin, ma mère arriva ; mais elle n'était pas beaucoup plus valide que mon pauvre frère. J'eus donc deux malades au lieu d'un à soigner. C'est à cet effet que j'avais pris une petite orpheline dont je me réserve de parler dans un chapitre spécial. Quant à moi, à partir de ce jour les luttes de toutes sortes recommencèrent et la misère allait encore m'étreindre de plus belle. Les déceptions ne me furent pas non plus épargnées comme on va le voir.

J'espérais que la présence de ma mère et de mon frère ferait cesser les persécutions dont j'étais l'objet de la part de certaines personnes. Il n'en fut rien, d'autant plus que l'on savait que je me trouvais de nouveau dans la misère.

Mon amie, madame S..., voulut me procurer de l'ouvrage et son mari fit le bon apôtre. Il dit à sa femme qu'il recevait des lettres de France, qu'il me payerait pour les lui traduire et y répondre. J'hésitais à accepter cette offre ; j'avais de bonnes raisons pour cela ; mais sa femme, qui les ignorait, me dit : « Voyons, vous ne pouvez refuser cela à mon mari ; puis vous avez besoin de gagner quelque argent. » — Elle m'avait avancé cent florins pour acheter des meubles d'occasion quand ma mère vint à Vienne et je les lui devais encore. Je ne voulais pas que la pauvre femme eût des soupçons et je me dis : Eh bien ! je me défendrai, comme je l'ai toujours fait ; et j'acceptai.

Je me rendis donc au bureau de M. S.... Il avait en effet quelques lettres à traduire ; je les traduisis et j'y répondis ; il me rétribua largement. Je pensai, à part moi : Ce n'est pas possible que le loup soit devenu agneau ! J'attendis donc et je m'armai de courage.

J'eus ainsi quelques lettres à écrire ; puis, enfin, un jour qu'il avait plongé ses yeux dans les miens, je pensai : Cela va recommencer ! Mes soupçons étaient bien fondés... A peine ma lettre finie — son caissier avait quitté le bureau — je me sentis saisir à bras le corps. Alors, une lutte des plus violentes s'engagea ; mes forces commençaient à m'abandonner, lorsque j'entendis quelqu'un entrer dans le magasin. Qui était-ce ? Je n'en sus rien ; toujours est-il que cette personne m'avait sauvée des griffes de ce monstre. Je m'en allai aussitôt ; j'étais toute défaite, et ne saurais décrire mon état d'égarement quand je me retrouvai dans la rue !

Le dire à sa femme, mon amie, je ne le pouvais ! Seulement, je n'allai plus à son bureau. La pauvre amie s'ingéniait à me trouver de l'ouvrage. Je me rappelle lui avoir raccommodé des tapis, ravaudé des bas et des chaussettes ; puis tout le linge d'un de leurs cousins, qui demeurait dans la maison, passa par mes mains.

Que de déceptions alors, petites et grandes ; mais, toutes ensemble, ne m'occasionnaient pas moins du chagrin.

Une dame, par exemple, écourtait les leçons d'une demi-heure deux fois par semaine, en décembre et, avec cette économie, elle m'offrait un cadeau de Noël, à moi qui avais tant besoin d'argent.

Dans une autre famille, les enfants mal élevés ne voulaient-ils pas que je danse et que je chante comme une chanteuse de café-concert, enfin que je leur raconte ma journée du dimanche avec mon amoureux. J'étais perplexe et je leur répondis que je venais leur enseigner le français, que je ne savais pas ce qu'ils voulaient dire avec mon amoureux : « J'ai un mari, comme votre mère a le sien, » ajoutai-je. Ils me firent alors des méchancetés, me mettant des morceaux de glace dans le cou, grattant ma robe avec leur canif et ouvrant la fenêtre sur moi, quand il gelait à pierre fendre !

Je résolus d'écrire à la mère, ne pouvant arriver à la

rencontrer chez elle. Celle-ci me répondit que ses enfants étaient bien élevés et qu'elle porterait plainte si je lui envoyais de semblables lettres. Je ne retournai pas dans cette famille et je perdis même le montant du mois courant, car on ne me paya pas mes leçons, bien que j'en eusse donné six sur huit.

C'était la misère la plus noire, car, hélas, je perdis une autre leçon. Il m'avait été impossible de continuer d'enseigner le français à une petite fille qui, malgré tous mes efforts pour me faire aimer d'elle, prenait plaisir à me cracher à la figure.

Je rentrai un soir dans un état d'exaspération facile à comprendre. J'étais navrée, pas un sou à la maison, pas un bijou à vendre ou à porter au Mont-de-Piété, tout mon beau linge, draps, jupons, etc..., avait été vendu à vil prix. J'étais plongée dans un vrai désespoir. Qu'allais-je dire le lendemain matin à ma mère, quand je ne serais pas à même de lui donner de quoi acheter à manger ? Mon Dieu, mon Dieu, que je suis donc malheureuse, dis-je et je baissai la tête ! Tout à coup, à la lueur d'un réverbère, je vis quelque chose briller à terre, je le ramassai, c'était une broche en or formant torsade.

Dire ce que mon cœur battit en la regardant, serait impossible. Était-ce Dieu qui m'envoyait cette ressource ? Mais quel combat s'engagea alors entre mon honnêteté et mon état de misère ! Si encore j'étais seule, pensai-je ; n'avais-je pas vécu longtemps de tartines de graisse, déjà du temps de mon mari ? mais ma mère et mon frère malades étaient là !

J'avoue que je chassai mes scrupules et, le lendemain matin, de très bonne heure, j'allai vendre cette broche pour laquelle on me donna quatre florins. Cela me permettait d'attendre des rentrées, car nous étions à la fin du mois.

Comme je l'avais prévu, nous nous étions vus forcés de déménager. L'appartement que nous avions étant au nord et sur une cour sombre, était en tout point défavorable à la santé de ma mère et de mon frère. Nous trouvâmes dans la Hartmanngasse N° 1 une demeure ensoleillée, donnant sur un jardin qui se trouvait de l'autre côté de la rue. J'espérais que cela allait rendre la santé à mes deux malades.

Sans le dire à mon frère, j'avais fait venir, soi-disant en ami, un spécialiste pour l'examiner et l'ausculter.

Lorsque je me rendis chez ce médecin pour savoir ce qu'il pensait d'Alphonse, il me dit : « Si votre frère vit à Vienne, il n'en a pas pour deux ans, il lui faut un climat chaud. » Quel coup pour moi ! Encore une séparation, et les moyens nous manquaient pour un tel voyage ; puis comment amener Alphonse à prendre une décision pareille. Il fallait attendre, car du reste l'été approchait.

Me considérant la fiancée de Max L..., nous nous étions écrit quelques lettres. Mme S... l'apprit par Mme F..., qui, elle, le tenait des sœurs de Max. Aussi crut-elle fermement que j'avais failli ; nos relations devinrent alors moins amicales, je puis même dire qu'elle me battait froid et j'en conçus beaucoup de chagrin. Cela me permettait du moins d'éviter les avances de son mari, puisque nous ne nous voyions plus qu'à de rares intervalles, lorsque, aux fins de mois, je lui apportais un acompte de dix florins sur la dette que j'avais contractée envers elle.

Mme F... me fit subir affront sur affront. J'en souffris d'autant plus que je n'avais rien à me reprocher. N'avais-je pas toujours combattu envers et contre tous ? Si je me laissais aller à faire quelques promenades avec Max, nous rentrions aussi innocents qu'au départ ; n'étions-nous pas fiancés, du reste ?

Enfin, traquée comme je l'étais par tous ces hommes, bafouée comme je le fus par cette femme qui, elle, se montrait nue pour faire voir sa beauté, je rentrais un soir pour ainsi dire folle de désespoir après une altercation au sujet de Max que je trouvais justement tenant société à ma mère !......

Comme ce sujet n'évoque en moi que des souvenirs douloureux, je n'en parlerai plus, d'autant plus que, bientôt après, pour des raisons inutiles à dire ici, notre amitié prit fin.

Une dernière fois, je rencontrai Max. Je ne l'avais même pas vu que je sentis un courant électrique dans tout mon être. Puis, une flamme s'alluma réciproquement dans nos yeux. On ne voit alors que l'être aimé, le reste du monde est un néant. J'eus cependant la force de traverser la rue pour l'éviter, bien qu'il me semblât que la terre ne me portât plus. J'étais accablée et pourtant heureuse de l'avoir revu !

C'est dans cet état d'égarement que j'arrivai à ma leçon.

Berthe, mon élève, en m'ouvrant la porte et, aussitôt qu'elle m'eut regardée, eut une exclamation que j'entends encore : « Oh ! comme vous êtes belle, aujourd'hui ! Qu'avez-vous donc, chère Madame ? Vos yeux ont une expression de bonheur que je ne leur ai jamais vue ! »

Chère Berthe, vous en souvient-il ?

M. F... m'en ayant priée, j'acceptai d'aller encore passer un été avec sa famille à G.... Je le faisais surtout pour mieux venir en aide aux miens ; mais Mᵐᵉ F... me rendit la vie si pénible que, malgré les pleurs de ma petite élève, je la quittai bientôt et retournai à Vienne, où j'eus le bonheur de trouver de l'ouvrage pour le reste de l'été.

Je n'éprouvais aucune reconnaissance pour Mᵐᵉ F... malgré les services qu'elle m'avait rendus, et elle devait s'en apercevoir, car elle me dit un jour : « Ce n'est pas auprès de Mᵐᵉ S... que vous auriez trouvé les 125 florins que je vous ai prêtés. » — « Mᵐᵉ S... était encore à la campagne, répondis-je ; mais elle m'a déjà aidée dans différentes circonstances. »

Une autre fois, en me parlant de M. et de Mᵐᵉ S..., elle me dit : « Je ne comprends pas qu'ils aient une voiture. Elle sent tellement mauvais que son mari doit se croire auprès d'un tas de fumier. » — Oh ! Madame F..., répliquai-je, Mᵐᵉ S... est malade ! » Et je passai dans l'autre pièce, auprès de sa petite fille, mon élève.

Mais Dieu punit tôt ou tard les méchants, j'en eus encore la preuve convaincante ; quelques années plus tard, j'appris que Mᵐᵉ F... était morte de la même maladie et qu'elle avait exhalé une telle odeur, que personne ne voulait l'approcher. N'était-ce pas une punition du bon Dieu ?

Cet hiver-là fut on ne peut plus dur pour moi, n'ayant aucune avance et les miens étant toujours malades. Mon frère n'avait pas voulu nous quitter et il s'était mis à donner quelques leçons de conversation ; mais cela le fatiguait beaucoup. Enfin, comme il se plaignait toujours du climat, je lui dis qu'en effet cela ne valait rien pour lui et qu'il serait toujours malade à Vienne, qu'il lui faudrait un climat chaud. Lorsque je lui eus parlé, je sentis un peu de soulagement à ma peine, surtout quand je le vis se rendre à l'évidence. « Je sais bien, me dit-il, qu'il faudrait que j'aille en Italie. » — « Eh bien ! vas-y, lui répondis-je, faisons de l'argent de tout ce qui a un peu de valeur, vends ce que tu as en gravures et en tableaux et, quand cela me sera possible, je t'enverrai de l'argent. »

Le pauvre Alphonse ! Cela lui faisait du chagrin de me quitter, peut-être en avait-il aussi de laisser notre mère seule à Vienne, puisque j'étais toujours dehors. Depuis mon mariage, il ne s'entendait pas avec elle et je me souviens qu'après une scène entre eux, il avait voulu se jeter par la fenêtre. J'arrivai à temps pour l'en empêcher.

Mon frère vendit donc toutes ses gravures, à l'exception d'une seule qu'il me donna ; je joignis encore à cette vente tout ce qui pouvait avoir quelque valeur et, au mois de mai, il partit pour l'Italie, muni de quelques lettres de recommandation qu'une dame italienne, Mme Pio, à qui je donnais alors des leçons d'allemand, lui avait remises.

Par la suite, je fréquentai en amie la famille Pio. Je m'attachais tellement à la mère de M. Pio et à la jeune femme, que c'était pour moi un grand réconfort de pouvoir venir les voir, leur parler de mes soucis ! Que de conseils ne demandais-je pas ? Moi qui étais privée de toute amitié, depuis que j'étais en froid avec Mme S... qui, du reste, bientôt, quitta cette terre de douleurs, je retrouvais deux amies et, qui plus est, Mme Pio mère était Française. Si Dieu avait permis que je la connusse plus tôt, j'aurais eu moins de chagrin, car la porte qui s'ouvrait toute grande pour moi renfermait un trésor d'amitié la plus sincère.

L'été qui suivit le départ de mon frère, je ne pris aucun engagement pour la campagne. Je me proposais d'accepter tous les travaux qui se présenteraient, afin que ma mère ne fût pas seule. Comme je l'ai déjà dit, l'hiver avait été fort pénible et je me sentais très fatiguée. Lorsque j'avais beaucoup travaillé pendant la nuit, je partais le matin la tête en feu, le dos courbaturé, et il me semblait que j'avais le cerveau vide.

Je me rappelle m'être endormie pendant une dictée. Oh! l'espace d'un moment. Je perdis simplement connaissance et lorsque je revins à moi, mon élève, la plume à la main, attendait patiemment. Il me dit tout bonnement : « Vous m'avez dicté quelque chose qui n'avait pas de sens. » Je lui répondis que je m'étais sentie, tout à coup, très fatiguée. « Je l'ai vu, Madame, » me répliqua-t-il.

J'ignore si je vivais de la même vie que tout le monde, mais ce que je sais, c'est que je sentais mon estomac qui se rétrécissait, tout resserré, comme rabougri. Quand, par hasard, j'étais invitée à un dîner, je ne pouvais manger et, pendant le repas, il m'est arrivé de me trouver mal ; une fois même je dus me coucher. Les personnes croyaient que c'était la chaleur qui m'incommodait ; mais moi, je savais que mon estomac rétréci, bien qu'il se réjouît à la vue de ces mets succulents, ne pouvait les supporter ! Non seulement je ne mangeais jamais à ma faim, mais encore des journées se passaient sans que j'eusse pris quelque aliment.

La lutte était trop forte ! Et la lutte morale ne l'était pas moins ; les circonstances ne me mettaient-elles pas toujours en rapport avec telle autre personne qui attendait de moi le respect, la déférence, et qui pourtant m'avait fait tant de chagrin ! Que de larmes rentrées, que de sanglots étouffés pendant ces longues nuits où je ne pouvais trouver le sommeil ! Insomnie encore plus pénible, étant martyrisée par des maux d'estomac, ou plutôt par la faim que je ne pouvais apaiser !

M. Silas, un ami du professeur Bréant, m'avait fait la proposition de donner des leçons d'allemand à un jeune homme qui demeurait chez lui et qui était journaliste. J'étais heureuse ; je considérais comme une vraie chance de trouver cette leçon pour l'été et j'acceptai, comme on peut bien le penser.

Souvent, je trouvais les paroles de M. Silas étranges et celles du jeune homme non moins étranges ; mais c'était une bonne leçon et je faisais comme si je ne comprenais ni l'un ni l'autre.

Le premier mois passa, j'attendis en vain mes honoraires ; le second touchait à sa fin, mais j'espérais trouver l'occasion de parler à M. Silas. L'ayant enfin rencontré chez lui, je lui demandai s'il n'avait pas dit mes conditions à M. Finot, qui ne m'avait pas encore payé mes leçons. « Comment, répliqua-t-il, il ne vous paye donc pas... d'une autre manière ? » — « Que voulez-vous dire ? » — « Rien, » me répondit-il.

Lorsque je revins chez M. Silas pour donner ma leçon à mon élève, la bonne me remit une enveloppe contenant mes honoraires et une carte m'annonçant le départ de M. Finot.

C'est alors que je me plaignis à une dame que je connaissais de ne pas avoir d'occupation. Elle comprit mal le sens de mes paroles, car elle me dit : « Vous n'avez pas d'ouvrage, je vais vous en donner. » Et, quelques jours après, j'étais courbée sur mon métier, lui brodant quatre chaises, l'une après l'autre. Je lui fis, en outre, des étoiles au crochet pour un dessus de table que sa fille n'arrivait pas à finir. Mais, de paiement, je n'en reçus aucun. Vu les prévenances que cette dame avait envers ma mère et le travail qu'elle me procura à différentes reprises, je ne réclamai aucune rétribution, attendant toujours qu'elle y pensât elle-même.

Le professeur Bréant me donna encore quelques copies à faire, puis il me pria de prendre sa fille en pension, pendant qu'il irait faire une cure, et j'acceptai pour lui rendre service. Mon frère étant parti, j'avais installé ma mère dans la petite pièce, et Justine et moi nous couchions dans la grande chambre. Je pris le canapé pour moi et je donnai le lit à mon élève.

Je l'ai déjà dit, je m'étais habituée à dormir fort peu, et lorsque je me couchais le sommeil ne venait pas comme je l'aurais désiré. J'avais trop de préoccupations, trop de soucis ! La jeune fille me vit-elle les yeux grands ouverts ? Toujours est-il qu'elle se leva et se précipita à mon chevet, où elle se mit à genoux en me demandant pardon. « Mais pardon de quoi et pourquoi, mon enfant ? » lui dis-je. — « Oui, pardonnez-moi, Madame, je ne savais pas que M. Scala était marié. » — « Vous l'avez donc aimé, ma pauvre petite ? Il vous a trompée, comme il en a trompé beaucoup d'autres. Je vous plains ; mais je ne vous en veux pas, puisque vous ne saviez pas. Allez vous recoucher, ma pauvre Justine. »

Plus tard, je ne lui refusai pas mon aide dans plusieurs circonstances ; mais je ne lui reparlai jamais de mon mari. Par exemple, elle avait fait la connaissance d'un jeune homme, M. de W..., qui, disait-elle, ne l'épousait pas, parce qu'il n'avait pas de position. Je fis en sorte de me rencontrer avec lui chez elle et je lui demandai s'il se marierait avec Justine le jour où il aurait une situation ? « Oui, » me répondit-il. — « Bien, lui dis-je, épousez-la et je vous procure une place, car je ne puis vous recommander que comme le mari de mon ancienne élève. »

Ce qui fut dit fut fait. Quelques jours après leur mariage, il eut une place, comme employé dans une administration dans laquelle il y avait de l'avenir pour un homme de bonne conduite. Au début, je les aidai même de ma bourse ; — je le pouvais alors — puis, je fis, parmi mes nombreux élèves, plusieurs collectes pour habiller leur enfant. Je ne revis jamais mon argent, et M. de W... abandonna sa femme et sa petite fille. Il jouit pourtant encore de la position qu'il doit indirectement à celle-là.

Cet hiver-là ne fut pas trop mauvais pour moi, ayant eu assez de leçons pour nous suffire, cela allait pourtant mieux que l'année précédente. A part quelques petites déceptions, la fortune commençait à me sourire.

Une dame ne me payait pas régulièrement et trouvait encore moyen de reculer chaque fois les dates de paiement, afin de gagner un mois en fin d'année. Vu toutes les obligations que j'avais à remplir et l'état de détresse dans lequel je m'étais encore trouvée quelques mois auparavant, je dus le lui dire. Elle m'avait donnée chaque mois mes honoraires, prétendit-elle. Oui, en effet, mais pourtant elle me devait un mois et je le lui prouvai, en mettant sous ses yeux mon livre de recettes. Il était heureux pour moi que j'eusse une comptabilité en règle.

Dans le courant de l'hiver, je faillis être victime d'un accident. Un jour qu'il neigeait et que ma voilette était couverte de gros flocons, je marchais assez vite pour prendre le tramway. Je ne voyais pas devant moi et j'étais sur le point de tomber dans un trou de cave tout béant, en plein trottoir, par lequel on faisait descendre des tonneaux, lorsque tout à coup, au moment où le pied était déjà dans le vide, je sentis un coup formidable, puis j'allai m'asseoir à deux pas de là ! L'homme, qui soutenait un tonneau, m'avait heureusement aperçue à temps et c'est d'une main qu'il me donna cette forte poussée. J'eus une secousse, mais je fus sauvée d'une chute qui m'aurait immanquablement cassé quelque membre, sinon tuée.

Ma mère étant toujours malade, le médecin me dit qu'il valait mieux qu'elle retourne à Paris, d'autant que son désir était d'y mourir. Elle me le répétait chaque fois qu'elle était souffrante. J'avais même dû lui promettre de l'y faire transporter, dans le cas où elle mourrait à Vienne.

Ma mère n'était pas une aide pour moi. Elle était comme une enfant qu'il aurait toujours fallu gâter et amuser. Elle n'avait aucune notion de la vie de travail. Pauvre mère, je ne lui en voulais pas ; mais combien de fois, étant rentrée pour dîner et n'ayant rien trouvé de prêt, j'étais repartie sans manger. Elle avait oublié l'heure, avait lu ou regardé par la fenêtre.

Un jour, je vis sur le beurre des marques de pattes d'oiseaux. « Mais, maman, ne mets pas le beurre à la fenêtre, les moineaux se promènent dessus, » lui dis-je. — « Je ne le mets pas à la fenêtre, me répondit-elle ; mais ils vont dans la cuisine. » Celle-ci donnait sur un grand couloir. « Reste un moment tranquille dans ce coin et tu les verras, » ajouta-t-elle. En effet, aussitôt la fenêtre ouverte, une nuée de pierrots traversa la chambre et alla jusque dans la cuisine. Comment ma mère avait-elle fait pour les apprivoiser aussi bien ? Elle devait rester blottie dans ce coin, sans bouger pendant des heures.

Des voisins me prévinrent que ma mère guettait, à la fenêtre, les chiens qui passaient traînant une voiture derrière eux et leur jetait des morceaux de sucre. Ils lui faisaient pitié, disait-elle. C'est alors que je compris l'emploi de son temps.

Pourtant, depuis le départ de mon frère, ma mère n'avait pas été laissée à elle-même ; j'avais eu une autre petite fille près d'elle, puis une femme de ménage venait tous les matins. Enfin, Mme Schneckenburger, notre propriétaire, lui apportait du bon bouillon ; quand elle était malade, cette dame venait souvent la voir. Ma mère, aussitôt mieux portante, allait passer ses après-midi auprès d'elle ; et, voyant que les enfants profitaient de son français, la propriétaire lui fit donner en secret quelques leçons de conversation à sa fille aînée. C'est ainsi que le dernier Noël que ma mère passa à Vienne, elle me fit présent d'un dé en argent, renfermé dans un beau petit nécessaire, qu'elle avait fait faire avec un joli porte-cartes, auquel je tenais beaucoup. Seulement, il fallut que la couronne de comte fût gravée sur le dé. Pauvre mère, malgré tout elle y pensait encore. Elle me dit, en me le donnant : « Cela a été payé avec l'argent que j'ai gagné chez Mme Schneckenburger. »

Comme ma mère me déclara elle-même qu'elle voulait retourner à Paris, où elle avait laissé son petit chien, et puisque rien ne la retenait à Vienne, bien qu'elle eût les petites distractions que je viens de mentionner, je dus m'enquérir d'une pension à Paris ; mais de loin je n'en trouvai pas. Elle descendit alors chez la sœur de mon mari, qui m'avait offert de la prendre, en attendant que je puisse venir la placer dans une maison convenable.

Je vendis donc mon troisième mobilier, qui, du reste, n'avait pas grande valeur ; avec le produit de cette vente, je payai juste le voyage de ma mère et le premier mois de pension chez ma belle-sœur.

Mon frère était resté à peu près deux hivers et un été à Vienne et ma mère trois hivers et deux étés, et ils avaient tous deux énormément souffert du climat.

CHAPITRE XXI

Mes différents travaux

Me voilà de nouveau seule et triste dans cette bonne et belle ville de Vienne ; mais je n'eus pas le temps de laisser la solitude s'appesantir sur moi, car je partis aussitôt pour la campagne. Ayant réservé un chapitre pour relater tous les étés que j'ai passés dans différents châteaux, je veux dans celui-ci parler des travaux que j'ai faits durant ces quelques années de misère. Je vécus pendant près de dix ans d'une vie si active que l'on peut dire que je vécus doublement, travaillant les jours et les nuits.

En rentrant de la campagne, je me louai un petit cabinet meublé chez de braves gens, et ainsi je pus accepter beaucoup plus de leçons, n'ayant plus à m'occuper d'un intérieur.

Un cousin de M. Pio me procura quelques bonnes leçons; c'est par lui, par M. Dubray, que je fus introduite comme maîtresse de français dans l'aristocratie, de sorte que j'abandonnai complètement ma broderie et mes dentelles. Mais j'ai du plaisir à me rappeler tous les travaux que j'ai exécutés. Quand j'y pense, il me semble que c'est un rêve.

Je me souviens d'un écran de cheminée ; il représentait un arbre très haut, très touffu, au bord d'un ruisseau. Sous l'arbre, il y avait deux échassiers qui cherchaient à attraper des baies, et sur les branches étaient perchés une quantité d'oiseaux de toutes sortes.

A l'Exposition ouverte aux salles des fleurs (Blumensäle), l'Empereur, paraît-il, resta en admiration devant mon œuvre. Il en fut de même de la Princesse Metternich. J'appris qu'on leur nomma la brodeuse. Cet écran attira les regards de tout le monde. J'eus du plaisir à l'entendre dire, d'autant plus que j'en avais fait le dessin moi-même. C'était un tourneur sur bois qui me l'avait commandé.

Pour l'Exposition d'électricité, j'avais brodé un ciel de lit. Le tapissier, M. Bamberger, était désolé de ne pas m'avoir fait faire le dessus de lit ; mais il s'était vu forcé de répartir le travail, par manque de temps. C'est alors qu'il voulut m'attacher à sa maison ; mais, comme je l'ai déjà dit, je dus refuser.

Pour ce tapissier, je fis en outre deux lambrequins destinés à une salle à manger. Cela représentait de belles guirlandes de fruits de toutes espèces. Le dessin n'était pas de moi ; mais j'y ajoutai un motif aux deux coins. Puis je brodai, en or, de jolis amours sur des panneaux à fond rouge. Les amours étaient découpés dans une étoffe d'or ; mais il fallait en broder les formes et les ombres, en faire, en un mot, le dessin à l'aiguille. Je fis aussi un petit salon de satin noir avec des boutons de roses, canapé, chaises et deux fauteuils.

Que n'ai-je pas brodé encore pour M. Bamberger, en bandes pour fenêtres, lambrequins, rideaux, chaises, fauteuils et poufs? C'est chez lui que j'eus cette fameuse perte de 80 florins, perte sensible alors, on s'en souvient.

Je fus bien heureuse de savoir dessiner, car M. Bamberger disait lui-même que je refaisais la nature, non en peinture, mais à l'aiguille, en broderie d'art ; ce qui était, en réalité, aussi une peinture.

Seulement, M. Bamberger m'avait fait un peu de chagrin. Je travaillais au ciel de lit pour cette Exposition ; j'attendais justement un bébé et il m'avait dit : « Si vous finissez à temps ce travail, je vous ferai présent d'un berceau pour votre enfant. » Je travaillai avec ardeur et je finis mon ouvrage comme il l'avait désiré ; mais il oublia sa promesse et j'achetai une pauvre petite voiture en osier, qui devait aussi me servir de berceau. Je pensai plus tard que, peut-être, mon mari avait emprunté à ce tapissier quelque argent et qu'en le lui remettant, celui-ci lui aurait laissé entendre que c'était pour le berceau.

Le tapissier de Mme S..., M. Gross, après avoir vu le coussin que j'avais fait au début, comme apprentissage, m'apporta à faire un dessus de table commencé. Je regardai le point, mais j'avoue que je ne le connaissais pas. Je ne montrai pas mon ignorance au tapissier. Je lui demandai seulement l'époque à laquelle il le lui fallait et je le remerciai, en lui disant que je le lui apporterais.

Quand le tapissier fut parti, j'examinai les points de plus près, j'en défis quelques-uns. Mon mari, qui était entré et m'avait vue faire, s'était mis à ricaner et m'avait dit : « Quand on ne connaît pas un travail, on ne l'accepte pas. » — « Mais, repris-je, la propriétaire attend son terme et qui ne risque rien n'a rien ! » Il tourna les talons.

Ce n'était qu'un point de chaînette, fort compliqué, qui entrelaçait des applications. Je le compris assez vite et, le jour dit, je livrai mon dessus de table, puis je payai mon terme.

Pour ce tapissier, c'était un autre genre de travail : des bordures appliquées sur des étoffes à rideaux, des coussins en tapis dont il fallait entourer les dessins de fils d'or au tambour. Que de fauteuils lui ai-je aussi faits de cette façon ! Il n'avait pas de dessinateur comme M. Bamberger. Je n'éprouvais aucun agrément à travailler pour lui ; mais il fallait vivre et j'étais heureuse de trouver de l'ouvrage, quel qu'il fût.

Je me souviens d'un fait unique en son genre : Mme Minard, dont j'avais fait la connaissance et qui était première chez Francine, grande couturière française à Vienne, vint un jour me trouver avec un petit morceau d'étoffe perse aux teintes anciennes. Mme Francine faisait une robe pour la femme d'un riche banquier de Russie. Celle-ci lui avait apporté l'étoffe, mais on ne pouvait trouver de col dans ce tissu bariolé, exotique. On avait passé une journée à courir en vain chez tous les brodeurs de Vienne, qui n'avaient pas voulu se charger de faire ce travail. Il fallait absolument ce col pour le lendemain matin vers dix heures, au plus tard, et il en était cinq de l'après-midi.

Je regardai attentivement cet échantillon. Mme Minard me montra le patron du col et une espèce de trame analogue au fond de l'étoffe, puis me supplia de le faire, me disant qu'il n'y avait que moi pour entreprendre cela, qu'elle avait promis à sa patronne de réussir. « Vous demanderez ce que vous voudrez, mais faites-le, » et elle partit.

J'écrivis aussitôt une carte pneumatique à la famille qui m'attendait ce soir-là, ainsi qu'à mon élève du lendemain matin, et je courus, avec l'échantillon, acheter les soies nécessaires ; mais je trouvai des soies d'une couleur toujours trop vive. Enfin, il me vint l'ingénieuse idée de les faner à l'aide d'encre pure de noix de galle. Je rentrai donc, munie de tout ce dont je pouvais avoir besoin. Je fis mes teintures, les unes réussirent, les autres changèrent totalement de couleur. Il me fallut doser ma mixture et, finalement, j'arrivai à avoir les teintes voulues.

Je pris un grand verre de café noir, comme j'en avais l'habitude quand je voulais veiller. Mon frère était à Vienne, nous demeurions encore chez Mme Sch..., en attendant que l'appartement que nous avions loué soit libre. Je les vois encore tous les deux m'enfilant les aiguilles jusqu'à près de minuit. Cela allait plus vite ainsi ; mais, après, je me trouvai seule devant mon métier et je travaillai sans relâche jusqu'à neuf heures du matin. J'avais donc mis à peine douze à treize heures pour faire ce col.

Dire le point que je fis, je ne le saurais. J'avais, pour ainsi dire, tissé ma soie dans cette trame blanche et cela ressemblait tellement à l'échantillon, que c'était à s'y méprendre. La diversité des nuances avait rendu le travail plus pénible à faire, parce qu'il fallait enfiler ses aiguilles à tout instant.

Quand je partis avec mon ouvrage, il n'était pas loin de dix heures ; j'arrivai donc à l'heure chez Mme Francine. Celle-ci fut si étonnée qu'elle fit appeler sa première, Mme Minard, pour lui montrer mon ouvrage, et elle le montra encore à d'autres personnes qui se trouvaient dans ses salons. Mme Minard me faisait des signes que je ne comprenais pas. Enfin, lorsque Mme Francine me demanda mon prix, je lui dis 25 florins ; elle me les donna aussitôt.

J'appris, plus tard, que j'aurais pu en exiger le double, elle ne me l'aurait pas refusé. Donc, j'avais gagné plus de cinquante francs en une nuit ; mais j'étais très fatiguée ! Ce qui ne m'empêcha pas de donner toutes mes leçons, ce jour-là, à l'exception de la première.

Lorsque, au milieu de l'été, ne pouvant plus supporter la vie chez Mme F..., je quittai cette famille et revins de G... à Vienne, j'eus aussitôt de l'ouvrage. Ce fut encore Mme Minard qui me le procura. Elle connaissait le tapissier du baron Albert de Rotschild et, par lui, j'eus un travail d'un tout autre genre que celui que j'avais fait jusqu'à présent. Il fallait réparer un canapé en tapisserie des Gobelins et des fauteuils très anciens, broderie d'or sur soie verte. L'or était complètement usé.

J'avoue qu'au commencement cela me parut pénible ;

mais je me mis pourtant à ce genre de travail, car il fallait que l'été ne se passât pas sans gain. Malheureusement, j'eus affaire au tapissier et non à la baronne, de sorte que je fus forcée de me contenter d'une somme minime, qui pourtant me suffisait pour le moment.

La baronne avait exprimé le désir de faire ma connaissance ; mais le tapissier remettait toujours l'entrevue, et pour cause probablement. Enfin la baronne mourut ; je ne la vis donc pas ! Je le regrettai d'autant plus qu'elle était Française et, à ce qu'il paraît, d'une bonté rare. Elle m'aurait peut-être procuré une occupation plus lucrative, car malgré mon travail acharné je n'arrivais pas à joindre les deux bouts. J'avais trop de charges alors.

L'été qui suivit le départ de ma mère pour Paris, j'allai à Tyczyn et je fis pour l'église un joli voile en or sur faille blanche pour le Saint Sacrement. Cela m'avait été commandé par la comtesse Wodzicka, la mère de mon élève ; elle en avait acheté toutes les fournitures. Ce fut le dernier travail de broderie que je fis, et je n'avais pas voulu être rétribuée ; mais la comtesse, qui avait une idée de ma position, me donna pour ma fête en plus du cadeau que me fit mon élève, une paire de pantoufles en soie bleue, et je trouvai dans chacune un billet de cinq florins. Lorsque le travail fut monté et exposé sur l'autel, la comtesse, tout en causant avec moi, avait joué avec un bouton de ma blouse, et le soir, en me déshabillant, un billet de dix florins tomba de mon corsage. N'était-ce pas gracieux ?

Je me souviens encore d'un fait que je vais raconter à mes élèves. Je ne brodais plus alors, mais j'avais besoin d'argent, ma mère était encore avec moi. Je fis un mouchoir en point de Luxeuil, que mes élèves m'avaient conseillé de mettre en loterie. Elles ne connaissaient pas ma misère, mais elles devaient s'en douter. Quand j'eus fini ce mouchoir, je le donnai avec la liste à la comtesse de Gallenberg, qui précisément ce soir-là devait aller à l'Opéra. Elle me pria de le lui laisser jusqu'au lendemain pour que sa mère et sa sœur puissent prendre des billets.

Je retournai donc chez elle comme elle me l'avait demandé, afin de pouvoir présenter mon mouchoir à d'autres familles avant le samedi, jour du tirage. Grande fut ma joie lorsque, à mon arrivée, elle me dit : « Vous venez

chèrcher le mouchoir, ma chère Madame Scala, le voilà ;
seulement je ne puis vous le donner, je l'ai fait passer
dans les loges hier soir à l'Opéra, et les billets ont été
tous pris pendant un entr'acte. Si vous en avez un second,
il sera enlevé de même. »

En effet, j'en avais déjà mis un autre en train ; mais,
en travaillant très assidûment, je ne pouvais le finir
avant une quinzaine de jours. Je le présentai donc dans
mes familles, qui crurent que c'était le premier dont je
leur avais parlé. Tous les billets furent pris par mes
élèves et les dames Pio, qui en placèrent quelques-uns.
Je ne portai même pas le mouchoir à la comtesse de
Gallenberg. En une quinzaine de jours, je touchai soixante-
dix florins, le mouchoir étant de 35 florins. Cela m'aida
beaucoup, car j'étais justement fort gênée.

Que de garnitures — cols et manchettes, — en point-lace,
n'ai-je pas faites ! Le nombre des mouchoirs se monte à
quatorze ; enfin des dentelles de toute largeur, que sais-
je encore ? Je prenais du fil 200, marque Dunbar, qui
correspond au N° 300 de la marque français.

Voici la façon dont j'ai appris à faire cette dentelle :
Lorsque j'étais en pension chez Mlle Woehler, à Hanovre,
les grands jours de fête cette demoiselle donnait un
goûter à quelques-unes de ses amies ; entre autres, une
personne d'un certain âge y prenait part. Cette dame —
comme toutes, du reste — faisait des travaux à l'aiguille.
Mais celle-là travaillait à un fort joli col en dentelle. Je
m'étais assise près d'elle et de temps en temps je jetais
les yeux sur son ouvrage, qui m'intéressait beaucoup.

Un jour de sortie, j'eus l'idée d'acheter tout le nécessaire
et, dans ma petite chambre du dernier étage, dont la
fenêtre était une espèce de lucarne à coulisse sur le toit,
je m'exerçais et inventais même des points. Le premier
col et la paire de manchettes que je fis furent pour moi
le sujet d'une grande joie, et lorsque ma chère Tantchen
fêta son anniversaire, je les lui offris avec bonheur. Bien
qu'ils ne fussent pas encore parfaits, je vis que ma tante
en éprouva du plaisir. Comme j'employais du fil 200, la
dentelle était extrêmement fine.

Je n'avais jamais pensé alors qu'un jour, grâce à
quelques essais de cette nature, je serais à même de me
procurer le pain qui me manquerait quand je serais dans
la misère.

Je fis, entre autres travaux, des dessus de table à thé,

des chemins de table, d'immenses châles, des pélerines, des tapis genre Smyrne pour bureaux, des poufs, quelques sachets et un nombre incalculable de cravates au crochet etc. etc...

Il est vrai que ces différents travaux ne furent pas tous vendus ; j'en donnai quelques-uns comme cadeaux de Noël, d'abord à ma première amie, Mme S..., puis à Mme Pio, ma seconde amie. Et enfin, quand une de mes élèves se mariait, j'apportais aussi mon petit souvenir. S'il y a une élève qui n'en possède pas, c'est qu'alors j'étais en voyage lorsqu'elle se maria, ou que le temps me manqua.

Quelle est l'élève qui n'a pas appris à broder ou à faire de la dentelle avec moi, pendant ses leçons de conversation ? De la première génération je crois toutes plus ou moins furent dirigées par moi dans leurs travaux de Noël. Quant à la deuxième génération, j'étais plus âgée et les jeunes filles ne travaillaient plus pendant leurs leçons.

Cela me rappelle qu'une de mes élèves, Milly F..., avait travaillé quelques mois à une paire de pantoufles et à une calotte qu'elle voulait donner, les unes à sa mère et l'autre à son père, à l'occasion des fêtes de Noël. Elle ne savait pas broder, et c'est avec plaisir qu'elle s'y mit, profitant des moments d'absence de sa mère, afin de leur faire à tous les deux une surprise. C'était d'autant plus difficile pour cette enfant, qui n'avait que onze ans, qu'elle brodait sur du velours.

Enfin, la semaine avant Noël, elle avait tout fini, et elle prit dans sa tire-lire l'argent nécessaire pour faire monter son travail. J'allai aussitôt chez un cordonnier qui m'avait été recommandé et qui, du reste, avait dans sa vitrine des pantoufles et des calottes. La broderie de cette dernière était une guirlande couleur bois, bien nuancée ; et les pantoufles étaient plus finement faites, c'était un bouquet de bluets, feuilles et fleurs naturelles sur le dessus du pied. Le fond était en velours noir première qualité. La fillette avait fait une vraie brèche dans sa petite bourse.

Cette année-là, Noël tombait un mercredi, et par conséquent la fête avec l'arbre le mardi soir. Ma chère petite Milly avait donc fini à temps, car le lundi de la semaine précédente je les donnai à monter. On promit de me les livrer le samedi suivant. J'allai ce jour-là les chercher moi-même, pour les porter ensuite à ma petite élève, sachant que la mère serait sortie cet après-midi là. Milly pourrait cacher son précieux cadeau et le mettre sous l'arbre sans que les parents l'aient vu, pensai-je.

J'arrivai en toute hâte chez le cordonnier et je vis, à ma grande stupeur, que j'avais été mal comprise. On avait fait une paire de pantoufles avec la broderie bleue et avec celle de la calotte, que l'on avait coupée et qui formait le derrière des pantoufles. Puis, le cordonnier me remit le dessus de la calotte, me disant qu'il n'avait pas su où le placer.

Il me sembla que tout mon sang, du cœur refluait à la tête ; je dus m'asseoir, le coup avait porté et m'avait bien atteinte. Je ne pus articuler une seule parole, tant j'étais saisie. Il n'y a qu'après avoir bu un grand verre d'eau que je pus me remettre. « Comment, vous avez monté la calotte et les pantoufles ensemble, dis-je, savez-vous que c'est le travail d'une enfant de onze ans, qui, pendant des mois, a travaillé en cachette de ses parents. Que vais-je lui dire, à elle qui attend avec impatience le cadeau qu'elle doit donner à son père et à sa mère ? » — « Que faire, me répondit le cordonnier, mon ouvrier s'est trompé, je lui avais donné le morceau de velours pour qu'il en coupe les pantoufles et je voulais reprendre le reste du velours pour le porter à celui qui fait les calottes. Lorsque je me rendis auprès de lui, le mal était fait. Si je puis le réparer, veuillez me le dire. »

Pendant qu'il me parlait, j'avais réfléchi et je lui dis : « Pouvez-vous monter les pantoufles et la calotte lundi ? Je vous les apporterai le matin, et le mardi je viendrai les chercher à deux heures de l'après-midi. Quant à celles qui sont manquées, je ne vous en payerai pas la façon, car si parmi mes élèves je puis les vendre cela compensera le prix du velours et de la soie. » — « C'est entendu, me dit-il, je vous promets le tout pour mardi. »

J'arrivai chez moi exaspérée. Ma mère, alors à Vienne, me dit, en me voyant entrer : « Qu'as-tu encore, ma pauvre Louise ? » Lorsque je lui eus tout expliqué, elle ajouta: « Comment, tu veux faire cela d'ici à lundi matin ; mais tu n'y songes pas ; il y a de quoi devenir folle ! » — « Que veux-tu maman, il le faut et je le ferai. Je ne veux pas que cette enfant, qui a tant travaillé sous ma direction, ait cette déception. »

Je courus tout acheter, le velours et les soies qui me manquaient et, après avoir décalqué le dessin que j'avais, du reste, fait moi-même et qui, heureusement, était encore entre mes mains, je me mis à l'ouvrage vers six heures du soir. Je m'appliquai même à faire les imperfections que la fillette avait faites en travaillant, afin qu'elle ne s'aperçoive pas que ce n'était pas son travail qu'elle donnait à ses parents. Quelques feuilles s'étaient élargies sous son aiguille, la mienne leur donna la même ampleur, la même courbe.

Je ne me couchai pas les nuits du samedi au dimanche et du dimanche au lundi. Je passai la journée du dimanche penchée sur mon métier, à l'exception d'une heure et demie, heure à laquelle je donnai chez moi une leçon à un petit garçon. J'avais pris mes repas à la hâte et le café noir avait joué son grand rôle. Ma mère ne savait que dire : « Ma pauvre Louise, ma pauvre enfant ! » ou bien encore : « Il y a de quoi devenir folle. »

Je donnai tout à monter le lundi à huit heures du matin, et le mardi j'allai le reprendre ; enfin, je portai mon ouvrage à ma petite Milly, à qui j'avais dit que le samedi le cordonnier m'avait manqué de parole. Elle tournait, joyeuse, autour de son œuvre, et moi, bien que très fatiguée encore, j'étais heureuse d'avoir tout mené à bonne fin.

Je revins chez Mme F... le jeudi après Noël, pour donner ma leçon à Milly, et je pensais que cette dame allait me remercier d'avoir enseigné la broderie à sa fille. En entrant, je vis, à la figure de celle-ci, qu'il y avait quelque chose.

Madame F..., quitta l'appartement sans que je l'eusse vue ; alors ma petite élève me conduisit, tout en pleurant, dans la chambre de sa mère, et là je vis la cause du chagrin de l'enfant. Cette femme avait décousu la calotte et s'en était fait un dessus de corbeille à ouvrage, qu'elle avait bordé d'une dentelle d'or ; puis, elle avait dit à sa fille : « Ton père n'est pas assez vieux pour porter une calotte, tu le diras à madame Scala » — « Mais papa en porte toujours une à la maison, en hiver, » avait répondu la petite. « C'est sa calotte de voyage, ce n'est pas la même chose. Quant aux pantoufles, je les emporterai quand je ferai un voyage ; je les serre en attendant. »

Moi qui m'étais tuée à refaire tout ce travail ! Quelle

déception ! J'en fus aussi consternée que Milly, à qui je donnai un bon baiser pour la consoler. Puis je me dis que la mère aurait aussi pu serrer la calotte, en attendant que le père soit plus âgé !

CHAPITRE XXII

Marie et Mitzi

Sachant que mon frère était fort délicat de santé depuis son tirage au sort où, aux prises avec une fluxion de poitrine, il avait dû sortir tout fiévreux qu'il fût, j'avais résolu d'arranger notre intérieur en conséquence.

J'avais vu, à G..., le second été que j'y passai, une petite fille qui mendiait. Elle avait une bonne figure sympathique, des yeux qui m'avaient l'air fidèles et doux. Cette petite paraissait si malheureuse que je m'enquis de ses origines. J'appris qu'elle était orpheline et qu'on lui avait donné asile dans une auberge, en dehors du village. Mais, quel asile ! Elle couchait sur un banc, après avoir lavé toute la vaisselle, et le matin elle se levait à quatre ou cinq heures, selon la saison, pour aider l'aubergiste avant d'aller à l'école, qui se trouvait à une heure de là, si ce n'est plus.

Elle me plaisait beaucoup, cette petite fille ; elle n'avait guère que douze ans. Je me rendis à cette auberge, où j'appris que son père avait été un alcoolique et que sa mère était morte à la peine ; les personnes qui avaient recueilli cette enfant étaient disposées à « s'en débarrasser » — expression qu'elles employèrent. La petite Marie, tel était son nom, avait les yeux si brillants de joie lorsque je lui demandai si elle voulait venir avec moi à Vienne, que je n'hésitai pas, vu sa réponse affirmative, à faire toutes les démarches nécessaires dans cette occurrence.

Enfin, après avoir obtenu l'assentiment du maire, du maître d'école et du curé du village, j'emmenai Marie, munie de ses certificats, et je signai l'engagement de l'élever comme si elle était ma fille, bien que je n'eusse pas le droit de l'adopter, aussi longtemps que M. Scala vivrait.

Je commençai par lui faire prendre un bain, car on ne connaissait guère la couleur de sa peau ; puis, je peignai et lavai ses pauvres cheveux, où grouillait la vermine.

J'étais contente d'avoir pris chez moi cette enfant, et cela aurait pu aller selon mes désirs et comme je me l'étais figuré, sans certains défauts que Marie devait avoir hérités de ses parents.

Je lui donnais une leçon de français tous les deux jours. Ma mère étant arrivée de Paris, j'avais obtenu la permission de ne l'envoyer qu'à l'école du jeudi, et, ainsi, elle était une petite société pour ma mère avec qui elle apprenait à parler français. Elles allaient se promener ensemble, faisaient les différents achats chez les fournisseurs ; puis, le soir venu, elles jouaient aux dominos ou à d'autres jeux. Quant à moi, je veillais à ce que Marie fasse des devoirs pour l'école dans laquelle elle devait entrer prochainement, et ceux que je lui donnais ; enfin, qu'elle apprenne à coudre avec ma mère.

Malheureusement, ma mère tomba malade et Marie ne resta plus aussi soumise, elle était fatiguée de l'avoir été jusque-là ; car, un soir, ma mère me dit : « Louise, je suis incapable de te rendre des comptes ; il me manque toujours de l'argent ; j'ai beau chercher, je ne trouve pas. »

Un jour, ma mère avait envoyé Marie à la pharmacie. La petite prétendit qu'on ne lui avait pas rendu son compte. Une autre fois, elle dit avoir perdu de l'argent. Cela se répéta trop souvent pour que nos soupçons ne fussent pas mis en éveil. Enfin, plusieurs objets disparurent de la maison : canifs, fourchettes, cuillers, etc... Je résolus de m'informer coûte que coûte.

Je dis donc un matin à ma mère : « Envoie Marie chez le pharmacien », et je partis comme d'habitude. Je me cachai derrière une porte, d'où je la vis entrer à la pharmacie et en sortir. De là, elle se dirigea vers un pâtissier ; je m'y rendis et je la surpris attablée devant une assiette remplie de gâteaux qu'elle avait déjà choisis et commençait à manger gloutonnement. Je payai ce qu'elle avait mangé et je lui demandai l'argent que le pharmacien lui avait remis. Elle avait son compte ; c'est ainsi que je pus lui prouver que ce n'était qu'en gâteaux que passaient toutes les sommes qui lui manquaient.

Je la reconduisis auprès de ma mère et elle n'eut plus d'argent entre les mains ; mais dès lors il fallut tout cacher. Elle était voleuse, gourmande et menteuse ! Que

Scala

faire ? Ma mère malade, mon frère, allant un peu mieux, s'était mis à donner quelques leçons et n'était pas toujours à la maison ; quant à moi, vu toutes mes occupations, j'y étais moins que jamais.

Un soir où je rentrai vers neuf heures, je trouvai ma mère pleurant à chaudes larmes ! « Qu'y a-t-il encore ? » lui dis-je, appréhendant de l'apprendre ; mais ma mère me raconta aussitôt que Marie avait quitté la maison après le goûter, et qu'elle n'était pas rentrée. Mon frère était allé la chercher ; je me mis à mon tour à la recherche de cette enfant, parcourant tout l'arrondissement de Waehring, où nous demeurions alors, et ses alentours jusqu'à la maison de retraite (Versorgungshaus), où elle descendait quand elle allait chez le pharmacien ; mais je ne la trouvai nulle part. Je rentrai à une heure du matin, exténuée, n'ayant pas soupé, et mon frère arriva une demi-heure après, dans le même état d'épuisement.

Je venais de me coucher et Alphonse cherchait à me remonter le moral, tout en prenant son repas, lorsqu'on sonna à la porte ;nous entendîmes des voix, comme si une émeute éclatait dans notre maison. Quel fut notre effroi, lorsque nous vîmes entrer un sergent de ville tenant Marie par la main. Alphonse le conduisit à mon lit et j'expliquai à l'agent que, mon frère et moi, nous venions de rentrer après avoir cherché en vain cette petite. Le sergent de ville me dit qu'on l'avait trouvée avec des garçons, jouant, malgré la nuit, dans les champs, hors de la ville et que je ferais bien de la rendre à la mairie. « Il vaut mieux la remettre entre les mains des personnes qui redressent ces enfants-là », ajouta-t-il. Puis, avant de partir, il dit à Marie : « Baise la main de madame et demande-lui pardon. » Il lui présenta ma main ; mais Marie y mordit à pleines dents ! « Il n'y a rien à faire de cette petite fille, » me dit-il en partant.

Je me vis donc forcée, dès le lendemain, de la conduire à la mairie avec son paquet, qui avait pris une belle extension pendant ces quatre mois qu'elle passa chez nous. Que d'émotions n'eus-je pas durant ce laps de temps ? J'appris plus tard qu'il y avait eu un second sergent de ville dans l'escalier pour empêcher la foule de rentrer chez moi.

A partir de ce jour, je sentais qu'on me regardait dans le voisinage et que les commères chuchotaient sur mon passage. Je quittai donc le quartier, ne pouvant supporter d'être le point de mire de mes voisines. J'en profitai, du reste, pour aller dans un faubourg plus rapproché du centre.

Quelques années après, j'appris par la concierge de la maison de Waehring que Marie était revenue et qu'elle avait eu l'intention de me prier de la reprendre à mon service. Heureusement que la concierge eut la bonne idée de lui dire qu'elle croyait que j'avais quitté Vienne, de sorte que je ne la revis jamais.

Cet essai ne m'avait pas suffi ; je laisse à en juger par ce qui suit : Ma mère était toujours seule, bien que j'eusse pris une femme de ménage, qui, du reste, ne passait que deux heures chaque jour à notre service. Cette femme était très pauvre ; son mari, toujours malade, ne pouvait travailler, et elle avait plusieurs enfants en bas âge, entre autres une gentille petite fille de treize ans n'allant plus à l'école. Elle cherchait à la placer, même au pair. Je cédai à ses prières et à celles de ma mère et je pris la petite Mitzi auprès de nous, tout en gardant la mère pour le gros ouvrage.

Comme Marie, elle devait apprendre le français. C'était une des conditions. Il était convenu que, la première année, je ne lui donnerais pas d'argent ; mais que je lui achèterais tout ce dont elle pourrait avoir besoin. Elle n'avait absolument rien, comme robes, linge, etc..., elle m'arriva ayant sur le dos une robe toute rapiécée, déchirée même. Je lui fis, avec l'aide de ma mère, un gentil petit trousseau. A Noël, nous lui donnâmes une jolie robe, faite par une couturière ; nous lui en avions déjà confectionnée une pour tous les jours.

Elle avait reçu, en outre, d'excellentes bottines, elle en trouva une seconde paire pour les dimanches parmi ses cadeaux de Noël. Mitzi eut encore trois chemises pour compléter la demi-douzaine, enfin trois pantalons et un bon jupon bien chaud. J'avais passé mes nuits à lui faire une capeline au crochet et, tous les dimanches, elle recevait dix kreuzers. Les jours de fête, et Dieu sait s'ils sont nombreux à Vienne, je lui donnais un florin et je l'envoyais chez sa mère — le père était alors décédé. A Noël, elle y alla ainsi que le jour de l'an, ce qui faisait deux florins en huit jours. Elle coucha même chez elle le premier de l'an, je le lui avais permis.

Le 2 janvier, sa mère la ramena et m'annonça que, si je voulais garder sa fille, il fallait que je lui donne trois florins par mois. Il n'y avait pas trois mois qu'elle était à mon service et j'avais promis de lui donner cette somme au bout d'un an, puis d'augmenter, chaque année, d'un florin par mois, jusqu'à une certaine somme, — je crois me rappeler dix florins — ce que l'on donnait, du reste, autrefois, à ces petites bonnes à tout faire.

J'avais déjà dépensé pour elle cinquante florins, sans compter sa nourriture. Je fus positivement outrée de la conduite de cette femme. Ma mère nous regardait et ne comprenait pas ce dont il s'agissait ; je le lui expliquai et je vis combien elle était étonnée des conditions qui m'étaient faites. Elle n'était pas d'avis de céder, et moi bien moins encore. Aussi, j'ouvris le tiroir et l'armoire de Mitzi, en sortis tout ce qu'elle possédait et je mis tout cela dans les tabliers de la mère et de la fille ; puis, je les priai de sortir aussitôt. Décidément, j'en avais par-dessus la tête de ces enfants. N'avais-je pas assez de charges comme cela, sans m'en créer encore d'autres ?

C'est alors que notre chère et bonne propriétaire, Mme Schneckenburger, s'occupa si aimablement de ma mère, et que je pus vaquer, l'esprit tranquille, à mes affaires. Si ma mère causait un peu avec sa fille aînée, elle l'en rétribuait, je l'ai déjà mentionné. Quant à moi, j'eus comme élèves ses deux plus jeunes enfants et encore un de ses grands fils.

CHAPITRE XXIII

Premier voyage à Paris

J'avais promis à ma mère, qui était à Paris depuis le mois de juin 1888, d'aller la voir et de lui chercher une pension. Justement, en 1889, il y eut une Exposition Universelle et je profitai d'un train de plaisir, ce qui me revint meilleur marché. C'était mon premier voyage dans ma ville natale depuis mon séjour à Vienne. Aussi, quelle joie pour moi ! Aller et retour : quarante-cinq florins, c'était peu et, pourtant, pour ma bourse, c'était beaucoup, commençant seulement à me trouver à jour, à peine arrivée à l'époque où ce que je gagnais était bien à moi. Plus de dettes ! C'est la raison pour laquelle je me permis pour mon plaisir cette dépense folle. D'ailleurs, il le fallait, car ma mère était très malheureuse chez la sœur de mon mari.

M. et Mme Minard avaient voulu m'accompagner à la gare et, les ayant attendus, j'arrivai un peu tard. Le conducteur me conduisit à un wagon où se trouvait encore une place libre ; je m'y installai ; mais, lorsque le premier coup de cloche eut sonné, je vis que des messieurs montaient l'un après l'autre et remplissaient les deux compartiments qui se commandaient et dont une demi-cloison nous séparait. Je dis à Mme Minard : « Il n'y a que des messieurs avec moi. » — donc quinze sur seize — « C'est, ma foi, vrai, » dit-elle. M. Minard ajouta : « Eh bien ! vous n'en serez que mieux. » Puis, le train partit.

En effet, je n'eus pas à me plaindre de mes voisins ; car les uns se serrèrent et les autres se couchèrent par terre pour que je puisse dormir plus à mon aise. Le lendemain, je me vis forcée d'accepter ce qu'ils avaient de meilleur dans leurs provisions. Que de gâteaux, que de petits verres ne m'offrirent-ils pas, et auxquels je goûtai pour ne pas les froisser. J'étais dorlotée et choyée par tous ces jeunes gens. Il y avait parmi eux des avocats, un médecin, un négociant en vins, dont je me souviens parce que, s'étant permis quelques plaisanteries déplacées, ces messieurs le rappelèrent à l'ordre et le firent asseoir dans l'autre compartiment. Il y avait aussi un employé de la poste et un de la caisse d'épargne. Tous se présentèrent et furent tout ce qu'il y a de plus corrects avec moi. Ils m'avaient surnommée : « Notre petite Reine. » Monsieur Minard ne s'était donc pas trompé.

J'étais allongée sur la banquette et je sommeillais un peu, pendant que mes compagnons de voyage étaient allés au buffet, durant un arrêt prolongé. Tout à coup, je fus réveillée par quelque chose de fort drôle : on battait le rappel sur les semelles de mes bottines. J'entr'ouvris un œil, pour voir qui se permettait une telle familiarité, et je vis un troupier qui venait de monter dans le compartiment, deux voyageurs étaient descendus en route. C'était la frontière, donc la France ! J'étais si heureuse d'entendre parler ma langue, d'être dans mon pays, que je me levai et ne fis aucun reproche à ce brave pioupiou.

En arrivant à Paris, je descendis chez Renée, la sœur de mon mari, qui, elle, ainsi que sa mère, m'avaient toujours témoigné beaucoup d'affection. Ma belle-sœur, ayant appartenu au théâtre, menait la vie large et ne comptait pas ses dépenses, ce qui arrive quand on gagne l'argent si facilement.

Je m'occupai d'abord de chercher une pension pour ma mère qui ne voulait, à aucun prix, retourner dans celle où elle avait été avant d'aller à Vienne, et ne pouvait rester chez ma belle-sœur, qui la traitait à la légère et même la tarabustait. Puis, ces démarches finies, l'esprit tranquille, j'allai voir l'Exposition. Je ne pouvais rester longtemps à Paris, ayant un engagement pour la Galicie.

Ma belle-sœur me dit, un matin où je devais aller voir ma mère et mon frère : « Nous irons ce soir dîner avec M. M... et un de ses amis, tâche d'être gaie. » Elle m'appela ensuite dans son cabinet de toilette : « Tiens, dit-elle, je t'ai fait préparer un bain, prends-le. Comme le pédicure vient pour moi, tu en profiteras. » Je refusai de me soumettre à cette dernière fantaisie ; mais elle y tenait et je finis par céder.

Je rentrai assez tôt, car il fallait encore faire toilette pour le soir. Renée m'attendait et entreprit de m'aider à m'habiller. Elle me mit du blanc à la figure, du noir aux sourcils et du rouge aux lèvres. Je lui dis : « Qu'ai-je besoin d'être barbouillée de la sorte ? » — « Le soir, à la lumière, cela vaut mieux, » répliqua-t-elle. Elle voulut que je mette une de ses robes — nous étions à peu près de la même taille — et du linge à elle, le mien étant trop simple, disait-elle.

Nous allâmes faire un tour en voiture et nous rencontrâmes ces messieurs. Ils nous conduisirent au théâtre, ensuite dans un grand restaurant dont je ne me rappelle pas le nom. Nous voilà donc tous les quatre dans un cabinet particulier. Ma belle-sœur faisait les frais de la conversation, car, ne connaissant guère que M. M..., et encore fort peu, puis les propos ne me plaisant pas, je ne fus pas aussi gaie qu'elle l'aurait voulu.

Il faisait très chaud dans cette pièce — c'était au mois de juin. De plus, j'étais fort gênée par ce blanc que Renée m'avait mis sur la figure. C'était un corps gras, qui avait formé croûte avec la poudre de riz qu'elle y avait ajoutée.

Enfin, ma belle-sœur s'aperçut de quelque chose d'anormal, m'emmena à la toilette. Lorsque je me regardai dans la glace, je vis que j'avais, le long des joues, de vraies rigoles, par où la sueur coulait. Il fallut me nettoyer la figure à l'eau chaude et, alors, je devins cramoisie. Mon martyre avait pris fin ! Nous rentrâmes chez nous, chacune dans notre chambre.

Mais, le lendemain matin, Renée m'agonit de sottises. Je n'avais pas été gaie, j'avais perdu la seule occasion qui se présentait de devenir riche ! Un banquier ! « Mais comment, lui dis-je, je ne suis pas veuve ! » Elle éclata de rire et me cria à la figure que j'étais sotte. « Oui, une sotte, une gnole, » ajouta-t-elle. J'en étais abasourdie et me retirai dans ma chambre, me promettant bien de ne plus descendre chez elle une autre fois.

Du reste, je partis bientôt, mon engagement étant du 1er juillet au 30 septembre et nous étions aux derniers jours de juin.

Je pris un train quelconque pour retourner à Vienne ; le principal était que ce fût un train contenant des troisièmes. Les compartiments étaient séparés par une petite cloison, pas plus haute que le dossier d'une chaise, avec un passage dans le milieu. Il y avait aux mêmes places que la mienne, de l'autre côté de la cloison, une dame d'un certain âge, et, en face d'elle ,son fils, jeune homme de 22 ans tout au plus.

J'entendis le fils dire à sa mère : « Je vais chercher de l'eau. » — « Non, répondit celle-ci, le train ne s'arrête pas assez longtemps ici. » Il voulut y aller quand même. La mère le retint, et lui, furieux, voyant le train se remettre en branle, lança par la portière la bouteille qui rebondit sur la tringle de fer et vint s'abattre, toute cassée, sur le front de la pauvre mère. Celle-ci s'évanouit. Je me précipitai vers elle. Tout à coup, nous nous trouvâmes dans l'obscurité la plus complète, un tunnel, et pas de lumière ! Je la soutenais ; mais je me demandais si je n'avais pas dans mes bras un cadavre, ayant encore eu le temps de voir la plaie qu'elle avait au front ! Je dégrafai son corsage et lui réchauffai, de mon haleine, l'endroit du cœur. Enfin, la clarté pénétra de nouveau et la pauvre femme commença à reprendre ses sens. Sa blessure était près de la tempe ; son fils aurait pu la tuer ! Il était là, blême, accablé de remords devant elle.

En la voyant se remettre, tout le monde s'était éloigné, et, comme j'avais une petite pharmacie dans mon sac et de l'eau, je pansai sa plaie aussi bien que possible. J'avais aussi de l'eau de Cologne, de la teinture d'arnica et quelques mouchoirs. Le jeune homme était incapable de chercher dans mon sac ce qu'il me fallait, tant il était déprimé par le chagrin. Toutes mes affaires étaient à la merci des quelques voyageurs qui voulaient bien se rendre utiles.

Arrivés à un arrêt plus long, — il faut croire que l'incident avait dû s'ébruiter, — le chef de gare vint demander si l'on désirait un médecin ? La dame, se sentant mieux, dit qu'elle s'arrêterait à Vienne, mais que, vu les soins que je lui avais donnés, elle n'avait pas besoin de ses services.

Son fils s'absenta un moment ; elle en profita pour me dire qu'il était très violent et qu'il la ferait mourir de chagrin ! Je la consolai autant que je le pus, et, le fils revenu, je retournai à ma place.

Cette dame s'étant un peu assoupie, il vint me trouver et me dit qu'il avait bien des torts envers sa mère, mais que cela lui servirait de leçon, qu'il allait se ranger. « Dieu le veuille ! » répliquai-je. Puis, il me demanda la permission de garder un de mes mouchoirs, pour qu'il lui rappelle, toute sa vie, ce moment d'angoisse et les soins que j'avais prodigués à sa mère — il avait dû me voir courbée sur elle, un monsieur ayant allumé une ou deux allumettes. « Si cela peut vous aider à devenir bon fils, répliquai-je, vous pouvez le garder. » Il me baisa la main, comme il est d'usage là-bas, et retourna auprès de sa mère.

Enfin, nous arrivâmes à Vienne ; cette dame me remercia chaleureusement, en me disant adieu. Ils allèrent passer deux ou trois jours dans un hôtel près de la gare.

Le surlendemain, j'aperçus le jeune homme, j'étais en tramway et lui sur le trottoir ; il marchait la tête baissée, en proie à une grande tristesse.

A Paris, j'avais revu mon frère qui était revenu d'Italie mieux portant, mais non guéri. Le pauvre Alphonse formait encore des projets d'avenir et faisait des études pour passer des examens, qui lui permettraient d'être ensuite affecté, comme électricien, au service de l'Etat.

CHAPITRE XXIV

Libre !

Vers la fin du printemps de l'année 1890, je reçus une lettre de ma belle-mère ; elle me suppliait d'avoir pitié de son fils. Il était à Bordeaux, accusé pour un méfait que j'ai toujours ignoré ; mais il lui fallait deux cents francs pour l'avocat qui devait défendre sa cause.

Une autre lettre m'apprenait qu'après deux mois d'incarcération préventive, il avait été condamné à quatre mois de détention. Elle ajoutait qu'elle pensait que Jacques était accusé de mauvaise gestion ; mais elle n'en était pas sûre. Bref, je répondis à ma belle-mère qu'il ne fallait pas qu'elle compte sur moi et que, sachant maintenant où était son fils, j'allais agir en conséquence.

De crainte qu'il ne disparût encore et, ne voulant pas aller à l'ambassade, j'écrivis une lettre à M. Carnot, alors Président de la République. Je lui exposai mon cas, voulant me séparer de mon mari et n'ayant pas obtenu, une fois déjà, que l'on m'indiquât la marche à suivre. Je reçus, quelques jours après, un petit livre imprimé me donnant tous les renseignements que je demandais.

J'envoyai donc au Procureur de la République une lettre, dans laquelle j'énumérais les griefs les plus sérieux que j'avais contre mon mari et qui pouvaient plaider ma cause; puis, je joignis à cette missive les certificats demandés dans le petit imprimé. Bientôt après, je reçus une lettre m'annonçant que j'avais à me rendre à Bordeaux, qu'on m'y avait nommé un avoué.

Mais comment aller à Bordeaux? Je n'en avais pas les moyens, et encore moins ceux d'y faire un long séjour. Je me rendis donc à l'ambassade, qui m'adressa au Président de l'Assistance aux Français à Vienne, et, par son entremise, on me procura une lettre qui devait me servir de billet. Je partis aussitôt ; mais dans quel état de surexcitation me trouvai-je ! J'avais du courage ; pourtant, je ne pouvais surmonter un sentiment indescriptible à l'idée de revoir M. Scala.

En arrivant à Bordeaux, j'allai chez mon avoué ; il n'était pas chez lui et l'on m'indiqua l'heure à laquelle je pourrais le voir. En attendant cette entrevue, je me promenai un peu dans la ville. Sans le savoir, je me trouvai devant la prison et je vis, à un soupirail, des mains qui se cramponnaient aux barreaux de fer et une tête qui me parut être celle de M. Scala. J'eus un sentiment d'effroi, en croyant le reconnaître et je me retirai, à la hâte, le cœur palpitant !

L'avoué, qui avait déjà examiné le dossier de l'affaire, me posa quelques questions et me dit qu'il y avait erreur ; qu'on avait mis sur un des certificats que mon mari était domicilié à Bordeaux ; mais que ce n'est pas une raison parce qu'il y est en prison pour qu'il y soit domicilié. « Votre domicile légal, dit-il, est Paris et le procès de divorce doit se juger à Paris. » Et moi, qui avais un engagement en Autriche, pour l'été, chez la comtesse Kinsky ! Tout allait recommencer ! Combien de temps, alors, cela allait-il durer ? Quel tourment, mon Dieu !

Enfin, après avoir passé quinze jours à Bordeaux, je me rendis à Paris, lorsque je fus invitée à me présenter au Palais de Justice. Tous les documents y étaient déjà et l'on m'avait nommé un avoué. Je fus donc obligée de renoncer à mon engagement et de rester à Paris.

Mon frère m'avait donné sa chambre ; quant à lui, il était allé dans une misérable petite chambre d'hôtel, où la porte ouverte touchait le lit et dans laquelle il n'y avait qu'une chaise, la place manquant pour une seconde. Quand on était deux, il fallait que l'un ou l'autre fût assis sur le lit. A cette époque de l'année, mon frère, jouissant d'une meilleure santé, ne se préoccupa pas de l'exiguité du local. Quant à moi, je m'enfermais, pour ainsi dire, chez mon frère, n'osant sortir seule, de crainte de rencontrer mon mari. Je le savais capable de tout. A l'heure des repas, mon frère venait me chercher et nous allions ensemble au restaurant.

Enfin, le moment des comparutions approchait. Les griefs que j'avais énoncés dans ma lettre, étaient plus que suffisants ; mais il fallait, au moins une fois, que je me trouve avec M. Scala en présence du Procureur de la République. La haine que j'avais contre cet homme me donnait du courage et de l'énergie. Pourtant, cela me fit plaisir lorsque mon frère me dit qu'il allait m'accompagner, ce dont je lui fus reconnaissante. Le pauvre garçon avait tant souffert, du fait de mon mariage avec M. Scala, que ce fut pour lui la revanche la plus éclatante, d'être mon soutien au Palais de Justice le jour de la comparution !

Je me promenais au bras de mon frère, dans la salle où d'autres personnes, comme moi en instance de divorce, se rassemblaient, lorsque, tout à coup, j'aperçus mon mari. Il me fit son sourire gracieux. Je ne sourcillai pas et ne le fis même pas remarquer à Alphonse, qui, du reste, devait l'avoir vu. M. Scala se tint non loin de moi ; mais nous avions l'air de ne pas nous apercevoir de sa présence. Alors, furieux, il disparut et revint accompagné d'un monsieur d'un certain âge. Mon mari s'était muni d'un vrai gourdin, rempli de nœuds. Dans quel dessein s'était-il procuré cette arme ? Il avait probablement ses raisons.

Nous allâmes, mon frère et moi, dans une pièce où il était permis de pénétrer et dans laquelle se trouvaient quelques bancs. Je m'assis un instant et mon frère prit place à ma gauche. M. Scala y vint bientôt, s'assit à ma droite, mais le monsieur qui l'accompagnait se mit entre nous. Je leur tournais le dos ; pourtant, j'entendis ce que mon mari disait. Il parla anglais à ce monsieur, sachant que je comprenais cette langue mais qu'Alphonse n'en savait pas un mot. Alors, il se mit à chanter mes louanges, dit que j'étais travailleuse ; puis parla de mon grand-père Ruhmkorff pour attirer mon attention. Il avait conscience qu'il touchait à la corde sensible ; mais je compris son intention ; il voulait m'amadouer, espérant me ramener à lui.

Je me levai, j'en avais assez entendu, et je repris au bras de mon frère la promenade de long en large dans la grande salle, où il nous suivit.

L'huissier appela bientôt notre nom et nous dûmes, mon mari et moi, nous ranger face à face dans un petit couloir, derrière la porte qui donnait accès dans le cabinet du Procureur de la République. Il ne fut pas permis à mon frère de m'accompagner ; mais je savais qu'il devait être près de la porte de cette petite entrée, qui restait ouverte et où se tenait l'huissier.

Je sentais que mon mari me fixait ; puis voyant que je feignais de l'ignorer complètement, comme s'il ne se fût pas trouvé là, devant moi, à un mètre et demi tout au plus, il se mit à viser la cloison derrière moi et à y donner de grands coups avec son gourdin. Il visait à la hauteur de mon œil gauche et, s'il avait manqué son coup ou que son bras eût dévié de quelques centimètres, il me crevait l'œil. Cela devait être son calcul ; aussi, sans en avoir l'air, je me tenais sur mes gardes. Enfin, l'huissier comprit que je courais un danger et enjoignit à M. Scala de cesser ce jeu. Son gourdin avait souvent passé à deux centimètres de ma tête !

La porte s'ouvrit enfin ; un monsieur et une dame sortirent du cabinet du Procureur de la République. C'était à notre tour d'y entrer. Mon mari n'avait plus son gourdin à la main ; l'avait-il déposé à la porte ou bien l'huissier le lui avait-il pris ?

Les formalités usuelles remplies, le Procureur nous posa des questions. A l'une d'elles, je répondis qu'il m'était impossible de vivre avec mon mari, après ce qu'il m'avait fait. Lui, ne sachant que dire, m'accusa d'avoir tué mes enfants ! Je haussai les épaules et, comme il voulut me le prouver par des arguments, il me toucha la main de la sienne. Ce fut, pour moi, comme si une bête venimeuse m'eût mordue ! Je fis un tel saut en arrière que j'en renversai un fauteuil qui était derrière moi ; puis, je dis : « Monsieur le Procureur doit bien voir que je ne suis pas femme à tuer mes enfants ! » Le Procureur répondit qu'il ne le croyait pas non plus.

Le Procureur de la République me demanda alors si j'avais les moyens de rester à Paris. Je lui parlai de mon engagement manqué et de mon peu de ressources ; j'ajoutai que les leçons recommençaient à Vienne au milieu de septembre, que, si je restais à Paris, je perdrais une année et, qu'en outre, je n'aurais rien pour y vivre.

Là-dessus, mon mari se récria. Il avait le droit, disait-il, d'exiger ma présence à Paris, pendant tout le temps que durerait le procès. Le Procureur lui demanda s'il pouvait me donner les moyens d'existence pendant mon séjour. M. Scala répondit qu'il avait tout juste pour lui. Le Procureur se tournant alors vers moi, me dit : « Vous pouvez retourner à Vienne dès ce soir, si vous le voulez, Madame, je vous en donne l'autorisation. Vous n'aurez qu'à répondre aux lettres que votre avoué vous enverra. » Je le remerciai, et il me donna une poignée de main.

Je sortis heureuse de la tournure qu'avait prise notre

entrevue. Tout était à mon avantage. Je repris le bras de mon frère et M. Scala s'était de nouveau armé de son gourdin. Aussi, nous le laissâmes passer devant nous. Il était toujours accompagné de ce monsieur et je me demande si ce n'était pas un gardien de la prison, car il ne le quittait pas. Alphonse, il me semble, partageait mes pensées à ce sujet.

Je n'avais pas un sou pour retourner à Vienne. Mon voyage de Bordeaux, les quinze jours que je vécus dans cette ville et les trois mois que je passai à Paris, avaient épuisé mes économies et celles de mon frère. Heureusement que ce dernier avait un ami qui nous vint en aide, de sorte que je pus partir, me promettant de renvoyer la somme due aussitôt que cela me serait possible.

Arrivée à Vienne, j'allai de suite déverser le trop-plein de mon cœur dans ceux de mes bonnes amies, Mme Pio et sa bru. Qu'il est donc bon, dans des moments pareils, de pouvoir parler à cœur ouvert! On sort de ces entretiens ragaillardie, prête de nouveau à la lutte.

Combien je plains la femme malheureuse qui n'a pas d'amie ; mais non de celles qui vous montent la tête ; ces amies-là mettent de l'huile sur le feu. Je parle de celles qui consolent et pansent vos plaies, qui partagent vos peines et qui, d'une main secourable, vous tirent d'embarras, quand cela est nécessaire. Du reste, je n'en abusai pas et, lorsque je m'étais vue forcée d'avoir recours à la bourse de mes amies, je n'avais de cesse que je n'eusse rendu ce que l'on m'avait prêté.

C'est lors de ce voyage à Paris que j'eus le chagrin de perdre ma première amie, Mme S.... J'étais allée lui faire mes adieux avant mon départ, et je profitai de ma visite pour lui remettre les derniers dix florins que je lui devais encore. Elle me fit donner le reçu par sa femme de chambre et voulut que j'accepte un superbe jersey qu'elle s'était acheté avant de s'aliter. La pauvre amie, elle pensait, bien qu'en froid avec moi, que cela pourrait m'être utile. Combien de fois, n'avait-elle pas remonté ma garde-robe dans les années de misère ? Nous étions à peu près de même taille. Mme Pio me vint aussi en aide, à une époque où il m'était impossible de m'acheter les choses les plus indispensables.

Quand je quittai Mme S..., j'avais le cœur serré, car je voyais bien qu'elle n'en avait pas pour longtemps. Cela m'avait fait beaucoup de peine de ne pouvoir remettre mon voyage ; mais j'étais convoquée, c'était donc impossible.

Les premières nuits que je passai à Paris, j'eus deux rêves qui, étant superstitieuse, me firent supposer que Mme S... était morte. Quelque temps après, en effet, je reçus une lettre de faire-part, m'annonçant le décès de Kajio, le jeune frère d'une de mes élèves, Isa Wodzicka. Enfin, la même semaine, j'eus la douloureuse certitude que ma pauvre et chère amie, Mme S..., avait cessé de vivre ou plutôt que Dieu avait mis un terme à ses souffrances ! Aussi, la première chose que je fis, lorsque je retournai à Vienne, fut d'aller prier sur sa tombe et d'y déposer une couronne. En passant, je portai mes consolations à son mari et à ses enfants, qui m'accompagnèrent au cimetière.

Avant de quitter Paris, j'eus encore la visite de ma belle-mère. Je lui avais pourtant écrit que, dorénavant, je lui retirais toute mon affection, puisqu'elle avait repris son fils chez elle, malgré qu'elle m'eût assuré que, vu la conduite indigne qu'il avait eue envers moi, elle ne le reverrait jamais.

Je ne fis qu'entr'ouvrir la porte ; mais, lorsque je vis que ma belle-mère était seule, je la laissai entrer. Elle me dit qu'il avait été de son devoir de recevoir son fils. « Et moi, lui répliquai-je, il est du mien de ne plus vous fréquenter, vous et sa sœur. » Puis, elle ajouta : « Jacques m'a dit que vous étiez en deuil. Si ce n'est de votre mère, cela ne peut être que de votre tante de Hanovre et, comme le procès en divorce n'est que commencé, il a encore des droits si vous avez hérité. » — « Je n'ai hérité de personne, lui répondis-je ; si je porte du noir, c'est parce que, dans ma position, cette couleur est préférable. » Puis je me levai et la conduisis jusqu'à la porte, que je refermai sur elle en poussant un soupir de satisfaction, heureuse de me voir délivrée de la présence de cette femme que je méprisais.

Ainsi, on avait encore voulu savoir si j'avais hérité. Oh ! les vilaines gens ! Le seul de la famille qui méritât que je le revoie, c'était le frère de mon mari. Le pauvre garçon, avait-il assez souffert avec un tel frère, hautain, autoritaire et jaloux ! Mais je ne le revis que plus tard, quand les circonstances me le permirent.

Arrivée à Vienne, et après avoir revu mes amies, je fis vite toutes mes visites et je commençai à donner mes leçons avec plus d'ardeur que jamais, car j'avais contracté de nouvelles dettes, autant à Paris qu'à Vienne. Les anciennes étaient déjà payées, à l'exception d'un restaurateur, qui ne voulut jamais entendre parler de paiement et qui me dit, lorsque je le rencontrai et le priai de patienter encore : « Votre présence dans ma maison a été un bonheur pour moi, Madame, et je n'ai aucun compte à votre nom. » Ce jour-là, j'avais été bien inspirée en passant par la Kaernthnerstrasse, car, justement, j'avais pensé à lui le matin en me disant : je voudrais bien voir M. Schmeikal, mais ne pas aller chez lui. Si je pouvais le rencontrer une fois, je lui parlerais de notre dette. Aussitôt dit, aussitôt fait, deux heures après je le rencontrais.

Au commencement d'avril 1891, j'avais donné une leçon assez tard et, ayant pris mon souper dans la famille pour faire plaisir à mon élève, j'attendis encore qu'elle fût couchée pour m'en aller. Je lui souhaitai alors le bonsoir et je partis. Il n'était pas loin de dix heures. C'était dans un palais (hôtel) de la Salmgasse, chez la comtesse Wodzicka.

En descendant le bel escalier de pierre, je vis une énorme araignée, toute noire, qui montait à ma rencontre : « Araignée du soir, espoir, » me dis-je, et je pensai : la seule chose heureuse qui puisse m'arriver, serait la mort de mon mari ; car, les divorcées sont des femmes qui reprennent leur nom de jeune fille et qui, par conséquent, pour la société, sont au rang de celles qui, non mariées, ont eu des enfants. Si c'était possible qu'il fût mort ! Et, avec cette pensée, j'eus l'idée de revenir sur mes pas pour raconter la chose à la gouvernante de mon élève ; mais j'eus peur de paraître ridicule et je n'en fis rien.

Je demeurais encore dans un cabinet meublé. En entrant chez moi je vis, à la lueur de la lune, une enveloppe oblongue au milieu de la table. Ayant pensé, pendant tout le trajet, à la possibilité de la mort de mon mari, vu la mauvaise mine qu'il avait quelques mois auparavant, je me dis : « Il est mort ! » Je décachetai la lettre dans l'obscurité et, à l'aide d'une allumette, je lus à la hâte les premières lignes que ma belle-mère m'écrivait. Elle m'annonçait la mort de son fils. C'est avec un soupir de soulagement que j'allumai, toute tremblante, ma lampe qui allait me permettre d'en lire davantage.

Ainsi, Dieu nous séparait ! Dieu permettait que mon martyre cessât ! Il y mettait fin et avait exaucé mes prières ! Aussi, avec quelle ferveur le remerciai-je ! Je me couchai, mais je ne pus dormir tant j'étais émotionnée. J'aurais voulu annoncer ce dénouement subit à mes propriétaires ; mais ils étaient âgés et je dus respecter leur sommeil.

Le lendemain matin, il me semblait que la lumière du jour éclairait autrement que d'habitude. Je courus chez mes amies, leur faire part de la nouvelle. Ne m'avaient-elles pas toujours réconfortée, quand je leur arrivais dans ces crises de découragement, auxquelles je me laissais souvent aller, lorsque la lutte était trop forte !

J'en fis part aussi aux nombreuses familles de mes élèves et, pour elles, pour elles seules et par convenance, je portai le deuil pendant un an.

CHAPITRE XXV

Je perds mon frère et ma mère

Je commençais à bien équilibrer ma situation pécuniaire, toutes mes dettes anciennes et nouvelles étaient payées et j'avais beaucoup de leçons. De plus, je passais tous les étés à la campagne dans des châteaux. Je donnais des leçons dans l'aristocratie et dans la bonne bourgeoisie, et j'allais enfin pouvoir penser à mettre un peu d'argent de côté. De 1880, date de mon arrivée à Vienne, à 1893, je n'avais guère pu y songer.

Depuis le départ de Vienne de ma mère, ma grand' tante ne m'envoyait plus, pour elle, que trois cents francs au lieu de quatre cents par an. Je pensais qu'elle en donnait à mon frère, toujours souffrant, de sorte que, la somme que j'avais à ajouter pour la pension se montait à trois cents francs, plus les faux frais, médecin, pharmacien, entretien, etc..., ce qui faisait, en moyenne, cinq cents francs. J'ajoutais même un petit supplément quand il y avait une fête pour que ma mère se donne une petite gâterie. N'était-ce pas mon devoir, du reste ? Elle était alors dans une pension à Neuilly, je pouvais donc être bien tranquille maintenant. Mon frère ayant passé ses examens avait un emploi qui le forçait à vivre dans le Midi, ce qui était préférable pour sa maladie de poitrine.

Je ne jouis pas longtemps de ma tranquillité. Deux ans après la mort de mon mari, mon frère, qui était parvenu à se faire une position selon ses désirs et avait été envoyé à Tarbes, fut sérieusement atteint, malgré le climat, et revint à Paris très malade. Sa maladie était incurable. Etant seul, il entra à l'hôpital dont la grand'tante de Hanovre, par l'intermédiaire d'une de ses amies, paya les frais. Je lui envoyai cinquante francs aussitôt que je l'appris. C'était en mars de l'année 1893. Le pauvre garçon n'en jouit pas longtemps ; une tante qui était venue le voir le 16 les lui avait changés, en lui achetant du pain d'épices, et, le lendemain, le 17 au soir, il mourait dans les bras d'une sœur ! Pauvre frère, qu'avait-il eu de la vie ? Il la quittait à 32 ans !

Ma mère, mon oncle et ma tante ayant négligé de donner leur adresse à l'hôpital, on l'aurait enterré seul, comme un pauvre malheureux, si l'on n'avait pas eu l'idée d'attendre le dimanche, jour de visite, où l'on pouvait supposer que ma mère viendrait. Elle vint, en effet, mais la pauvre mère trouva le lit vide ! On lui dit avec quelques ménagements qu'il n'était plus ; pourtant, on ne lui montra que la bière dans laquelle il reposait déjà depuis l'avant-veille. On avait remis l'enterrement au lundi matin à huit heures et elle demeurait à l'autre bout de Paris. Il n'y eut donc qu'elle et un monsieur qui représentait la famille Mackenstein, amie des Ruhmkorff, pour accompagner mon frère !

Six semaines après, à dix heures du soir, en rentrant chez moi, je trouvai une dépêche ainsi conçue : « Mère très mal, prière venir sans tarder ». Je courus aussitôt chez mes amies ; mon argent étant à la caisse d'épargne, je pensais bien qu'à la vue de la dépêche, ces dames m'avanceraient quelques fonds pour le voyage. Je ne m'étais pas trompée, car elles me prêtèrent deux cents florins.

J'allai aussitôt à la gare de l'Ouest et, s'il y avait eu un train, je serais partie immédiatement. Il y avait bien l'Orient express, mais je n'avais pas assez d'argent pour le prendre ; je retournai donc chez moi. J'achetai, en route, des cartes postales, que j'écrivis la nuit pour prévenir les familles, et je fis mes préparatifs de départ. Le matin, je pris le train de sept heures ; et je ne m'étais pas couchée. Que la durée du trajet me sembla longue ! Elle l'était aussi, car, partie le vendredi matin, je n'arrivai à Paris que le samedi soir.

Je me rendis à l'adresse qui était sur la dépêche ; mais je n'y comprenais rien ; je trouvai à cette adresse une fruitière. Ma mère n'était-elle donc pas dans une pension ? Plus tard on m'expliqua que ma mère en était sortie lorsqu'elle avait eu les meubles de mon frère, et qu'elle occupait une petite chambre au sixième étage. En effet, je me rappelai avoir payé des frais de déménagement, pensant qu'elle prenait les affaires de mon frère ; mais je ne savais pas qu'elle avait quitté la pension.

Il paraît qu'on l'avait trouvée évanouie dans l'escalier et que la fruitière l'avait recueillie chez elle et installée dans son arrière-boutique, où elle et ses enfants couchaient déjà. Son mari, placier, était heureusement en voyage ; seulement, il devait revenir bientôt.

A ma vue, ma mère s'écria : « Puisque tu viens, c'est que je vais mourir ! » — « Mais non, maman, lui dis-je, au contraire. On m'a prévenue que tu étais malade et, du reste, ne me l'as-tu pas écrit toi-même ? J'ai alors pensé qu'aussitôt que tu irais mieux, je te remènerais à Vienne, où je pourrais au moins te soigner. Si tu ne sors pas, le climat ne peut te faire de mal. » Elle n'était pas persuadée et me dit qu'elle savait qu'elle allait mourir. Pauvre mère, quel coup la mort de mon frère dut-il être pour elle ! Et quelle douleur ! Cela la frappa, elle se crut maudite et, se rappelant tous les griefs qu'Alphonse avait eus contre elle et tous les reproches qu'il lui avait faits, elle disait que Dieu n'avait pas permis qu'elle le revoie, parce qu'elle n'avait pas assez pensé à lui autrefois ! Pauvre mère ! Elle était bien malade et ses remords n'étaient pas faits pour lui remonter le moral.

Je demandai quelques renseignements à la fruitière, qui me dit que le médecin l'avait condamnée et qu'il ne voulait plus venir, parce qu'il ne savait pas s'il serait payé. « Comment, mais j'ai déjà payé des médecins et j'aurais aussi payé celui-ci, » dis-je. « Votre mère a reçu l'Extrême-Onction ; elle s'est confessée et a communié, » ajouta-t-elle. — « Je vous remercie, Madame. » Ma mère alors m'appela et me dit que cette femme avait été méchante avec elle et qu'elle ne voulait pas mourir chez elle. « Mais, tu ne mourras pas, répliquai-je, demain matin j'irai chercher ton médecin et alors je te conduirai autre part. »

Il était deux heures du matin ; la fruitière s'était couchée avec ses deux enfants. Quant à moi, je sommeillai un peu, la moitié du corps sur le lit de ma mère et l'autre partie sur la chaise où j'étais assise. Son lit, un lit d'enfant, se trouvait au milieu de l'arrière-boutique, et quand on voulait circuler, il fallait toujours bouger le lit de place.

Je pensai, en voyant ma mère dans cet état qu'elle ne se mourait pas seulement de sa maladie, — elle était asthmatique — mais encore d'inanition. A cinq heures du matin, je lui donnai un œuf qu'elle avala gloutonnement et un second de même. Enfin, je courus chez le médecin.

Il était parti la veille pour la campagne ; c'était dimanche; mais on me dit qu'il serait rentré avant midi. Nous l'attendîmes toute la journée. Il ne vint pas ! J'appris le lendemain qu'il était resté la journée du dimanche à la campagne. C'était à prévoir ; mais pourquoi avait-il donné l'ordre à sa domestique de répondre qu'il rentrerait sûrement avant midi? N'est-ce pas un cas de conscience de dire la vérité? Ma mère voulait celui-là ; il connaissait sa constitution, disait-elle. Sans cela, j'aurais été en chercher un autre.

Je voulus changer ses draps ; elle n'en avait pas ; ils étaient au Mont-de-Piété ; il ne lui restait pas de linge ; tout ce que je lui avais donné avait été engagé. Que faire? Je n'avais pas assez d'argent pour en acheter ; mais je pouvais dégager le plus urgent. Ma mère fut aussi de cet avis ; seulement, elle me dit : « Ne va que là, ne va pas sur la tombe d'Alphonse ! » Je le lui promis.

La journée du dimanche fut pour moi un supplice. Ma mère me parlait toujours de la malédiction de Dieu sur elle et de sa mort prochaine ; enfin, elle me remit une enveloppe assez volumineuse. Je voulus l'ouvrir ; mais elle m'en empêcha, me disant qu'elle ne voulait pas me voir fâchée avant de mourir. Je dus lui promettre de ne la décacheter que lorsqu'elle ne serait plus !

Ma mère me répétait sans cesse qu'elle ne voulait pas mourir chez cette femme, qui avait été si méchante avec elle. Je me trouvais fort embarrassée, car je ne me faisais pas d'illusions, ma pauvre mère n'en avait pas pour longtemps ! Elle me dit d'aller voir les sœurs chez lesquelles elle avait été en pension pendant une année environ. Ces sœurs demeuraient au Grand-Montrouge et ma mère était à Neuilly ; c'était juste l'opposé. Ne fallait-il pas aussi aller chercher des draps, des chemises et lui acheter ce qui lui manquait? C'était dimanche, le Mont-de-Piété était fermé.

La voyant s'affaiblir de plus en plus, j'étais dans des transes mortelles, surtout pendant la nuit du dimanche au lundi. Elle avait tout perdu, disait-elle, jusqu'à son petit chien qui avait été écrasé quelques jours auparavant. Puis, elle ne parla presque plus, répondant à peine aux questions que je lui posais. Je voulais savoir si elle fréquentait encore telle ou telle personne, afin de les prévenir, le cas échéant, mais, d'après ses réponses, je vis qu'elle ne le voulait pas.

Je priai la fruitière de recevoir le médecin et de faire faire aussitôt l'ordonnance ; enfin, je partis en toute hâte à Montrouge, mais non sans m'être assurée de la visite du docteur. Les sœurs me promirent de prendre ma mère, à condition que je paye le mois en entrant. Je savais que ma pauvre mère avait peu de temps à vivre ; mais j'acquiesçai pourtant aux conditions. Je prévins la sœur qu'elle était fort souffrante et je la priai de préparer la chambre qu'elle devait habiter. Ensuite, j'allai au Mont-de-Piété ; je dus attendre fort longtemps. Si le linge neuf n'avait pas eu cette raideur désagréable, surtout pour une malade, j'aurais eu plus vite fait d'acheter le nécessaire ; mais ma mère était tellement amaigrie !

Enfin, après les angoisses de l'attente, me demandant si je la trouverais encore vivante, j'arrivai à Neuilly, harassée de fatigue. Je vis qu'elle était heureuse de me revoir ! La fruitière me dit que le médecin était venu et qu'il ne donnait aucune espérance de la sauver, qu'il n'y avait plus qu'un souffle ! On avait fait faire les médicaments ; seulement, ma mère n'avait pas voulu les prendre de la main de cette dame !

J'envoyai chercher une voiture et on hissa ma pauvre mère, comme on le put, sur la banquette. Elle était légère comme une plume, mais ses membres avaient l'air de ne plus tenir ensemble ! J'emportai le linge, les médicaments et son oreiller. Elle était bien couverte, bien enveloppée et pourtant elle avait des frissons ; c'était le premier mai, il ne faisait pas froid ce jour-là. Il était trois heures, à peu près, quand je rentrai de course et, à quatre heures, nous roulions vers Montrouge. Je regardais ma mère, elle faisait peur à voir, ses lèvres pendantes, toutes bleues et grelottantes ; j'en avais le cœur serré !

Le cocher conduisait lentement son cheval, parce qu'il savait qu'il menait une malade. « Mon Dieu, pensai-je, arriverons-nous avant qu'elle meure ? » Que d'angoisses ! Je voyais le changement qui s'opérait en elle et j'étais navrée. Plus je la regardais et plus je sentais que la mort était là, prête à saisir sa proie ! Que faire ? crier au cocher d'aller plus vite ? Je l'aurais effrayée ! Pauvre mère ! Elle regardait encore le bois de Boulogne que nous traversions. Elle paraissait en éprouver du plaisir.

Nous mîmes plus de deux heures à faire le trajet. Enfin, nous arrivâmes ; les sœurs nous attendaient. Il fut impossible de descendre ma mère de la voiture. Un homme alla à l'intérieur, par l'autre portière, pour la soulever de son siège et le cocher, aidant de l'autre côté, la reçut enfin dans ses bras! On la coucha aussitôt. Je fis tout pour la réchauffer, boissons chaudes, etc.... A cet effet, je dus aller près de la fenêtre pour remplir la lampe d'alcool ; ma mère, m'y voyant, me dit : « Louise, dans un moment pareil, tu regardes par la fenêtre! » — « Je mets de l'alcool dans la lampe, maman » — « Ah! bien! » dit-elle ; puis, je lui donnai vite sa tisane bien chaude qu'elle but avidement ! J'essayai de réchauffer ses mains glacées dans les miennes et je la soutenais de mon mieux. Mais, c'était fini, un soupir et ma pauvre mère n'était plus, ou plutôt s'était éteinte doucement !......

Elle n'était pas morte chez cette femme qu'elle n'aimait pas. Ce fut ma seule consolation d'avoir encore pu me rendre à son dernier désir! A quatre heures, nous étions encore chez la fruitière et vers six heures et demie, ma pauvre mère mourait! J'aurais voulu la veiller ; mais, ne m'étant pas couchée depuis le jeudi, — et c'était lundi soir — la sœur me dit qu'elle la veillerait en faisant des prières pour le repos de son âme ; et elle me conseilla d'aller me mettre sur le lit, dans la chambre voisine. Je cédai à ses instances, car j'étais exténuée.

Le grand chagrin de ma mère avait aussi été de n'avoir pu faire enterrer mon frère dans le caveau de famille, bien qu'il n'y eût plus que sa place à elle. Elle me l'avait dit le dimanche et je lui avais promis de faire le nécessaire pour qu'il y fût transporté plus tard. Alors, elle fut tranquille sous ce rapport ; car elle savait que je tenais toujours mes promesses, coûte que coûte.

Le lendemain, je fis moi-même toutes les démarches, je n'avais aucun papier en main pour la faire enterrer dans le caveau. J'allai à Neuilly chercher dans ses affaires et, n'ayant rien trouvé, je me rendis chez le marbrier, où j'appris que tout était resté chez lui, lorsqu'on avait fait la pierre tombale et le médaillon de mon grand-père Ruhmkorff. Il me donna l'assurance que je pourrais faire inhumer mon frère dans ce caveau dans quelques années.

J'aurais pu prier mon oncle de m'aider dans ces pénibles démarches ; mais je le savais fâché avec ma mère et je ne lui envoyai qu'une lettre lui annonçant sa mort, l'heure de l'enterrement et celle de la messe que je faisais dire. Il y eut peu de personnes ; n'ayant aucune adresse et n'ayant moi-même que peu de relations à Paris, je n'avais pu annoncer son décès aux quelques amis que nous avions encore. Mon oncle n'y était pas venu ; s'étant trompé d'église, il s'était rendu à St. Jacques-du-Haut-Pas, au lieu d'aller à St. Jacques de Montrouge ; mais il vint avec ma tante le lendemain matin, pendant que le prêtre disait la messe.

Quand tout fut terminé, j'ouvris, comme ma mère me l'avait recommandé, l'enveloppe qu'elle m'avait remise la veille de sa mort. C'étaient différents billets, par lesquels elle reconnaissait devoir certaines petites sommes aux personnes qu'elle me nommait. Je payai toutes ses dettes, à l'exception d'une seule, n'ayant pas assez d'argent sur moi, mais, de Vienne, j'en envoyai le montant.

Je me rendis chez les amis de ma tante de Hanovre M. et Mme Mackenstein, qui m'avaient offert gracieusement l'hospitalité pour les quelques jours que j'avais encore à passer à Paris, mon billet étant valable pour vingt et un jours y compris le temps du voyage. Mme Mackenstein me donna la somme de trois cent quarante et un francs, que la sœur de l'hôpital où était mort mon pauvre frère lui avait confiée. On avait trouvé cet argent dans ses affaires et cela provenait de ses appointements, qu'il avait touchés pendant qu'il était malade. Je pensai aussitôt à ma pauvre mère, qui s'était laissée mourir de chagrin de n'avoir pas pu faire arranger la tombe d'Alphonse. Par le fait, c'était à elle que la sœur aurait dû remettre cet argent, ainsi que la montre de mon pauvre frère ; au moins ses dernières semaines n'auraient pas été si malheureuses.

Ayant l'intention de retourner bientôt à Paris, je me proposai d'employer ces fonds à l'achat d'une croix pour la tombe de mon frère et d'y faire aménager un petit jardin, en attendant qu'il puisse être transporté dans le caveau de famille, où il repose maintenant.

Enfin, une fois tout réglé et mon billet prêt à expirer, je pensai à mon départ pour Vienne ; mais, avant de l'effectuer, j'eus à cœur de rendre une visite à mon beau-frère et à sa jeune femme qui étaient venus à l'enterrement de ma mère. Ils m'invitèrent si aimablement et me montrèrent tant d'amitié, que, voulant resserrer encore plus les liens de famille, j'offris d'être la marraine du bébé qu'elle attendait. Ils acceptèrent joyeusement et je crois que la mère de ma belle-sœur en était satisfaite. Je promis donc de revenir l'année suivante pour le baptême.

J'arrivai enfin à Vienne, où m'attendaient mes amies et

mes nombreux élèves. Un mois après, j'accompagnai une famille à la campagne et j'eus le loisir de penser à tout ce que je venais encore de surmonter. C'est alors que je résolus d'acheter de nouveau des meubles au retour de ma villégiature. Les raisons qui me firent prendre, cette décision furent celles-ci : je demeurais chez des personnes âgées, comme je l'ai déjà dit ; seulement, elles jouaient aux cartes le soir et, quand elles voulaient jouer à trois, elles venaient me chercher. Si elles n'avaient pas trop abusé de mon temps, j'y aurais trouvé beaucoup de plaisir, car j'aimais le jeu. Mais, quand on pense que je rentrais alors vers neuf heures, ayant donné huit à neuf leçons dans ma journée, qu'il fallait encore prendre un petit souper et préparer, pour le lendemain, les devoirs des quelques élèves avancés, on comprendra que je me sentais extrêmement fatiguée quand je me couchais trop tard.

Ce qui mit un terme à mon hésitation, c'est que, quelques jours avant la mort de mon frère, je rentrai chez moi pour lui écrire, ayant déjà changé mon argent autrichien en un billet de cinquante francs que je voulais joindre à ma missive. Le temps pressait pour que la lettre parte ce jour-là. Je m'étais même arrangée de façon à donner une leçon en moins. Arrivée chez moi, devant mon bureau, la plume à la main, ayant déjà daté ma lettre et tracé : Mon cher Alphonse, la propriétaire de l'appartement entra dans ma chambre ; elle m'avait entendue et était étonnée de me voir pendant la journée, moi qui ne rentrais que le soir. Je lui dis qu'il fallait que j'écrive à mon frère, qui était très malade à l'hôpital, pour lui envoyer un peu d'argent. Cette dame, me posant question sur question, restait toujours assise près de mon bureau. Vu son grand âge, je répondais docilement ; mais il me fut impossible d'écrire ma lettre ; l'heure que je m'étais donnée à cet effet était passée et, hors de moi, je fermai mon bureau et me promis d'avoir un « home » la saison prochaine.

Je finis ma missive chez une de mes élèves et je la quittai sans lui avoir donné sa leçon ; car il fallait que j'aille encore à la poste, pour y faire recommander ma lettre. Mon élève prit deux fois une demi-heure de plus et, ainsi, je payai ma dette. J'appris plus tard que mon pauvre frère avait reçu mon envoi deux jours avant sa mort !

CHAPITRE XXVI

Visites à mes tantes de Hanovre

N'ayant pas encore mentionné un fait très important, je vais en faire part à mes élèves dans ce chapitre.

Lorsque ma mère et mon frère étaient à Vienne, nous eûmes la visite de ma grand'tante de Hanovre, la tante Christiane, celle que mon grand-père Ruhmkorff affectionnait, d'autant plus qu'elle était souvent allée le voir à Paris. Quant à moi, je l'aimais beaucoup et j'étais heureuse de sa visite ; mais elle ne resta que peu de jours à Vienne. Cela lui fit grand plaisir de nous voir tous réunis. Nous causâmes de l'avenir, de mes leçons, et surtout du passé qu'elle ne connaissait pas.

Après le départ de mon frère, elle revint encore ; elle ne passa qu'une journée avec nous. Elle avait apporté un carton, comme en ont les peintres ou dessinateurs, et je me demandais ce qu'il pouvait bien contenir. Après notre repas, lorsqu'elle se fut un peu reposée, ma tante ouvrit son carton et en sortit une liasse d'obligations qu'elle m'avait apportées, disait-elle. Je restai confondue, pensant à la phrase de mon frère ; mais je lui répondis aussitôt : « Je te remercie, ma tante, je ne les accepte pas, car je ne vois pas pourquoi tu te priverais de ton argent. Tu peux en avoir besoin, et moi je puis travailler. Je préfère que tu continues à aider mon frère quand il est dans la peine. » — « Tu es une bonne fille, » me dit-elle, et elle m'embrassa.

Plus tard, j'allai les voir à Hanovre, elle et sa sœur, tante Amélie ; j'aimais aussi beaucoup une de leurs nièces, Sophie Bellmann, que j'appelais « Tantchen ».

La seconde fois que je me rendis en Allemagne, la tante Amélie étant décédée l'année précédente, ma tante Christiane était seule dans la petite maison où elle me reçut à bras ouverts. Cela porta-t-il ombrage à ses autres nièces ?

Toujours est-il, que je ne m'en sentais pas aimée et, du reste, leur conduite envers moi le prouva amplement.

Cette fois, j'allai au mois de juin à Hanovre, avant de me rendre à mon engagement. Ma tante fut très contente de ma visite et invita toutes ses nièces et petites nièces à un goûter dans le Georgengarten, comme il est d'usage de le faire et où l'on apporte son Zuckerkuchen — gâteau couvert de sucre un peu caramélisé — pour lequel j'avais une grande faiblesse. Nous l'achetâmes, Tantchen et moi, à une de ces spécialités, en allant au jardin-café.

Voilà donc toute la famille réunie autour d'une table d'une longueur démesurée. Ma tante Christiane était au bout et la Tantchen était auprès d'elle ; puis, les autres nièces s'étaient placées, selon leur âge, plus ou moins près de ma tante. Quant à moi, je m'étais assise au milieu avec les petites-nièces que je connaissais mieux que les autres, les ayant déjà fréquentées à l'époque où j'étudiais à Hanovre.

Tout à coup, l'une des nièces de ma grand'tante se leva et, disant un mot à l'oreille de chacune, alla de l'une à l'autre et, je l'entends encore, demandant, comme si elle faisait une quête, qu'on lui donnât de quoi aller voir une tante à héritage ! Cela sonna comme un glas à mes oreilles ! J'avais parfaitement entendu et je ne bronchai pas. N'avais-je pas payé, de ma bourse, le voyage qui me procurait le plaisir de voir ma tante ?

Je regardai ma grand'tante, nos regards se rencontrèrent ; mais j'affectai de ne pas m'apercevoir de ce qui se passait, et je continuai à causer avec ma voisine, qui riait parce que j'avais dit « Obers » au lieu de « Sahne » — crême — différence de l'allemand d'Autriche avec celui d'Allemagne.

En rentrant, ma tante, très inquiète, me dit aussitôt : « As-tu compris ce qu'Unetelle a dit ? » — « J'ai entendu, répondis-je, mais je ne sais pas si j'ai bien compris. » Ma tante ne répliqua rien et nous n'en parlâmes plus ; seulement, je vis qu'elle était très mécontente de sa nièce.

Le lendemain, la Tantchen, cette cousine que j'aimais beaucoup, me fit la même question, en me demandant si j'avais entendu ce que sa cousine avait dit la veille au goûter. Je lui répondis que je ne croyais pas avoir compris. Alors, elle ajouta qu'il vaudrait mieux que je n'eusse pas compris et elle se tut.

Ma tante Christiane devint alors fort nerveuse les derniers jours que je passai chez elle et me dit qu'elle voulait que j'emporte l'argent que j'avais refusé à Vienne. Puis, elle ajouta que tante Amélie l'avait faite son héritière et qu'il était convenu entre elles, que mon frère et moi, nous rentrerions dans l'argent qu'elles avaient hérité de leur frère, mon grand'père. « Mais, ma tante, dis-je, pourquoi hériterai-je de toi avant ta mort ? je te l'ai dit, je puis travailler. Tu le vois, j'ai beaucoup de leçons maintenant. Je puis même me permettre de faire tous ces voyages ; ce qui est un plaisir pour moi. » — « Mais les autres ne le croient pas. Tu emporteras ma montre et ma chaîne, c'est ton grand'père qui me les a données. Je veux que tu les aies, ainsi que de la faille pour une robe, dont il m'a fait cadeau. » Je refusai encore, ne voulant pas qu'elle se séparât de ce cher souvenir.

Pauvre tante, elle avait lu dans le cœur de ses nièces à mon égard ! Quant à moi, je savais depuis longtemps ne pas être aimée d'elles. La tante Elise n'était pas à Hanovre, lors de ce fameux goûter, et je ne crois pas qu'elle se serait conduite de cette façon envers moi. Elle paraissait avoir de la sympathie pour moi quand elle venait à Vienne et que nous nous voyions chez madame de Rosenstock. Sa sœur, la tante Anna, me témoignait aussi de l'affection. Sachant que j'aimais beaucoup les « Puffers, » elle m'invitait souvent à venir en manger chez elle. Il en était de même de la tante Minna.

Je restai deux ou trois ans sans aller à Hanovre, et pendant cet intervalle mon frère et ma mère moururent, j'ai déjà parlé de cette triste époque ; seulement, ce que je n'ai pas mentionné, c'est qu'après la mort de ma mère, lorsque je revins à Vienne, je reçus une enveloppe d'un format extraordinaire contenant des obligations d'une valeur de quatre mille francs, celles que j'avais refusées à deux reprises. Ma tante Christiane m'enjoignait de les garder, d'autant que maintenant elle n'avait plus à aider ni ma mère ni mon frère.

Pauvre grand'tante, elle tenait à ce que j'eusse en ma possession ce petit capital qui, à mes yeux, en était un grand. Après l'avoir remerciée sincèrement, je mis les titres en dépôt et je ne touchai jamais aux intérêts, ce qui forma, après quelques années et avec les quelques économies que je pouvais faire en plus du revenu d'une assurance que j'avais contractée, une vraie fortune qui allait en augmentant.

Mes chères amies furent les premières à apprendre cette bonne nouvelle. Quelle amitié réconfortante je trouvais près d'elles. Je ne le dirai jamais assez. Ce fut M. Pio qui me donna le conseil de souscrire l'assurance dont je parle plus haut et pour laquelle je m'engageai à payer six cents francs par an, pour toucher, après douze ans, six cents francs de rente.

Je m'étais alors racheté des meubles, comme je l'ai déjà dit, et j'allai demeurer dans la maison que j'avais habitée avec ma mère et mon frère et dont la propriétaire, madame Schneckenburger, était devenue pour moi une bonne et sincère amie. Cela faisait le quatrième mobilier depuis mon mariage. J'avais alors une grande chambre à deux fenêtres et une belle cuisine qui servait d'entrée ; prenant toujours mes repas au restaurant, cela me suffisait.

Les années se suivaient ; j'étais allée à Hanovre en 1895 et je me proposais d'y retourner en 1897, soit avant, soit après mon séjour à la campagne, mais l'homme propose et Dieu dispose. J'y allai, en effet, en 1897 ; seulement, je ne vis plus ma grand'tante, car elle mourut au mois de janvier de la même année. Elle avait pensé à moi, ma pauvre tante ! Quelque temps après sa mort, j'en eus la certitude par la copie de son testament, qui me fut envoyée par son notaire. Elle me faisait une rente annuelle qui, avec ce que j'avais déjà, me laissait entrevoir qu'un jour, étant vieille, je serais à même de vivre tranquillement sans souci du lendemain.

J'allai encore, en été de la même année, sur sa tombe où une grande couronne, que j'avais achetée à Paris, m'avait précédée. Pauvre chère grand'tante, elle était allée retrouver son frère qu'elle avait tant aimé !

Je descendis chez la Tantchen, comme elle en avait exprimé le désir ; mais je vis bien que les autres cousines avaient toujours de l'inimitié pour moi. Pourtant, je ne recevais que la rente d'un capital qui devait leur revenir un jour, tôt ou tard. C'est alors que la Tantchen me remit la montre et la faille que la tante Christiane avait voulu me donner de son vivant.

Etant rappelée à Vienne par mes élèves qui étaient rentrés de la campagne, je ne restai pas longtemps à Hanovre, d'autant plus que ma présence auprès de la chère Tantchen semblait la fatiguer ; elle était toujours souffrante. Un jour qu'elle venait de recevoir une lettre, après l'avoir lue, elle me dit : « J'ai prêté à un de mes cousins, qui est dans le commerce, la somme que j'ai héritée de ton grand-père. Il m'en paye les intérêts. Après ma mort, ce sera à toi qu'il les payera ; espérons qu'il sera plus ponctuel dans ses paiements, car il me demande d'attendre quelque temps encore, ne pouvant s'acquitter en ce moment. »

J'avais alors prié ma Tantchen de ne pas parler de ces choses ; je lui avais dit que j'espérais qu'elle vivrait encore bien longtemps et je l'avais embrassée, lui promettant de revenir la voir dans deux ou trois ans, aussitôt que ma bourse pour les voyages se serait de nouveau remplie. J'y retournai, en effet, en 1900 au mois de juillet, mais je devais aussi aller à Paris et, pour ne pas la fatiguer, je ne restai que douze jours environ auprès d'elle.

En 1902 j'avais l'intention d'aller la surprendre ; malheureusement, je fus priée de conduire une jeune fille à Paris chez ses grands-parents et de la ramener un mois après à L..., où se trouvaient son père et ses frères. On m'engagea à rester tout l'été avec la famille, de sorte qu'il me fut impossible de me rendre à Hanovre cette année-là.

CHAPITRE XXVII

Au château de Tyczyn

Oui, mes chers élèves, ma vie, dans les différents châteaux où je passais tous les étés pendant de longues années, ne sera pas sans vous intéresser par la diversité des petits épisodes que j'y ai vécus.

Tous les deux ou trois ans à peu près, je me rendais d'abord à Paris et, à cet effet, je faisais ma petite bourse, comme vous le savez, du reste. Je sentais la nécessité d'aller de temps en temps me retremper, c'est-à-dire épurer mon français des quelques germanismes qui avaient pu s'y glisser. Enfin, après avoir respiré l'air natal, revu les jardins dans lesquels j'avais joué étant enfant et mangé les mets bien français qu'on ne fait pas à Vienne, je vous revenais fraîche et dispose. Je m'acheminais donc vers le premier juillet dans un de ces châteaux que vous connaissez peut-être.

Je vous parlerai d'abord du château de Tyczyn, en Galicie, à une heure environ de Rzeszow. Le comte Wodzicki et la comtesse appartenaient à la noblesse dans toute la plus belle acception du mot ; ils étaient charmants envers moi et j'y fus si heureuse que je nommais ce séjour annuel, de deux mois et demi, mon paradis terrestre.

J'avais, comme élève, une fillette de douze ans, Isa, qui m'aimait beaucoup et à qui je rendais toute son affection. Que de belles journées j'ai passées avec cette jeune fille, dont les sentiments étaient d'une noblesse si pure ! Nos leçons faisaient ma joie ; puis, ces promenades dans ce grand parc, dans les champs ; quelles charmantes parties nous faisions dans les différentes forêts. Que de délices n'ai-je pas goûtées alors !

La comtesse, sachant que je venais de passer un hiver de labeur — c'étaient mes premières vacances après le départ de ma mère, — avait commandé qu'on me servît mon premier déjeuner dans ma chambre. Puis, afin que je jouisse encore d'un certain repos, elle m'avait dit qu'après le dîner, je pourrais passer deux bonnes heures dans ma chambre et que, le soir, après le souper, si tel était mon désir, je serais libre de me retirer. Qu'avais-je besoin de fuir la présence de ma petite élève, qui, elle aussi, me traitait avec tant d'égards, de gentillesse. Moi qui avais perdu mes enfants, j'aimais ceux des autres avec toute la force de mon cœur et d'autant plus qu'ils étaient plus aimables.

Je n'en fis donc rien, je jouais aux cartes ou aux dames dans le grand hall, ou bien, si la comtesse jouait du piano, nous écoutions en travaillant à quelque ouvrage manuel. Quelquefois elle nous faisait chanter ou danser, soit avant la promenade, soit après le souper. Quand il pleuvait, la gouvernante allemande, qui était une lectrice passionnée, nous faisait la lecture. Le plus souvent, elle préférait lire que d'aller se promener ; alors, nous y allions seules. Isa avait sa voiture et conduisait elle-même ses jolis chevaux. Nous traversions les forêts et les villages des environs, où elle était fort aimée de tous les paysans.

Isa emporta une fois un panier rempli de morceaux de pain. Elle me dit bien, en effet : « Nous allons visiter le haras ; » mais, j'étais loin de m'attendre à assister à un tel spectacle. Nous franchîmes une barrière et, aussitôt dans cet enclos accoururent de toutes parts des poulains qui l'entourèrent, l'un lui léchant la robe, l'autre la figure, un troisième les cheveux ; un quatrième passait sa tête sous son bras. Bref, moi qui n'avais pas osé m'approcher, je n'entrevis que faiblement et à de rares intervalles sa robe de surah rouge à pois blancs à travers les jambes d'une quantité de superbes poulains. Quand elle eut fait sa distribution et embrassé tous ces enfants de chevaux, comme elle disait, elle vint me retrouver. J'étais encore toute frémissante lorsque nous remontâmes en voiture.

Je me rappelle qu'une fois, dans le feu de la conversation, elle dirigea ses chevaux trop près du fossé qui longe la route ; la voiture resta accrochée à un poteau télégraphique ; les chevaux étaient comme suspendus, car le groom avait vite saisi les rênes ; quant à nous, nous gisions toutes deux dans le fossé, d'où nous nous relevâmes couvertes de poussière, mais non blessées.

Le comte et la comtesse avaient deux fils. Le plus jeune,

Kajio, le préféré de tous par sa gentillesse, avait pour moi de petites prévenances qui me remplissaient le cœur d'une douceur inexprimable ! J'avais tant souffert dans ma vie que tout cela me touchait au plus haut degré.

Un soir, il nous invita à l'accompagner à la chasse aux chauves-souris. Ce jeune homme pouvait avoir 17 ans à cette époque. Cela ne me souriait guère, j'avais peur des chauves-souris ; enfin, pour lui faire plaisir, nous allâmes avec lui, sa sœur et moi.

A la tombée de la nuit, dans une allée fort sombre, dont les arbres formaient une voûte au-dessus de nos têtes, se croisaient des chauves-souris dans tous les sens. Le jeune homme était accompagné de son vieux chasseur et de Bella, la chienne de ma chère Isa, qui était venue nous rejoindre, — jolie chienne, tachetée de noir, à longs poils.

Kajio commença à tirer sur les chauves-souris ; mais je fus tellement effrayée de ce tir désordonné — car il suivait toutes les allées et venues de ces bêtes — que j'eus peur qu'il n'envoyât une balle à l'une ou à l'autre de ses spectatrices. J'engageai donc ma petite élève à quitter ce lieu et à retourner dans le hall ; mais la comtesse s'étant retirée, elle préféra aller dans sa chambre, je me dirigeai alors vers la mienne. Puis, je me couchai pour lire un bon livre que j'avais emporté.

Le lendemain matin, à quatre heures, je fus réveillée par Bella qui grattait à ma porte. Je me levai pour lui ouvrir, et lui ayant montré le tapis pour qu'elle se couche dessus, je me recouchai moi-même et essayai de me rendormir ; mais cela me fut impossible, car Bella s'était assise sur ma descente de lit et me regardait en geignant. Je lui dis de se coucher et je me retournai. Mon lit était au milieu de la chambre ; elle vint de l'autre côté et mit sa tête sur mon lit. Je finis par me fâcher en la grondant bien fort, puis je tâchai de dormir. Enfin, je sommeillai un peu ; mais tout à coup je fus éveillée par Bella qui, avec son museau, me poussait la tête. Je fus tellement colère que je la grondai encore plus fort, en la regardant en même temps.

Quelle ne fut pas ma surprise lorsque j'aperçus au coin de sa gueule quelque chose de noir qui en sortait un peu. « Mon Dieu, pensai-je, elle m'apporte une chauve-souris ! » Vite, je prends mon mouchoir et tire cette chose étrange ; mais, que vois-je, la pauvre bête avait ramassé, dans le sauve-qui-peut de la veille, ma mitaine que j'avais laissée tomber et elle avait dû la garder toute la nuit dans sa gueule, car cette mitaine était pleine, mais pleine, tout imbibée de bave.

Lorsqu'elle fut délivrée de ce précieux dépôt, elle se mit à faire des gambades, des sauts de joie folle autour de ma chambre. Bella couchant généralement chez le chasseur avait dû attendre qu'il se lève pour sortir de chez lui. Enfin, le flair l'avait dirigée vers ma chambre, qui, pourtant, n'était pas la seule donnant accès sur ce corridor. Elle ne s'était pas trompée, la chère Bella.

Le frère aîné de mon élève, le comte Janek, était revenu de voyage, et les jours de semaine s'écoulaient tranquillement en conversations de tous genres avec mon élève et ses deux frères. Ils étaient tous les deux fort gais ; mais l'aîné, déjà jeune homme — 24 ans à peine — avait une manière si douce de vous parler, qu'il ne vous disait pas une parole qui ne fût une caresse.

Je m'aperçus bientôt qu'il s'était épris de moi. Etait-ce un amusement ? Enfin, je me promis alors de le traiter un peu froidement. Cette découverte se fit un jour où nous avions causé, lui, sa sœur et moi sous un berceau dans le parc. Je donnai le signal du départ ; il était l'heure de la leçon et nous nous séparâmes. Mais, une heure après nous entendîmes un bruit, des rires, des cris, et enfin, la comtesse s'étant montrée au balcon et voyant ce qu'il en était, me fit venir auprès d'elle.

Devant ses fenêtres, juste en face du perron, on avait dressé un mât de Cocagne, haut de près de deux étages, qui dépassait de beaucoup le château. Le faîte était surmonté de mon chapeau de jardin que Janek avait gardé et, le long de cette grande perche, de petits billets étaient cloués. Chaque feuillet contenait une phrase propre à m'éclairer sur ses sentiments à mon égard ! Que faire ? Je ne pouvais me fâcher. La comtesse riait, je ris donc aussi et tournai tout en plaisanterie.

Malheureusement, le comte Janek ne s'en tint pas là. J'eus avec lui quelques petites scènes qu'il me serait trop pénible de raconter, aussi ne vais-je citer que quelques épisodes. Par exemple, un matin, je travaillais avec mon élève dans ma chambre, devant la fenêtre ouverte qui donnait sur le petit toit d'un passage conduisant du château à un pavillon, dans lequel habitaient les invités aux chasses du comte. Janek s'était caché dans une espèce de grenier qui se trouvait sous le toit de ce passage ; on y serrait tous les vases de nuit du pavillon des chasseurs.

Au beau milieu de la leçon, nous voyons le couvercle en zinc de la tabatière de ce grenier se soulever et Janek en sortir tout joyeux de nous entendre rire ; car il nous avait fait l'effet d'un diable sortant de sa boîte. Il avait un pot sur la tête et un dans chaque main. C'était si drôle, si comique, que mon élève et moi, nous partîmes d'un éclat de rire formidable, ce qui lui fit dire : « Quand madame rit, elle est désarmée, » et alors nous rîmes en trio.

Une autre fois, Janek s'étant promis de me voir en négligé, entra dans ma chambre un soir où je m'étais retirée un peu avant l'heure habituelle. Après avoir salué le comte et la comtesse et embrassé mon élève, je m'étais couchée à la hâte pour finir un livre intéressant. Je me proposais de ne fermer ma porte à clef qu'après que la bonne serait venue chercher mes effets, comme elle avait l'habitude de le faire tous les soirs.

Tout à coup, la porte s'ouvre et qui vois-je apparaître ? Mon grand Janek ! Il me regarde et dit en secouant la tête : « Trop tard ! » Puis, s'en retourne. J'étais suffoquée de cette hardiesse et je me proposais de le gronder vertement le lendemain. A table, à midi, il m'en donna l'occasion, en me disant que je faisais une figure bien taciturne. Alors, je lui répondis que la première fois qu'une chose pareille arriverait, je lui donnerais un soufflet, qu'il se le tienne pour dit. La comtesse nous regardait et ne comprenait rien à cette boutade, lorsque le plus jeune des garçons, Kajio, nous tira d'embarras en disant que si je lui donnais, à lui, un soufflet, il me le rendrait. Nous rîmes tous de cette réplique et, le dîner étant fini, nous nous levâmes de table.

Pourtant, Janek ne se tint pas pour battu, car il vint à moi et me dit d'une voix si douce : « Si vous me donniez un soufflet, je vous donnerais un baiser ! » Pouvais-je lui garder rancune ? Non, je ne le pouvais pas. C'était un grand enfant maladif ! Il devint si triste qu'il me faisait pitié ! Nous restâmes bons camarades et, du reste, l'été approchait de sa fin. Je retournai donc à Vienne avant mon élève, car mes leçons recommençaient sérieusement le 1ᵉʳ octobre.

J'allai plusieurs étés dans cette famille. Nous faisions aussi des voyages ; ainsi, nous sommes allés à Lemberg (Léopol), puis à Spas, où le comte avait des biens, notamment des mines de naphte. Cela ne lui rapportait pas encore beaucoup, car il n'y avait pas longtemps qu'il exploitait cette découverte qu'il avait faite. Un jour, en se promenant à cheval dans ses terres, il vit que l'eau qui coulait d'un ruisseau était couverte de taches grasses, qui surnageaient comme de l'huile ; il fit analyser cette eau et le résultat fut qu'elle contenait du naphte. Alors, à la source du ruisseau un puits fut creusé et ce fut le début des mines de pétrole. Je crois que le comte mourut avant que l'exploitation ait donné des résultats.

A Spas, une vache qui poursuivait un chien de chasse entra au salon ; elle monta les quelques marches qui conduisaient à cette pièce, et après en avoir fait le tour elle sortit comme elle était entrée. Je ne pus malheureusement pas sauver le chien qui fut, d'un coup de corne, acculé contre le mur de la cour. Je le soignai, le frictionnai de mon mieux avec de l'eau-de-vie (Frantzbranntwein). Cette pauvre bête souffrait tant que je la fis coucher au pied de mon lit. Enfin, quelques jours après, j'eus le plaisir de la voir gambader comme par le passé. Ses reins avaient repris leur vigueur ; mais j'avoue que je fus bien effrayée en voyant cette vache entrer au salon, comme si elle pénétrait dans son étable ; seulement, c'est avec un peu plus d'impétuosité qu'elle le fit.

Quelquefois des troupes de Tziganes passaient et s'arrêtaient au château. C'était alors un grand plaisir pour nous, car, généralement, ils nous surprenaient pendant les repas. A vrai dire, ces Tziganes exercent sur l'auditoire un charme réel. Chaque fois que j'eus l'occasion d'en entendre, j'étais émerveillée. C'est ce qui fit dire une fois au comte, lorsqu'une troupe de ces musiciens nous surprit : « Les yeux de madame ont positivement ri, son regard a exprimé la plus grande joie. »

Je me rappelle une scène assez amusante au château de Tyczyn : Mon élève Isa voulut me faire monter à cheval. Elle espérait que je pourrais apprendre facilement et vite pour l'accompagner dans ses promenades. Elle fit donc amener à cet effet un cheval devant le château ; heureusement qu'on en avait pris un vieux. On me hissa dessus ; je devais faire une piteuse figure avec ma robe trop courte qui, par conséquent, n'avait rien de commun avec une amazone. Une fois installée, on tira sur le cheval pour le faire marcher. Les piqueurs le poussèrent par le train de derrière ; mais peine perdue, le cheval ne bougea pas d'un cran, malgré tous leurs efforts. Il était comme cloué au sol. On aurait dit qu'il avait deviné que j'appréhendais cette sorte de sport, n'ayant pas envie de me casser un membre, vu les charges qui pesaient alors sur moi !

Je me gardai bien de raconter que je montais en vélocipède, car, si l'on avait su que j'avais jadis roulé sur deux roues avec mon frère, on m'aurait priée de faire de ce sport avec les enfants. Je n'étais plus assez agile pour essayer, puis je craignais avant tout d'être empêchée par quelque chute malencontreuse de gagner ma vie.

Je jouais au tennis avec mon élève ; mais j'en revenais toujours fort essoufflée. Je me souviens qu'une fois le soleil donnait d'un côté de la place du tennis, je mis mon élève de l'autre côté, espérant qu'avec le chapeau je pourrais jouer sans être incommodée ; mais alors je ne voyais pas arriver la balle qui m'était envoyée et je retirai mon chapeau. Mal m'en prit ; car l'après-midi de ce jour un violent mal de tête se déclara ; le soir, j'étais fort souffrante, et s'il n'avait pas fallu plus d'une heure de voiture pour aller chercher un médecin et autant pour revenir, on l'aurait appelé. Il était trop tard, et la comtesse se proposait de l'envoyer chercher le lendemain matin. Elle me veilla une grande partie de la nuit, en me mettant des compresses, et ne quitta mon chevet, pour y laisser sa femme de chambre, que lorsqu'elle me vit assoupie. Les différents cachets que j'avais pris et les compresses qui m'avaient été appliquées avaient eu raison du mal. J'étais sauvée peut-être d'une maladie fort grave. La comtesse, dans sa grande bonté, avait opéré cette guérison.

Que de souvenirs cette famille n'a-t-elle pas laissés dans ma tête et dans mon cœur ! J'allai quatre étés à Tyczyn. Quand Sophie, la petite sœur d'Isa, fut assez grande pour apprendre le français, c'est pour elle que je m'y rendis, et ainsi passèrent les années.

J'eus la douleur d'assister aux grands malheurs qui frappèrent cette excellente famille. Le plus jeune des fils mourut, et l'année suivante l'aîné, le comte Janek, qui se minait d'une cruelle maladie de poitrine, allait rejoindre le pauvre Kajio !

J'étais alors avec eux à la campagne. Le plus pénible fut que la comtesse en tomba dangereusement malade ! On la conduisit à Paris, où le comte allait la voir de temps en temps. Le pauvre homme finit bientôt par succomber à tous ses chagrins ; on le trouva mort dans son compartiment pendant un de ces voyages qui, à juste titre, pourrait être nommé son calvaire !

La gouvernante s'était mariée avec un juge du pays ; j'assistai à son mariage, qui, du reste, fut fort triste, car le chagrin ayant déjà frappé la famille, on ne pouvait songer aux réjouissances usuelles. Pourtant, le comte fut son témoin et il fit encore donner un repas splendide. Quant à moi, j'eus l'honneur de représenter la comtesse, déjà malade.

Les mariés s'étaient retirés très tôt, et huit jours après j'allai leur faire une petite visite. La jeune femme me dit que le chanoine venait de la gronder et lui avait reproché de n'être pas venue, le lendemain matin de son mariage, à la messe de sept heures pour remercier Dieu des grâces qu'il lui avait accordées. Je partis d'un éclat de rire fort irrévérencieux et ne pus m'empêcher de lui dire : mais alors il me semble qu'après huit jours de mariage vous devriez entendre plusieurs messes pour remercier Dieu de la quantité de grâces qui vous ont été accordées... Je trouvai cet usage excessif, car alors à quelle heure faut-il qu'une mariée se lève ?

J'ai déjà parlé de ma dernière confession, lors du départ de mon mari. Eh bien ! depuis ce temps je ne m'étais pas confessée et, pourtant, j'avais conservé des idées religieuses. Pendant un des étés que je passai dans cette famille patriarcale, comme on peut avec raison la nommer, mon élève fit sa première communion ; le comte et la comtesse devaient aller à la Sainte Table avec elle, et la gouvernante se joignait à eux. Quant à moi, je ne fis aucune réflexion, afin d'éviter à ce sujet une question que je sentais dans l'air.

Je ne m'étais pas trompée, la comtesse vint à moi et me dit qu'elle désirait que toutes les maîtresses communient ce jour-là avec la famille. Je refusai, mais elle ne se tint pas pour battue et elle insista de nouveau, puis me le fit demander par mon élève. Enfin, la veille encore, pour vaincre ma résistance, la comtesse me fit dire qu'elle donnerait une certaine somme aux pauvres, si je commu-

niais le lendemain. J'étais vaincue, car je ne voulais pas
que les pauvres en souffrissent ; et j'allai trouver le chanoine, un saint homme celui-là. Je lui expliquai la chose
telle qu'elle était. « Venez mon enfant, » me dit-il, et il
me conduisit au confessionnal. Je me confessai donc, mais
aussi j'avais affaire, non à un prêtre comme j'en connus
un, mais à un père qui avait compris ce qui se passait en
moi. Il me donna l'absolution et le lendemain, j'accompagnai toute la famille à la Sainte Table ! La comtesse était
contente et les pauvres aussi, je suppose.

Quelques jours après, j'eus le plaisir d'embrasser une
pauvre petite hirondelle qui était entrée dans ma chambre
et qui, s'étant cognée aux fenêtres du haut, était tombée
tout épuisée. Je la pris, la ranimai avec un peu de lait,
puis, après l'avoir embrassée, je la posai sur la fenêtre
ouverte, d'où je la vis bientôt prendre son vol. Par ce fait,
un de mes désirs d'enfant venait d'être exaucé.

CHAPITRE XXVIII

Chozen, Rosenhof, Dobroslavitz et Seebarn

Après Tyczyn, je citerai encore le château de Chozen, en Bohême, où je passai un été chez le prince et la princesse Kinsky, dont j'accompagnais les petits-enfants. Je me rappelle vaguement ce château, car la grand'mère de mes élèves étant malade, nous ne circulions pas à loisir. Du reste, toute la famille y était réunie et nous passions notre temps dans un grand jardin dans lequel les enfants de plusieurs fils et filles de la princesse jouaient pendant que nous, institutrices, gouvernantes et précepteurs, causions en travaillant après avoir donné nos leçons.

J'avais comme élèves deux petites filles qui auraient pu être gentilles, car elles avaient tout pour cela ; mais apprendre le français était pour elles un sujet d'ennui, et je devais être leur bête noire.

Malgré toute la peine que je me donnais, je n'arrivais pas à leur inculquer grand chose. Pendant les leçons, elles pensaient aux jeux de la récréation, et quand je prenais l'une ou l'autre, soit Gabrielle, soit Mindi, plongée dans ses distractions coutumières, la première me disait franchement qu'elle avait pensé mettre telle robe à sa poupée. Quant à Mindi, elle cherchait à quel jeu elle pourrait jouer avec son petit cousin Hansi.

L'aînée, je crois, n'avait aucune affection pour moi. Mais, les yeux aimants et doux de Mindi me disaient que je lui inspirais de l'amitié ; malheureusement, elle était entraînée par sa sœur aînée. Pourtant, je l'aimais bien, cette enfant !

Nous faisions aussi de belles promenades en dehors du parc. Nous allions en vraie bande dans la campagne où nous étions toutes joyeuses, les institutrices comme les élèves. Une de ces excursions me laissa un souvenir inoubliable. Nous passions devant un gros monticule de terre et les enfants grimpaient volontiers sur ces tas, soit de foin, soit de terre.

Tout à coup, des cris attirèrent notre attention à la gouvernante et à moi et, que l'on juge de notre effroi mutuel, lorsque nous vîmes la petite Mindi enfonçant de plus en plus dans cet amas de terre! Je dis de terre, parce que ce tas en était recouvert ; mais cette terre ne servait qu'à cacher ses dessous. C'était bel et bien du fumier composé de toutes les fosses d'aisances du château. La pauvre petite y était déjà jusqu'aux genoux ! Enfin, nous l'en tirâmes non sans peine ; seulement, nous ne pouvions rentrer ainsi au château ; nous envoyâmes un domestique chercher tout ce qu'il fallait pour changer la pauvre Mindi des pieds à la tête.

J'allai aussi avec cette famille à Rosenhof, dans la Haute Autriche, non loin de Freistadt. Le château était plutôt un châlet, car tout était en bois. La princesse étant rétablie, on passait les étés chez soi, dans son château, et plus chez les grands-parents.

Je me souviens qu'il faisait une chaleur tropicale et qu'une belle nuit un orage comme je n'en vis jamais éclata au-dessus de nos têtes. Si la foudre était tombée sur cette maison, nous aurions été tous rôtis, car je crois me rappeler que le château était assez loin du village et nous étions à une forte altitude.

Devant ce château il y avait, comme dans tous les autres, une cabane pour les enfants. Tout y était installé comme chez les paysans : poële, armoire, tables et chaises ; on pouvait y tenir quatre ou cinq personnes. Il y avait généralement une cuisine avec tous les ustensiles, et les petites filles s'habillaient en paysannes. C'était pour elles un bonheur, lorsqu'il faisait mauvais temps, de pouvoir vivre pendant des heures dans ces cabanes et d'y faire la popote.

Je n'allai qu'un été à Rosenhof, car je me voyais forcée d'aller alternativement chez la comtesse Wodzicka et chez la comtesse Kinsky. Puis, au moment de mon divorce je manquai, comme on le sait, à mon engagement. Dans cette famille, les petites filles augmentaient d'une chaque année à peu près et une seule gouvernante ne suffisait plus ; je n'avais pas voulu aller à demeure. J'avais aussi refusé d'entrer chez la comtesse Wodzicka comme institutrice, préférant donner des leçons, ce qui, du reste, était plus rémunérateur. On prit donc une gouvernante française et je perdis ainsi la leçon pour l'hiver.

Lorsque nous étions à Chozen, chez la princesse Kinsky, j'avais fait la connaissance d'un charmant petit garçon, cousin germain de Gabrielle et de Mindi. Je devais être sympathique à cet enfant, car lorsque je parlais il venait se planter devant moi, me regardait dans les yeux, comme s'il y lisait ce que je racontais, ne sachant pas le français et, par conséquent, ne pouvant me comprendre.

Hansi, je ne m'étais pas trompée, m'avait prise en affection, et le jour où il s'agit de lui donner une institutrice française, il déclara qu'il n'apprendrait le français qu'avec la maîtresse de ses cousines. Je fus fort étonnée lorsqu'on m'annonça cette bonne nouvelle. En même temps, je fus peinée, car je connaissais le professeur qui avait espéré avoir cet enfant pour élève et, justement c'était à ce professeur que je devais d'être entrée dans ces familles de l'aristocratie. Je n'osai accepter, bien que cela me fasse le plus grand plaisir. Enfin, on m'assura que l'on n'avait pas eu l'intention de prendre un professeur et que la comtesse voulait que ce fût une dame qui enseignât le français à ses enfants ; alors j'acceptai.

Je commençai donc à donner déjà, à Vienne, des leçons à Hansi Wilczek, et pendant plusieurs étés j'accompagnai la famille à la campagne. C'était à Dobroslavitz, en Silésie autrichienne, que se trouvait le château. Là aussi je fus bien heureuse ! Le comte et la comtesse étaient bons pour moi et les enfants charmants ; ils étaient adorables de gentillesse et de grâce enfantine. D'abord, j'eus Hansi, puis Cari me fut bientôt confié. Je leur enseignai le français en jouant, avant de commencer avec les livres. Je me rappelle avoir joué avec eux comme un vrai garçon. Ils avaient un képi français et, dame, à moi seule, je représentais l'armée française. Malheureusement, je ne courais pas assez vite et l'armée française restait en arrière ! Pour la faire avancer, dans le feu de la bataille, elle reçut un bon coup de crosse de fusil, dont elle porta les marques pendant longtemps.

Cela m'amusait pourtant et je recommençais de plus belle le lendemain, quand ils me demandaient de prendre part à leurs jeux. Je devais tenir de ma mère, qui sautait encore avec moi à la corde lorsqu'elle avait 33 ans. Du reste, nous étions beaucoup pour jouer, car la gouvernante anglaise et le précepteur se mettaient de la partie. Que de retraites aux flambeaux avec des lampions n'avons-nous pas faites ! Je leur fabriquai un cerf-volant d'une grandeur gigantesque. C'était le deuxième de ma façon qui parcourut les airs. Le premier avait appartenu au fils de M^{me}F... ; les couleurs seules différaient.

J'eus dans cette famille bien des moments heureux. J'enseignais le français à tous les enfants, car Hansi apprenait encore que Cari commençait, et il en fut de même pour Ferdinand, ainsi que pour leur petite sœur Lucia, que l'on nommait alors « Baby ».

Vous rappelez-vous, mon cher Hansi, malgré que vous soyez marié et père, vous souvenez-vous qu'un jour, à table, vous demandâtes à brûle-pourpoint à vos parents pourquoi on ne commandait pas ses enfants avant de se marier? Votre père regarda son assiette et votre mère était non moins embarrassée de la réponse qu'il fallait vous faire. Alors, comme vos yeux s'étaient dirigés vers moi en parlant, je pris la parole et je vous dis que, d'abord le mari et la femme devaient bien se connaître et, lorsqu'ils avaient arrangé leur maison et s'étaient habitués l'un à l'autre, ils commandaient les enfants. Vos parents me jetèrent un coup d'œil de satisfaction et vous, vous me dites :« Das ist auch wahr » (C'est aussi vrai).

Ayant remarqué que je me tenais un peu en arrière, Cari, pour me taquiner et nous faire rire, descendit une fois les escaliers à ma façon et, arrivé au tournant, le mur le cachait encore, que son petit abdomen apparaissait déjà, tant il le tendait en avant. C'était trop gentil pour que je me fâche, car il le faisait sans malice, sans méchanceté aucune.

Quel bon temps ! C'est bien fini, il ne reviendra plus jamais ! Vivons, du moins, avec nos souvenirs de ces charmants enfants.

Non seulement les enfants faisaient des plaisanteries, mais le comte lui-même se mettait de la partie. Un jour, je dis à Hansi de ne pas mettre sa serviette dans sa bouche, parce que cela me faisait grincer des dents. Le comte, qui était à côté de moi, n'imagina-t-il pas d'introduire dans sa bouche tout son mouchoir, et de l'en sortir aussi lentement que possible, malgré les : « Aber Hans ! » réitérés que lui disait la comtesse.

Une autre fois, il avait placé à côté de moi une imitation tellement parfaite d'un ét..., que je m'y laissai prendre et commandai au domestique de faire enlever ce que le chien venait de déposer.

Arrivée au salon, où nous prenions le café noir, je fus stupéfaite en trouvant le même exemplaire sur le canapé, à la place que j'occupais habituellement. Je compris alors la plaisanterie et je mêlai mes rires à ceux des enfants qui jubilaient et applaudissaient.

Voulant faire la même farce à la maîtresse de piano, nous allâmes en chœur dans sa chambre, sous prétexte d'entendre un morceau de musique ; mais celle-ci, fort nerveuse, en voyant cet échantillon, ne fut qu'étonnée ; elle ne comprit pas la plaisanterie. Cela l'empêcha même de jouer un morceau de musique à la comtesse qui l'en priait.

Je me rappelle qu'une fois, des Tziganes vinrent aussi à Dobroslavitz et qu'ils donnèrent un concert pendant notre dîner. Comme ils étaient très près de la salle à manger, nous jouîmes non seulement de leur musique, mais encore de leurs personnes. Le premier violon surtout nous fascinait, nous magnétisait. Sa physionomie était intéressante, il avait la figure bistrée comme tous ses compatriotes ; ses yeux ardents exerçaient un véritable attrait. Il mettait à son jeu tout son cœur et, par conséquent, beaucoup de feu. Ce fut un réel plaisir de l'entendre jouer et de le voir en même temps.

Un autre été, le comte vint accompagné de son ami, le prince Gottfried Hohenlohe. Nous allâmes comme d'habitude au salon après le dîner. Ces messieurs, s'étant mis à la fenêtre, s'aperçurent que les noyers, qui étaient juste en face, empêchaient de voir la campagne. Ils avaient raison, la vue était positivement bornée par ces arbres très touffus à l'époque à laquelle la famille habitait le château.

Ayant fini de prendre mon café, j'étais descendue dans ma chambre qui se trouvait au-dessous du salon et dont la fenêtre donnait juste derrière les troncs de ces arbres. Tout à coup, je fus distraite de mon travail par un bruit de voix et un autre bruit étrange. Je vis bientôt ce qu'il en était : ces messieurs sciaient un de ces noyers. Ils avaient négligé de graisser leur scie ; aussi leur criai-je de le faire, car c'était un bruit des plus énervants.

Je n'avais pas fini ma phrase, qu'ils se levèrent et, sans crier gare, me bombardèrent avec les noix qui se trouvaient en grand nombre sous l'arbre. Je ne savais où me cacher ; ma fenêtre était large et il n'y avait pas de coin qui puisse m'abriter de ce déluge. Enfin, la comtesse, entendant ces rires et les cris de détresse que je jetais, vint à la fenêtre du salon, ce qui fit diversion et me permit de me soustraire à ce bombardement assez intense, ma foi !

Le prince Hohenlohe était un joyeux compagnon et fort aimable en société. Si seulement il avait été un peu plus sage pendant la messe ! Au moment où l'on devait être le plus recueilli, il avait des idées en tête pour nous distraire. Il imitait admirablement certains bruits, et nous avions toutes les peines du monde à ne pas éclater de rire. La chapelle du château n'était pas grande et nous l'entendions d'autant mieux.

Le comte Wilczek possédait des mines à Ostrau en Moravie, non loin du château. Je n'avais aucune idée de ce que cela pouvait être, et je fus bien contente de les visiter une fois avec la famille. Seulement, lorsqu'on me fit l'offre gracieuse de m'emmener, j'étais en toilette d'été, et j'y allai telle quelle. Je vis bien que la comtesse avait mis une casquette ; mais je m'en inquiétai peu ; ces dames en portent assez fréquemment.

Arrivée au bureau de l'ingénieur, on me fit ôter mon chapeau et l'on me mit sur la tête celui d'un des ouvriers mineurs, ainsi qu'un long pardessus d'homme, qui cachait presque toute ma robe. Il me fut dit que c'était plus prudent, vu le suintement des parois.

Nous descendîmes dans le second ascenseur ; le comte, la comtesse et les enfants avaient pris le premier avec l'ingénieur ; la maîtresse de piano, le précepteur et moi les suivîmes bientôt, accompagnés de deux employés. Nous descendîmes, descendîmes toujours plus profondément, je crois à plus de 400 mètres. Dieu que j'avais le cœur serré ! Enfin, nous arrivâmes et nous nous mîmes à la suite du comte et de la comtesse. L'ingénieur ouvrait la marche et le premier employé la fermait.

J'éprouvai une grande impression en me trouvant dans ces couloirs sombres dont il fallait bien suivre les sinuosités. Hansi, m'apercevant dans mon nouvel accoutrement, éclata de rire bruyamment, rire qui gagna toute la société, et qui fit un peu diversion. « Ah ! ah ! die madame Scala ! » cria-t-il, en riant. En effet, je devais être fort drôle dans mon costume.

Que de petites lanternes nous vîmes ; nous mêmes en avions chacun une. Et ces pauvres mineurs tout noirs, qui piochaient sans discontinuer dans ces galeries étroites pour en extraire notre charbon ! Nous passions sous des planches, car toutes les parois étaient bien étayées de crainte d'éboulements. Les chevaux, les pauvres bêtes qui vivent avec les hommes dans ces gouffres, dans ces ténèbres éternelles, ne sont-ils pas à plaindre et ne méritent-ils pas aussi notre sympathie ? Quelquefois on les fait remonter ; mais on dit qu'ils ne peuvent plus supporter la lumière du jour !

Je ne me baissai pas assez à un certain endroit, dont je n'avais pas remarqué la voûte plus basse, et je me cognai d'une façon si terrible que je me retrouvai à la lumière avec un affreux mal de tête. Puis, lorsque j'eus retiré le chapeau qui ne m'avait guère garantie, je constatai que j'avais une énorme bosse sur le dessus de la tête. De plus, quelques jours après, j'avais le front couvert de boutons, ce qui, à juste titre, me tourmenta beaucoup.

Nous étions à peine remontés que quatre hommes, envoyés en délégation, vinrent demander une grâce au comte. On avait privé les mineurs d'une certaine quantité de charbon, qui leur était allouée avant qu'ils ne se missent en grève, et ils avaient l'air de revendiquer des droits. Le comte promit d'en parler à son père, Son Excellence.

Je crus voir à la figure de ces hommes que, si l'on refusait d'acquiescer à leur demande, il pourrait devenir dangereux de descendre dans les mines. Je me dis même que les anarchistes devaient leur ressembler !

Nous retournâmes au château ; tout le monde riait, était gai ; quant à moi, je souffrais et me demandais comment cela finirait. Enfin, bosse et boutons finirent par disparaître, grâce aux soins que je me donnai ; seulement, j'eus cette partie de la tête fort sensible pendant longtemps.

Le jardin aboutissait à une superbe forêt, dont certains points étaient d'un pittoresque achevé et qui auraient pu faire de magnifiques sujets de tableaux.

Une fois, en lisant un livre, je m'approchai lentement et sans faire de bruit d'un de ces endroits vierges ; je vis tout à coup, à un mètre de moi, un animal se dresser sur ses pattes. Je crus que c'était un chien ; mais non, c'était un superbe renard qui me regarda en ayant l'air de me reprocher de venir troubler son repos. Il s'éloigna aussi doucement que je m'étais approchée de lui.

Fait très rare : un jour d'orage, en sortant de la forêt, je vis tout à coup sur les fils télégraphiques deux grosses boules de feu. La foudre était à quelques mètres de moi. Je trouvai donc plus prudent de rentrer sous bois, car il eût été dangereux de côtoyer les fils télégraphiques qui couraient le long de la route.

Avec cette famille, j'allai encore dans un château, à Seebarn, non loin de Vienne. Ce château appartenait aux grands-parents de mes élèves, L. E. le comte et la comtesse Wilczek. L'été touchant à sa fin, je n'y restai que quelques jours. Je me rappelle seulement qu'il y avait, là aussi, une belle cabane tout installée qui servait aux petits enfants après avoir fait les délices des parents. C'était une vraie cabane rustique. J'y fis des œufs à la neige, à la grande joie de mes élèves. Je crois même avoir essayé l'art culinaire dans toutes les cabanes qui me firent l'honneur de me recevoir.

De Seebarn, nous avons visité, près Korneuburg sur le Danube, le château-fort de Kreuzenstein, dont je me permets de dire quelques mots :

A la mort du baron de Saint-Hilaire en 1672, le château de Kreuzenstein, en ruines, échut à sa veuve, qui le légua en 1702 à sa plus jeune fille, Marie-Charlotte. Celle-ci avait épousé le célèbre feldmaréchal Henri-Guillaume, comte de Wilczek. Le château-fort de Kreuzenstein devint donc la propriété de cette famille, qui, depuis 1739, se le transmit de père en fils, jusqu'à ce qu'il devînt la possession du comte Jean Népomuk de Wilczek.

En 1879, le comte, qui avait une réelle passion pour les ruines de ce château-fort, résolut d'y faire bâtir, sous la chapelle, un caveau où repose maintenant sa mère, Gabrielle, née baronne de Reischach. Son Excellence le comte Wilczek ne s'en tint pas là ; il fit reconstruire en style mi partie roman, mi partie gothique le château, auquel on accède par un pont-levis.

En dehors de ses tourelles, une haute tour carrée de cinquante mètres s'élève au-dessus de la montagne. Outre les appartements, il y a la bibliothèque, la salle d'armes, la chapelle, éclairée par de superbes vitraux anciens, et la sacristie, qui renferme des trésors. Tout y est en parfaite harmonie et rappelle les temps où, peut-être, des pirates du Danube avaient habité ce château.

C'est tellement intéressant et instructif, qu'on va visiter ce château à certaines époques et que, souvent, on y rencontre des classes entières avec leurs professeurs. Cela fait grande impression à tout le monde, petits et grands.

CHAPITRE XXIX

Souvenirs du passé

La nourriture du restaurant m'étant contraire et toutes les privations que je m'étais imposées pendant de si longues années ayant un peu altéré ma santé, j'avais fini par me créer un petit intérieur. Je pris un appartement avec deux chambres et une cuisine, et j'eus une bonne. Je m'étais alors rapprochée de mes chères amies, les dames Pio. J'allais de temps en temps passer les soirées chez elles, et pour rentrer il était préférable que je demeurasse dans leur voisinage. Je trouvai au 33 de la Favoritenstrasse un appartement conforme à mes désirs.

Je vais maintenant parler de quelques faits qui se sont passés antérieurement à cela. J'étais retournée à Paris un an après la mort de ma mère et j'étais descendue cette fois chez le frère de mon mari, qui m'avait offert gracieusement l'hospitalité et auquel j'avais promis de porter sur les fonds baptismaux l'enfant que sa jeune femme attendait. Ce fut un garçon qu'on nomma Pierre, comme le père.

Je profitai de ce voyage pour aller voir la fruitière qui avait hébergé ma mère jusqu'au jour de son décès. J'avais un renseignement à lui demander. En arrivant à son adresse, je ne l'y trouvai plus, et les personnes qui avaient loué le magasin après elle ne purent rien me dire. J'allai alors chez la teinturière, son ex-voisine ; elle me reconnut et me raconta que la fruitière avait suivi ma mère de près, car trois mois après elle était morte, ne pouvant supporter la pensée que ma mère n'avait jamais pu lui pardonner les moments de vivacité qu'elle avait eus envers elle. Ma mère avait donc ses raisons pour ne pas l'aimer, comme on se le rappelle. Et si cette femme a eu des torts, Dieu l'en punissait d'autant plus qu'elle laissait deux enfants !

Je retournai à Vienne en juillet pour me rendre chez la comtesse Kinsky qui m'avait engagée pour l'été, fait que j'ai déjà mentionné.

Le temps vint enfin où je gagnai beaucoup d'argent ; je donnais alors huit à neuf leçons par jour. Je me sentais si heureuse de vivre ! Par l'intermédiaire de M. Dubray, cousin de M. Pio, je parvins, comme je l'ai dit, à donner des leçons dans la haute aristocratie où il en donnait lui-même ; j'eus aussi un grand nombre d'élèves dans la bourgeoisie. Ils étaient tous si gentils pour moi ! A combien de Willy, de Jean, de Rodolphe, d'Anna, de Louise, etc.. n'ai-je pas enseigné la langue française ?

C'était à qui m'inviterait les jours de fête. Dans toutes ces familles, j'étais de la maison. Avait-on un dîner, une soirée, faisait-on une excursion, il fallait que j'en fusse. Pour leur faire plaisir, je chantais aux soirées et je me souviens même avoir repris des leçons de chant et avoir repassé toutes les romances de mon répertoire.

Après le départ de mon mari, j'eus dorénavant le plaisir, la veille de Noël, d'assister à la fête que donnait mon amie Mme S.... Au milieu du salon, il y avait un sapin splendide aux branches duquel étaient suspendues des noix dorées et argentées, des sucreries de toutes sortes, de jolies petites bonbonnières remplies de pastilles de chocolat. Au faîte se trouvait le petit Jésus, sous la forme d'un ange, qui semblait, de ses ailes, être venu se poser sur la dernière branche pour rendre plus éclatante encore la lumière que projetaient les innombrables bougies qui y étaient attachées, ainsi que les fils d'or qui couraient sur les aiguilles vertes de ce bel arbre de Noël.

Au-dessous, sur une nappe blanche, étaient exposés les jouets pour les enfants, et sur différentes tables il y avait les cadeaux que se faisaient réciproquement tous les membres de la famille. Je n'avais pas été oubliée, et le soir je rentrais les mains pleines de friandises et un cadeau utile était venu s'ajouter à ceux que j'avais déjà reçus dans le courant de la semaine.

Toutes les familles dans lesquelles j'enseignais le français s'ingéniaient à deviner l'objet qui me fît plaisir et me fût utile en même temps. Il était rare pour moi de passer la fête de Noël sans que tous mes désirs ne fussent réalisés, et pourtant je n'avais pas présenté ma liste de souhaits, comme le faisaient mes élèves à leurs parents au moment de Noël.

Etant enfant, nous mettions, mon frère et moi, nos souliers dans la cheminée, selon l'usage en France. Une belle nappe blanche était étalée, et nos chaussures étant trop petites pour contenir tout ce que le petit Jésus apportait, nous n'y trouvions qu'un cornet rempli de bonbons ; mais tout autour des jouets étaient exposés, comme sous l'arbre de Noël de mes élèves. Nos désirs avaient aussi été réalisés. Comme eux, avant la découverte de notre trésor, nous étions, mon frère et moi, tout émus, puis ensuite très heureux et reconnaissants. Ce sont de ces souvenirs qu'on aime à évoquer.

J'eus pendant tout le cours des années que je passai à Vienne des leçons dans une de ces familles que je nomme à juste titre « patriarcales ». Tous les enfants avaient pris des leçons avec moi. Je me rappelle combien je fus heureuse quand vint le tour de la petite Louise. Sa gentillesse, ses jolis yeux bleus pailletés m'avaient enchantée à tel point que, lorsque j'eus ma petite fille, je lui trouvais les yeux de Louise ! Ses frères l'appelaient : « die Süsse » — la douce — et elle ne démentit pas ce nom, même quand elle se maria et devint mère de trois enfants ; elle resta toujours « die Süsse ».

Tous mes élèves étant mariés, le père, M. le conseiller (Regierungsrat) Ast, déjà âgé, prit des leçons de conversation et la maman me faisait un bon café. Etait-ce alors une leçon ? Bien que je fusse rémunérée, comme par le passé, je répondrai : « Non, » car, pour moi, c'était une couple d'heures que je passais auprès de ces personnes, dont l'amitié me resta fidèle pendant ces nombreuses années. Je trouvai la même affection chez Mme Rauscher, la sœur de Mme Ast.

Que de volumes il me faudrait écrire si je devais parler de tous mes élèves ! J'en ai eu tant, que, comme Sainte Catherine, je n'en sais plus le nombre, bien que je me les rappelle tous et toutes.

J'eus, entre autres, une charmante élève, la petite princesse Hanna Radziwill. Qu'elle était donc gentille cette petite fille ! Elle n'avait guère que cinq ans lorsqu'elle prit les premières notions. D'abord, on joua en parlant ; elle aimait les animaux et en avait en bronze ; aussi je leur fis tenir à chacun un langage approprié à la circonstance. Enfin nous commençâmes à apprendre à lire et à écrire. Chaque fois j'inculquais dans sa petite tête un certain nombre de mots à l'aide d'images d'Epinal ou d'images artistiques Quantin. — Quels sont les élèves qui ne les connaissent pas ? — Puis, le temps des devoirs arriva, comme avec tous mes élèves, du reste.

Hanna ne pouvait jamais se rappeler la lettre D ; alors elle la surnomma « Madame ». En effet, j'étais assez forte, et cette enfant, dans son esprit, avait fait ses petites comparaisons. L'accent circonflexe était l'accent parapluie. Quelquefois même, elle lui faisait un petit manche très fin, croyant que je ne le remarquerais pas. Je devais inscrire ses notes dans un petit carnet pour qu'elle les montre à ses parents. Son père la récompensait probablement quand elles étaient bonnes : car un jour que je lui dis : « C'est très bien, ma petite Hanna, c'est encore mieux que la dernière fois. » — « Quelle note allez-vous me donner ? La dernière fois j'ai eu « parfait » ; alors cette fois ce sera : plus que, plus que que que... » La chère petite s'embrouillait et ne trouvait aucune solution ; alors je lui dis : « Je soulignerai le parfait et ton papa comprendra que c'est encore mieux. » A partir de ce jour, je me vis forcée d'être plus sobre avec mon parfait ; du reste elle devenait aussi plus sérieuse à l'étude.

Que de souvenirs attendris cette pauvre petite ne me rappelle-t-elle pas ! Je dis pauvre, parce que le bon Dieu l'appela auprès de lui bien trop tôt pour elle, pour ses parents et pour ceux qui l'aimaient !

Au printemps, la famille allait habiter Salmansdorf, où je me rendais jusqu'à ce que je parte moi-même pour la campagne. Au début, j'avais encore les miens à ma charge et j'avoue que le petit déjeuner que me faisait servir la princesse était le bienvenu, car c'était le temps où je ne mangeais pas tous les jours à ma faim ! Eh bien ! la chère petite Hanna, à qui on ne devait pas donner souvent d'œufs à la coque, par raison de santé, me regardait manger mon œuf ; l'eau lui en venait à la bouche, et ses yeux me disaient assez l'envie qu'elle en avait. Aussi me fut-il impossible de passer outre et je partageais chaque fois mon œuf avec elle. Hanna trempait une mouillette, puis j'en trempais une, et ainsi de suite. De cette façon, un œuf à la coque finissait par faire le bonheur de deux estomacs, dont l'un était pourtant bien affamé.

Quand je pense que j'aurais pu être la maîtresse de français de la petite archiduchesse Elisabeth, la fille du prince Rodolphe, elle, qui naquit à la même heure que ma pauvre petite Reine ! Je fus recommandée, mais, lorsque je me présentai, on venait de prendre quelqu'un. Il y avait quinze jours que l'on cherchait une maîtresse pour cette enfant. J'arrivai malheureusement trop tard !

J'avais encore ma mère à Vienne lorsque je reçus une carte de M. Polini, directeur de l'Opéra de Hambourg. Il me priait de venir le voir à l'hôtel Sacher. Je m'y rendis, très intriguée de savoir ce qu'il pouvait me vouloir. Bientôt, je compris ses raisons, car il me dit aussitôt : « Mlle Teleky, à qui vous avez donné des leçons de français, est à mon théâtre, à Hambourg, et elle m'a demandé de vous prier de venir près d'elle comme chaperon ; mais, je vous avoue, Madame, que je ne comprends pas Mlle Teleky. Vous êtes bien Mme Scala, n'est-ce pas ? Comment Mlle Teleky peut-elle vous offrir, à vous, si jeune, d'être son porte respect ? » — « Mon Dieu, Monsieur, lui dis-je, Mlle Teleky me sait fort sérieuse, malgré ma jeunesse, et elle sait aussi que je ferais consciencieusement mon devoir auprès d'elle, si j'acceptais. Combien Mlle Teleky m'offre-t-elle ? » — « 100 florins. » — « Je vous prie de lui dire que je la remercie d'avoir pensé à moi ; mais, ayant ma mère à ma charge et mon frère malade, il est préférable que je continue à donner des leçons. J'y trouve un avantage, d'autant plus que mes élèves ont augmenté en nombre depuis le départ de Mlle Teleky. » — « Je le regrette pour elle ; mais cela est préférable pour vous, » me dit-il, et je le quittai sur ces paroles.

Cela me rappelle un petit fait sans importance, mais que je vais pourtant raconter : Une autre fois, je fus cherchée pendant une quinzaine de jours par le baron S... ; il voulait m'avoir comme maîtresse de français auprès de sa petite fille. Je lui avais été chaudement recommandée ; mais, à cette époque, je changeais d'adresse tous les ans, ne gardant pas la chambre meublée que j'avais avant de me déplacer pour mon engagement d'été.

Enfin, le domestique m'ayant trouvée, je me rendis chez le baron ; nous nous entendîmes pour les conditions puis il me dit d'aller à M..., voir la dame qui était auprès de son enfant pour m'arranger avec elle au sujet des heures et des jours auxquels je devais donner les leçons. J'y allai aussitôt ; on m'offrit une tasse de thé que j'acceptai. La petite fille « Mary » était une enfant aimable, charmante, brune et très blanche de peau. Elle me regardait toujours et paraissait très caressante. Je me réjouissais déjà à l'idée de l'avoir pour élève.

Après que nous eûmes tout arrangé avec la gouvernante, — la petite Mary était orpheline de mère — je les quittai ; mais avant, je dus visiter le beau parc. L'enfant cueillit tant de fleurs pour moi que je me vis forcée d'en mettre dans mon ombrelle et encore en avais-je plein les bras.

J'arrivai chez moi toute joyeuse à la pensée de ma nouvelle élève et, le lendemain, je fis les quelques changements nécessaires à mon horaire pour pouvoir me rendre à M... les jours que cette dame avait choisis. Quelque temps après, je reçus une lettre du baron S... me priant de ne pas compter sur la leçon, parce qu'il avait trouvé une autre combinaison ! J'étais très mortifiée, car j'avais dû faire beaucoup de déplacements dans mes familles et c'était fini avant d'avoir commencé !

Je racontai la chose à une dame qui connaissait Mᵐᵉ M. L... — la gouvernante — ainsi que la famille S.... Elle me dit simplement : « Vous étiez trop jolie et trop bien vue de l'enfant pour sympathiser avec cette dame. Elle vous a éloignée! » Jolie! Mais, je ne l'étais pas. J'avais pourtant mon miroir qui me disait que je n'étais pas trop mal.

A propos de miroir, celui-là même dont je parle appartenait à mon frère et une fois où je passais devant, en traversant sa chambre, j'y jetai par hasard un coup d'œil en faisant cette réflexion à haute voix : « Tiens, mais je suis passable, tout de même. » Mon frère qui m'avait entendue rit beaucoup et me dit : « Tu le crois, Louise? »

Lorsque le pauvre Alphonse partit pour l'Italie, il me donna ce miroir et me dit : « Je veux que tu te regardes toujours dedans, puisque tu t'y trouves passable ; et, tu sais, celui-là dit la vérité, car il m'a servi à faire des instruments de précision. Je te le laisse en souvenir ! »

Ella, la fille de ma première amie, Mᵐᵉ S..., m'invitait souvent à dîner. Que faire? Je ne pouvais refuser sans lui en dire la raison, j'acceptais donc. Il y avait longtemps que tout était terminé avec le père, du moins je le compris ainsi, d'autant plus qu'il fut correct, dans toute l'acception du mot, durant mes premières visites. Puis, tout à coup, un soir où sa fille, qui dirigeait la maison depuis la mort de sa mère, avait été appelée dans la cuisine, il recommença à me parler de son amour et enfin, voyant que je résistais encore, maintenant que sa femme était décédée, il ajouta : « Que diriez-vous, si je vous jetais, là, sur le canapé ? » — « Je dirais, Monsieur, que vous êtes une canaille » ; et j'allais me diriger vers la cuisine, lorsque Ella vint nous dire que le dîner était servi.

Nous étions plusieurs à table, M. S..., Ella et son frère, ainsi qu'un cousin et moi. J'étais très gênée et, pour faire diversion, je causais un peu avec ce Monsieur, qui me demanda tout haut si je servais toujours de vache à lait aux miens ? Je devins pourpre de colère et je lui répondis en conséquence. Puis, pendant trois ans, je ne retournai pas dans la famille. La jeune fille, ni son frère, ne comprenaient pas que les paroles que leur cousin m'avait dites fussent la cause de cette brouille. Je ne pouvais pourtant pas leur dire que leur père voulait faire de moi sa maîtresse !

Enfin, un jour, je rencontrai M. S.... Il était atteint d'une maladie qui ne pardonne pas ; il me le dit en ajoutant : « Madame Scala, pour ma fille, je vous en prie, revenez nous voir. Quant à moi, je n'en ai pas pour longtemps et je vous promets de ne plus vous parler d'amour. Oubliez ce qui s'est passé entre nous ! » Il me faisait pitié ; et il avait raison, il n'en eut pas pour longtemps ! Aussi, je ne lui garde pas rancune de tout le tourment qu'il m'a causé.

CHAPITRE XXX

Souvenirs du passé

(Suite)

Dans ce chapitre, je vais surtout raconter quelques souvenirs, comme ils se présenteront à ma mémoire.

Pendant les quelques années que je passai dans les chambres meublées, c'est-à-dire du départ de ma mère jusqu'à sa mort, ne pouvant alors faire beaucoup d'économies, j'avais résolu de donner aussi, chez moi, des leçons aux jeunes gens, s'il s'en présentait. J'avais donc remis des annonces dans la *Nouvelle Presse Libre*. Deux messieurs, amis, avaient répondu et étaient venus se présenter ; j'acceptai de leur donner des leçons à tous les deux ensemble, surtout n'étant pas seule dans l'appartement. Mais, bientôt, l'un manqua, ensuite l'autre, et de fil en aiguille, je n'avais toujours qu'un élève, et cet élève, à tour de rôle, me faisait la cour et même une cour très empressée. Je dus y renoncer.

A une autre annonce, c'était un officier qui m'avait répondu. Il paraissait très distingué, j'acceptai. Mais bientôt je vis que ce n'étaient pas des leçons de français qu'il cherchait ! Ainsi, encore désillusionnée, je me dis : Il faut attendre que je sois plus âgée et je m'en tins aux dames et aux enfants ou aux tout jeunes gens dans leur famille.

Il m'est arrivé beaucoup d'aventures de ce genre ; mais je préfère les passer sous silence pour ne pas froisser quelques susceptibilités.

Je me rappelle que, m'étant fait photographier chez un petit photographe, je fus fort étonnée lorsque, quelque temps après, il vint me demander la permission de vendre une épreuve au baron *** à qui elle plaisait beaucoup. Je refusai ; alors, le photographe me dit que ce n'était qu'à titre d'artiste. Je n'y consentis pourtant pas et il s'en alla désappointé.

Un jour où je me rendais dans la banlieue, j'avais pris un omnibus, un de ces anciens omnibus qui ressemblaient à de vieilles berlines. Etant arrivée à destination, je sonnai pour faire arrêter. Je vis alors un monsieur âgé, très comme il faut, descendre précipitamment de l'autre compartiment, s'avancer vers moi, en m'offrant la main. Je le remerciai vivement et je m'appuyai sur cette main généreuse et galante, car j'étais enceinte. Puis, je vis ce monsieur remonter en omnibus ; j'en fus vraiment touchée ; on le comprendra facilement.

A propos d'omnibus, je citerai encore cette petite aventure qui m'est arrivée avant mon départ de Vienne, en 1913 :

Je voulais monter en tramway ; mais un monsieur assez corpulent se trouvait juste en haut du marche-pied, à l'endroit où il est interdit de stationner, le passage étant déjà très étroit puisque le conducteur, à juste titre, y a sa place. Ce jour-là, ayant une leçon à donner à une élève que je préparais à un examen, j'avais dû emporter, en plus des deux livres de dictées qui se trouvaient dans mon sac, un livre de style.

Pour pénétrer dans le tramway, je me vis forcée de frôler de très près ce monsieur, et le livre que je tenais serré dans mon bras pour qu'il ne s'échappe pas dut le toucher assez fortement, car, lorsque je fus assise à ma place, je vis se balancer sur mon livre la chaîne et la montre du fameux passager. J'allai aussitôt à lui et je lui dis simplement : « En passant, mon livre a accroché votre montre, tenez, la voici. » Il en fut stupéfait et dit : « C'est pourtant vrai. »

Comme on peut se le représenter, j'étais un peu gênée ; car, inconsciemment, j'avais escamoté cette montre, munie de sa chaîne, et je me demandais ce qu'il serait advenu, si son propriétaire s'en était aperçu le premier et qu'on eût fait une perquisition dans le tramway. Ne m'aurait-on pas accusée de l'avoir volée ?

Parmi mes élèves, j'avais une toute jeune femme, nouvellement mariée. L'heure à laquelle son mari avait l'habitude de rentrer était le point final de notre leçon ; mais, un jour, il devança cette heure de vingt minutes. Elle lui sauta au cou et, tous les deux, oubliant ma présence, échangèrent leurs caresses. Comme cela se prolongeait, malgré que j'eusse toussé deux ou trois fois, et voyant qu'ils n'en finissaient pas, je ne sus que faire, n'osant encore m'en aller, la dictée n'étant pas terminée. Je me levai donc, ce qui aurait pu les rappeler à l'ordre ; mais il n'en fut rien ; aussi je me dirigeai vers le poêle et, leur tournant le dos, je l'enlaçai en me chauffant à sa douce chaleur, pendant que mon élève se chauffait à celle de son mari.

Je fus une fois invitée à faire le Krampus (diable), le jour de la Saint-Nicolas, chez notre propriétaire. Mme Schneckenburger ; ma mère était encore à Vienne. J'avais mis un jupon rouge et je m'étais fait un bonnet noir que j'avais taillé dans l'étoffe d'un vieux parapluie de soie, j'y adaptai deux grandes cornes rouges que je trouvai dans une ancienne balayeuse. Puis je mis une superbe barbe postiche, qui n'était autre qu'un col de fourrure.

La mère de mes élèves m'avait donné une hotte remplie de friandises, auxquelles j'ajoutai quelques petits souvenirs. Dans la hotte, il y avait encore une grande poupée faite d'étoffe, qui devait représenter l'enfant désobéissant que le diable emportait et, enfin, trois verges destinées aux jeunes gens.

A Vienne, il est d'usage, à la Saint-Nicolas, de faire venir un diable chez les enfants un peu vifs pour les amender, et chez les enfants sages c'est l'évêque lui-même qui vient. Malheureusement, quelquefois le concierge se permet de faire le Krampus et s'ingénie à effrayer tous les enfants de la maison.

Donc, je tins un langage approprié à la circonstance. Vicki et Ricki, mes petits élèves, ne m'avaient pas reconnue ; quant aux grands, des jeunes gens de 20 à 22 ans, dès que je commençai à les gronder, ils me prirent les verges que je leur destinais et me poursuivirent dans l'appartement, grimpant sur tous les meubles pour m'atteindre, sans que je puisse les toucher de la verge qui me restait. Ma mère et la propriétaire en rirent aux larmes. Enfin, tout rentra dans l'ordre.

Lorsque nous prîmes notre souper avec eux, la poupée était suspendue au crochet de la lampe, au-dessus de nos têtes. Et, en rentrant chez nous, nous trouvâmes cette malheureuse poupée accrochée à notre porte. Comme elle était fort grande et le couloir assez long, je crus d'abord que c'était un enfant qui nous attendait.

Le lendemain, je pus compter les coups de verge que ces jeunes gens m'avaient donnés sur les mollets qui n'avaient pas été garantis, le jupon étant trop court ; mais on s'était bien amusé et tout le monde était satisfait de cette bonne soirée.

Chez mes chères amies, les dames Pio, il y avait aussi des soirées et même avec déguisement, de sorte que je m'efforçais de trouver des costumes qui ne me coûtassent pas trop cher. Même dans mes petites folies, j'étais économe.

Une fois, on devait être en blanc ; mais il ne fallait pas divulguer le costume que l'on avait choisi. Aussi, je pensai qu'un déguisement en flocons de neige pourrait simuler à merveille l'hiver et ne serait pas pour moi une grande dépense, car je pourrais alors utiliser plus tard une partie de mes fournitures.

J'achetai trois mètres de calicot que je taillai de façon à pouvoir, un jour, me faire une chemise de nuit de cette robe improvisée. Je la fis donc très ample et la bordai d'ouate ; je ne pris pas de la fine, car il m'en fallait un tour de jupe large de 20 centimètres au moins. Au décolletage, aux manches et à la ceinture, je mis de l'ouate bien blanche. Les manches et la guimpe étaient faites de mousseline remplie de flocons d'ouate. Sur les épaules, j'avais posé un gros flocon. Jusqu'à mes mitaines qui étaient garnies d'ouate ; et mes souliers étaient simplement mes pantoufles recouvertes d'une étoffe blanche. Dans ma coiffure, j'avais mis de la poudre diamantée ainsi que quelques flocons.

Je crois avoir fait bel effet, je le vis en entrant. Je me suis fort bien amusée et je suis rentrée chez moi très heureuse de ma soirée. Je crains que, le lendemain, les bonnes n'aient eu fort à faire pour nettoyer les meubles qui devaient être couverts d'ouate, bien que j'eusse fait attention.

Mes amies donnèrent encore une soirée et, qui plus est,

un petit bal de têtes. Là non plus, je ne me mis pas en frais, bien que je fusse en état de me permettre quelques petites prodigalités. Le pli était pris, je ne pouvais dépenser de l'argent inutilement et moins encore pour mon plaisir.

J'eus bien vite réfléchi ; car je me rappelai mon fameux bonnet de Krampus. Je me déguisai donc en Méphisto. Cette fois, je pris le temps de me faire un joli bonnet noir descendant en pointes sur la nuque et sur les épaules. Les cornes, d'un beau rouge, étaient surmontées d'un petit pompon ainsi que les pointes du bonnet ; puis, je l'attachai à l'aide d'une cordelière rouge finissant par des pompons qui retombaient sur le cou comme un collier de grenats. J'avais alors une robe de soie noire décolletée, de sorte que cela remplissait parfaitement le rôle du bijou qui me manquait.

Les autres personnes s'étaient fait des têtes historiques ; mais elles avaient plus de moyens que moi. J'eus aussi, cette fois, beaucoup de succès.

Avant d'arriver à destination, mon travestissement avait déjà remporté de grands applaudissements. Comme je l'eusse fait à Paris ce jour-là, — c'était le mardi gras — j'avais été à pied chez mes amies, sans penser qu'à Vienne on ne circule pas ainsi déguisée.

Tout le long de la route, j'entendis les exclamations des piétons : « Tiens, le diable ! » — « Regarde donc, c'est un diable ! » — « Quel beau diable ! » — « Mais, c'est un diable ! » — Trois Kanalräumer (égoutiers) rirent à gorge déployée en criant : « Ah ! le diable, le diable » et applaudirent à qui mieux mieux. Enfin, après dix minutes de marche, j'arrivai saine et sauve chez mes amies, où je passai une charmante soirée.

Il y avait, chez les dames Pio, un joli petit chat blanc. Je n'aimais pas les chats ; mais je ne leur faisais aucun mal. Celui-ci comprenait-il mon sentiment d'inimitié envers lui ? Peut-être bien, car, lorsque je m'asseyais auprès de mes amies, le petit chat se plaçait juste en face de moi, et me fixait avec une telle intensité que je changeais un peu de place pour ne pas le voir. Il en faisait autant. De cette façon, je retrouvais toujours ce regard scrutateur et aussi fascinateur.

Un jour où Mme Pio mère étant couchée, il ne pouvait venir se poster devant moi pour me fixer, car je m'étais assise près du lit, il chercha tous les moyens possibles pour voir mes yeux ; il grimpa sur les armoires, espérant y arriver et sauta tout à coup sur ma tête. Enfin, il devint une gêne pour moi ; alors, mon amie, Mme Pio jeune, donna l'ordre de le renfermer quand je viendrais les voir. Mais, lui, ne l'entendait pas de cette oreille-là, aussi voulut-il m'en punir.

A quelque temps de là, je vins passer mon après-midi du dimanche auprès de la chère maman, comme j'en avais l'habitude. Je la trouvai endormie sur le divan. Ne voulant pas la réveiller, je pris un livre qui se trouvait à ma portée et je commençai à lire sous la suspension, lui faisant un peu d'ombre, afin qu'elle se reposât plus longtemps.

Je lisais, quand tout à coup, sans faire de bruit, le chat qui s'était évadé, sauta sur mon livre et me donna de ses belles petites pattes de velours deux petits soufflets sur les joues. Que l'on juge de ma stupéfaction ! Du coup, la chère maman se réveilla. Mon amie, qui rentra bientôt de la promenade avec son mari, rit beaucoup de mon aventure.

J'avais déjà reçu, un soir, un soufflet d'une chauve-souris qui s'était, dans son trouble, jetée sur mon front en culbutant mon chapeau.

A propos de soufflet, plus tard, un de mes chers élèves, un tout jeune homme, voulant en donner un à son frère, dont la tête se trouvait penchée sur le livre que nous lisions ensemble, me l'appliqua sur la joue, celui-ci ayant su esquiver adroitement ce qui lui était destiné. Jean et Henri avaient l'air tout penauds ; mais, voyant que je riais de leur mésaventure, nous formâmes un trio de rieurs.

C'est peut-être ce qui fit dire à la mère de ces enfants : « Quand mes garçons apprendront l'anglais, il leur faudra une Mme Scala anglaise. » J'étais très gaie avec mes élèves et je les aimais tous beaucoup.

Mais, revenons au bon et heureux temps et à mes bonnes amies. Que de soirées passées avec elles, je puis dire avec eux, car M. Pio, le mari de mon amie, et M. Dubray, le cousin, étaient toujours de la partie. Si celui-ci avait voulu, nous nous serions mariés ; je crois même que c'était aussi le désir de la famille et qu'on lui en avait peut-être parlé, car, de but en blanc, M. Dubray ne me dit-il pas une fois qu'il ne se marierait jamais, sachant d'avance que, la veille du mariage, il se sauverait à l'autre bout du monde. Je compris, mais cela ne nous empêcha pas de rester bons camarades.

Donc, tous les dimanches, nous jouions aux cartes, tout en causant. On riait quelquefois de ma simplicité et je riais avec eux ; car je conviens que je devais être, en effet, fort simple d'esprit. Vivant toujours avec les enfants, n'ayant pas le temps de lire, je me trouvais moi-même très enfantine. N'avais-je pas vécu toute ma vie d'un travail assidu qui m'accaparait tout entière ?

Mes amis disaient en plaisantant que je devais avoir le cerveau marécageux et m'appelaient alors Caroline. Cela arriva surtout un jour où je leur soumettais des vers que j'avais faits avec l'intention de les inscrire dans le grand livre du château de Kreuzenstein, sur lequel toutes les personnes qui le visitaient, apposaient leur signature. Mes amis rirent tant de mes vers que, bien qu'à regret, je n'écrivis que mon nom sur le beau registre.

Pourtant, je suis persuadée que ces vers n'étaient pas plus mauvais que quelques-uns que j'y lus lors d'une visite. Je parlais des chevaliers pillards, des antiques murailles, de l'oubliette, que sais-je encore? Je me dis que, peut-être, mes vers auraient fait bel effet, à côté des autres qui s'y trouvaient déjà.

J'ai relaté plus haut que, lorsque mes amis me taquinaient, ils m'appelaient Caroline. La raison est celle-ci : Je leur avais raconté qu'un jour M. Silas, qu'ils connaissaient aussi, m'avait dit en plaisantant, lorsque je n'avais pas compris ce qu'il avait voulu dire : « Dieu que t'es bête, Caroline! » Lorsque je demandai à M. Silas pourquoi il m'appelait ainsi? Il me répondit : « Ne vous plaignez pas, c'était le nom de mon premier amour! » Etais-je donc son dernier? Cela se pourrait bien ; car, quelques jours avant sa mort, je reçus, sans raison, une lettre de lui dans laquelle il m'embrassait. Je me souviens avoir fait cette réflexion : Il vieillit M. Silas et ne se rappelle pas qu'il ne m'a jamais embrassée. Puis, j'appris sa mort quelque temps après. J'étais alors à Paris.

C'est par lui que je fis la connaissance de la famille Pio. J'étais venue le prier de me recommander pour des leçons, le professeur Bréant me l'avait conseillé et m'avait donné son adresse. M. Silas me demanda si j'étais capable d'enseigner l'allemand et, pour s'en assurer, il me fit faire une dictée de deux pages, dans laquelle je n'avais fait qu'une seule faute ; j'avais écrit Arzt (médecin) avec un t avant le z et un après. « Cela doit être une faute d'inattention » me dit-il, et il m'envoya à ma nouvelle élève. Pourtant, j'ai toujours été portée à écrire Arzt avec deux t ! Cela devait être inné.

Que de souvenirs surgissent de cette vie orageuse et très mouvementée ! Tout marchait si bien alors ; beaucoup de leçons ; évidemment aussi beaucoup de fatigue. Mais pour le cœur rien ! toujours rien !

Plusieurs partis s'étaient présentés ; l'un trouvait que mes leçons représentaient un capital ; donc il comptait sur mon gain ! Un autre me demanda franchement si je n'attendais pas d'héritage, et lorsque je lui répondis que, si je me remariais, une tante qui m'avait promis quelque chose, ne me donnerait rien. « C'est fatal, » dit-il, et je ne le revis pas. J'avais voulu le mettre à l'épreuve, car je n'avais aucune idée de ce que j'avançais là.

Pourtant, dans un restaurant, je fis la connaissance d'un jeune homme qui me plaisait beaucoup. Intelligent, instruit, — il était électro-technicien — bien de sa personne, quoique légèrement grêlé. Il m'aimait, je le voyais, et je me sentais attirée vers lui. Je l'aurais épousé volontiers et j'aurais continué à donner mes leçons.

Je demeurais encore dans la Hartmanngasse, puisque j'allais dîner tous les jours dans ce restaurant. Avec quel plaisir me rendais-je dans cet établissement ! Il s'asseyait même à ma table et me reconduisait jusqu'à ma porte, en laissant son vin à sa place et son pardessus au porte-manteau, afin que l'on vît bien qu'il devait revenir bientôt. Au moment de mon départ pour un château, il m'apporta un fort joli bouquet. J'étais flattée et je pensais que, lorsque je reviendrais en automne, il se déclarerait.

Malheureusement, à mon retour de la campagne, M. Adolphe B... tint la même conduite. J'étais ennuyée et ne savais comment faire pour l'amener à ce que je voulais, lorsque M. Dubray vint justement, un soir, dans ce restaurant. Il fut fort surpris en voyant ce jeune homme à ma table, puis me reconduire. Il le raconta à mes amies. Elles en furent tellement saisies, qu'à mon arrivée chez elles, le dimanche suivant, mon amie, la jeune femme, me

dit : « Eh bien ! c'est du beau ce que nous avons appris !
Vous savez, j'aurais beaucoup de chagrin à vous voir descendre de votre piédestal ! » Ce fut pour moi un coup de
foudre ! On me plaçait moralement sur un piédestal !...

Dès le lendemain, quand le jeune homme me reconduisit, je voulus en finir et avoir le cœur net sur la nature de
ses sentiments envers moi. Je lui dis donc à brûle pour-
point : « Avez-vous l'intention de m'épouser ? » — « Non,
répliqua-t-il, je ne le peux pas ! » — « Eh bien ! il ne faut
plus me rechercher, puisqu'il n'y a pas d'issue convenable à notre amour ; » et je lui racontai ce que mon amie
m'avait dit.

Nous nous quittâmes, il avait des larmes dans les yeux.
Quant à moi, aussitôt arrivée chez moi, j'enfouis ma
pauvre tête dans mon édredon que j'arrosai de larmes,
non moins amères que les siennes !

Je n'allai plus le soir dans ce restaurant, où je croyais
le trouver. J'appris, plus tard, qu'il n'y était pas revenu.

Je ne reparlai plus de cet épisode à mes amies qui, je
crois, ne surent jamais comment cela finit. Me voyant toujours gaie, elles ne pouvaient supposer que l'état de mon
âme était déplorable, que cette gaîté était factice ! Je
m'étourdissais en riant beaucoup, mais le vide, chez moi,
autour de moi, se faisait toujours sentir, l'air y était
lourd !

Ainsi, j'avais aimé trois fois dans ma vie, d'un amour
réel et ces trois fois étaient d'un amour malheureux ! Mais,
n'est-il pas dit, du reste, que le cœur d'une femme peut
parler trois fois ?

Il y a certains souvenirs que l'on évoque plus facilement
que d'autres et, puisque j'ai promis à mes élèves de tout
leur raconter, coûte que coûte, je ne passerai pas sous
silence celui-ci, qui n'est guère à mon honneur. Je le cite
pourtant, sachant qu'il fera rire ceux qui me connaissent.

Mme Minard, dont j'ai parlé à plusieurs reprises, demeurait dans la même maison que moi, lorsque, après le départ
de ma mère et mon retour de la campagne, j'habitais un
cabinet meublé. Je n'avais que la cour à traverser pour
aller la voir, car son appartement se trouvait dans l'autre
corps de bâtiment.

J'avais quelque chose à lui dire et un soir, en rentrant,
je montai chez elle. Il y avait un monsieur en visite. M.

Minard nous offrit des cerises à l'eau-de-vie, que Mme Minard avait faites elle-même. On ne les prit pas dans les petits verres, mais dans les grands, et on en servit une bonne moitié du verre. J'en fus étonnée, puis je me dis qu'elles n'étaient peut-être pas fortes et je les pris avec plaisir.

Lorsque tout le monde eut fini, tout en causant ,ces cerises qui étaient délicieuses, il se faisait tard et j'allais m'en aller ; mais on me retint : « Vous n'avez que la cour à traverser, et vous êtes chez vous. Encore une petite cerise, » dit M. Minard, et cette petite cerise remplit encore une bonne moitié de mon verre ! J'avais refusé, mais on m'avait servie quand même. Si bien, qu'en bavardant, je finis par prendre toutes les cerises !

Quand je pris congé de M. et de Mme Minard, j'étais assez gaie. Je descendis leur escalier ; on nous éclairait, du reste. L'invité partit en même temps que moi ; je le quittai en bas, car il fallait qu'il se fasse ouvrir la porte par le concierge. Quant à moi, je traversai la cour et j'arrivai dans le vestibule où donnait mon escalier ; mais, le froid m'avait-il saisie ou les cerises commençaient-elles à faire leur effet ? Toujours est-il que je me cognai dans la partie de la rampe qui dépassait le mur. Il me semblait que tout tournait autour de moi et, en montant l'escalier, je me disais : Comme c'est drôle, je ne suis pourtant pas grise ! En arrivant à ma porte, impossible de trouver le trou de la serrure et lorsque, enfin, je l'eus trouvé et que je voulus y mettre la clef, cela me fut encore plus impossible ! Mais, après quelques essais, je finis par y arriver !

Le cabinet meublé que j'habitais se trouvait heureusement près de la porte d'entrée, j'y pénétrai donc, toujours en me disant : C'est drôle, pourtant, je ne suis pas ivre ! Alors, je me sentis prise d'un malaise indéfinissable. Je me couchai sans allumer ni lampe, ni bougie ; le clair de lune, du reste, éclairait ma chambre. Enfin, je m'endormis d'un sommeil de plomb.

Au milieu de la nuit, je m'éveillai, j'étais si souffrante que je ne pensai qu'à une chose... et je pris mon vase sans me lever. Je le mis dans mon bras gauche, puis, la tête par-dessus, je fis de vains efforts ! Bref, le lendemain matin je me réveillai ; ma tête, tout endolorie, reposait sur mon pot et ma figure conserva l'empreinte du cercle pendant toute la matinée. J'avais dormi durant des heures dans cette position et dans ce tête-à-tête! Etait-ce de ma faute? Je laisse mes élèves me juger, eux qui me connaissent.

Quand j'ouvris les yeux, je vis à ma grande surprise tous mes effets par terre, tels que je les avais quittés pour me mettre au lit. Toute la journée j'eus un fort mal de tête et j'étais honteuse, oui honteuse, de m'être mise dans cet état. J'avais bu, en l'espace de deux heures, un grand verre de cerises à l'eau-de-vie !

Si M. Silas m'avait vue, ce jour-là!... Ce monsieur à qui j'avais été recommandée pour des leçons et dont j'ai déjà parlé, m'écrivit un jour, qu'il avait quelque chose d'urgent à me dire. Je me rendis aussitôt chez lui. « Il me faut une reine pour ce soir, » dit-il. — « Et c'est pour cela que vous me faites venir. » — « Oui, car j'ai annoncé au directeur du théâtre *An der Wien* que j'avais cette reine et c'est vous qui pouvez nous la faire. » « Mais, Monsieur Silas, je ne suis pas actrice, moi. » — « Toutes les actrices ne peuvent pas remplacer la reine et vous le pouvez. » — « Je regrette, Monsieur Silas, mais je n'aime pas cette place au théâtre. » — « En effet, c'est regrettable, » ajouta-t-il. Et je le quittai, non sans le remercier d'avoir pensé à moi.

Me doutant que le récit des cerises aura produit dans l'esprit de mes chers élèves un effet désastreux, je vais essayer d'en atténuer l'amertume en leur versant un peu de baume dans le cœur.

J'allais donner mes leçons ; il neigeait et les enfants jouaient avec leurs petits traîneaux. C'était au coin de la Porzellangasse et de la Servitengasse. Les maisons étaient encore vieilles et le trottoir en avait un second, moins élevé qui devait servir soit au marché, soit aux voitures. Un fiacre, — voiture à deux chevaux — venait à fond de train. J'attendais sur le bord du second trottoir qu'il fût passé. Tout à coup, accourut, en traversant la chaussée, un petit garçon qui monta à la hâte sur le trottoir ; mais il tirait derrière lui un petit traîneau sur lequel se trouvait son camarade, d'un ou deux ans plus jeune que lui.

Arrivé au bord du trottoir, bien que celui-ci ne fût pas haut, le traîneau culbuta et jeta l'enfant en arrière. J'en frémis encore, quand j'y pense ! Le gamin allait être écrasé ; je n'eus que le temps de le saisir par son habit.

Je le pêchai, pour ainsi dire. Les chevaux me bousculèrent
au point de faire tomber mon chapeau, bien qu'il eût un
élastique. L'enfant que j'avais déposé sur le trottoir partit
pour rattraper son ami, le cocher me dit merci, puis fouetta
ses chevaux et s'en alla comme il était venu, emmenant
les deux personnes qui se trouvaient dans sa voiture. La
pensée d'avoir peut-être sauvé la vie à cet enfant me
remplit le cœur d'allégresse.

Chose curieuse, n'ayant pas de sac alors, je tenais mon
livre de dictées sous mon bras gauche. Je l'avais encore,
lorsque j'entrai quelque part pour remettre un peu d'ordre dans ma coiffure ; mais l'émotion que je ressentais fit
que je l'oubliai et, quand je retournai le chercher, deux
heures après, on me dit qu'il était introuvable.

CHAPITRE XXXI

Autres souvenirs
et quelques anecdotes

Il m'a été impossible de raconter bien des petites anec-
dotes dans les chapitres précédents ; mais j'ai résolu de
les réunir dans celui-ci, comme elles se présenteront à
mon esprit. Je ne me rappelle pas à quelle époque au juste
mon cerveau les a enregistrées ; je vais donc les servir
sous le titre de pot-pourri. Soyez seulement certains, mes
chers élèves, que tout ce que je vous raconte a été vécu
par votre professeur.

Je vais essayer de citer d'abord quelques mots que les
enfants ont employés à tort vu la différence de genre. Cela
arrivait, du reste, assez fréquemment à mon grand-père.
Je me rappelle, entre autres choses, qu'à la mort de mon
oncle Henri, il demanda si l'on avait mis « la crêpe » à
son chapeau. Puis il disait toujours « la moule » pour le
moule, ce qui amenait le sourire sur les lèvres de ses
ouvriers qui devaient chercher « une moule » en cuivre.

Un enfant me dit une fois : «Madame, vous êtes rouge
comme « un cancer ». Il avait voulu dire écrevisse (Krebs
en allemand s'emploie pour l'un et l'autre mot).

Un autre me dit « nous soupirons » à sept heures, au
lieu de nous souperons à sept heures.

Une fillette dit à sa mère en l'embrassant : « Chère
maman, tu sens la bonne maternité ! »

Puis une autre petite fille, après avoir cherché dans son
dictionnaire, me dit : « Comme vous avez de gros « ma-
melons », madame ».

Une jeune fille me raconta que ses rubans étaient « fu-
sillés » — geschossen — au lieu de « passés » — aussi
geschossen.

Quand il faisait un peu chaud dans la chambre, le feu

me montait facilement à la figure ; ce qui fit qu'un gamin de dix ans me demanda un jour si j'étais en colère, parce que j'étais rouge et que « les dindons » rougissent quand ils sont en colère.

Un de mes petits élèves me dit : Permettez-moi de vous faire « conserver », au lieu d'observer ; c'était fort drôle.

Du temps de mon mari, que de fois suis-je rentrée le cœur réjoui de quelque jolie petite réflexion qu'un ou qu'une élève m'avait faite ! Je voulus, au début, les communiquer à M. Scala ; mais celui-ci m'imposa silence, en me disant que les réflexions de mes écoliers ne l'intéressaient pas.

Ce qui égayait beaucoup mes élèves, c'était quand je faisais allusion à la longueur de leur nez, en leur disant que je regrettais qu'il ne fût pas plus long, puisqu'ils ne voyaient ou ne pensaient pas plus loin que son extrémité.

Il m'arrivait souvent de leur dire, surtout lorsque j'étais enrhumée et que je ne voulais pas avoir l'air de l'être : « Attendez que je me mouche, je verrai plus clair. » Aussi, une fois que j'avais passé une faute et que, l'apercevant, je voulais la corriger, l'enfant ne me dit-il pas : « C'est parce que vous ne vous êtes pas mouchée, vous n'avez pas vu clair, madame. »

Ce n'est pas à tort qu'on craint la contagion des rhumes à Vienne. Je me rappelle, l'année où l'influenza sévit très fort, en 1890, je l'attrapai trois fois ; ce fut par conséquent pour moi un hiver bien pénible.

Quand on s'attardait à raconter des choses n'ayant pas rapport à la leçon et qu'alors nous n'arrivions pas à nous mettre à travailler sérieusement, pour rappeler mes élèves à l'ordre, je leur disais : « Allons, travaillons, car la leçon passe en aunes de boudin. » Aussi, lorsque c'était la première fois que je le disais, fallait-il leur raconter la fameuse fable des trois souhaits.

J'eus un élève qui détestait prendre des leçons de français et, aussitôt qu'il m'entendait monter, il allait se cacher dans les cabinets ; il s'y enfermait et n'en sortait que lorsqu'il était l'heure de m'en aller. C'était un enfant méchant. C'est lui, du reste, qui me coupa l'oreille Il ne m'aimait déjà pas quand il avait dix ans et, comme on le voit, cela alla de mal en pis. Mais je m'en consolai avec sa sœur qui était si gentille.

Chez ma propriétaire, Mme Schneckenburger, les enfants

m'aimaient beaucoup et je leur rendais leur affection. Seulement, Vicki et Ricki, — je ne sus que plus tard la raison — se disputaient aussitôt que j'étais appelée pour une chose ou pour une autre dans la chambre voisine. Il faut dire qu'ils prenaient la leçon chez moi. Quand je revenais, les deux enfants avaient l'air de vouloir s'arracher les cheveux par-dessus la table. C'était un tableau fort amusant ; aussi quand on me fit présent de deux canaris, comme ils se chamaillaient continuellement, je les nommai Vicki et Ricki, ce qui fit rire mes élèves lorsque je le leur annonçai. Il paraît que leurs querelles étaient provoquées par un crayon qu'ils devaient me prêter à tour de rôle, et, ne le sachant pas, je prenais quelquefois celui de Vicki quand j'aurais dû prendre celui de Ricki.

Je me souviens avoir fait du chagrin à deux anciennes élèves qui m'étaient pourtant sympathiques. Et voici comment cela arriva : Deux jeunes filles avaient pris des leçons de conversation pendant deux ou trois hivers. On ne recommença pas une nouvelle saison ; il fallait toujours en arriver là. Mais elles prirent l'habitude de venir me voir tous les quinze jours et restaient assez longtemps près de moi. J'étais alors très pauvre et je faisais durer mes affaires ou plutôt je les usais jusqu'à la trame ; mais à condition de les raccommoder, ces pauvres hardes ! Je comptais donc sur le dimanche pour cela et je m'y mettais aussitôt que j'avais fini ma toilette jusqu'à cinq heures environ, pour aller ensuite dîner et passer la soirée chez mes bonnes amies.

Vers dix heures et demie, ces jeunes filles arrivaient, s'installaient près de moi à causer pendant une heure et demie à peu près. Je n'osais souvent pas continuer l'ouvrage que j'avais commencé, honteuse de leur montrer ma misère, d'autant plus qu'elles se permettaient de petites remarques assez désobligeantes, telles que : « Vous raccommodez encore cela ? » ou bien : « Ce n'est vraiment plus raccommodable ».

Un jour, énervée — quels sont les maîtres qui ne le sont pas ? — je les priai d'espacer leurs visites, leur disant que j'avais à faire et que si tous mes anciens et anciennes élèves faisaient comme elles, il me faudrait alors plus d'un dimanche par semaine ; car un seul ne me suffirait pas ! Elles partirent et, le lendemain, je reçus une lettre de la mère pour me remercier de la façon dont j'avais reçu ses filles !

J'avoue que cela me fit beaucoup de peine ; mais, toujours harassée, poussée par la fatalité, j'étais devenue fort nerveuse et je n'avais pu me maîtriser !

J'eus, entre autres élèves, quatre jeunes filles, les demoiselles Steinbrecher, toutes plus gaies les unes que les autres. J'arrivais chez elles le front tout rembruni par les soucis, et j'en partais presque joyeuse. Ne dit-on pas, du reste, que le rire dilate la rate ?
Elles me faisaient de petites niches inoffensives, histoire de rire. Par exemple ne m'avait-on pas mis une fois du pain d'épices dans mon ombrelle et, lorsque je l'ouvris, tous ces morceaux s'éparpillèrent dans la rue. Leur petit chien m'aimait beaucoup ; comme il s'appelait Gigi, elles m'avaient surnommée Madame Gigi, — en français Guigui.
Nous jouâmes la comédie et Mme Gigi eut son rôle. Il paraît que j'avais dit le contraire de ce qu'il fallait dire. Je devais m'écrier : « Comment puis-je passer par cette fenêtre avec mon embonpoint ? » et je dis « Comment ? je puis passer par cette fenêtre avec mon embonpoint. » — C'était en allemand, je me serai trompée. Je compris alors pourquoi les spectateurs avaient tant ri, d'autant plus que l'on m'avait fait mettre un corsage très ample qui avait été bourré de tous côtés. J'étais aussi rieuse que ces quatre sœurs et, pendant leurs leçons, j'oubliais mes soucis personnels.
Elles étaient bonnes pour moi. Avaient-elles eu une petite fête, elles me gardaient de leurs gâteaux ; c'est chez elles que je bus du Maitrank — boisson de mai, faite avec du vin blanc, du sucre et certaine herbe, Waldmeister — aspérule ou reine des bois, qu'on ne trouve qu'en mai.

Justine Bréant, dont j'ai déjà parlé antérieurement, m'avait une fois invitée à goûter. Malheureusement, je tombai juste sur une tasse dont l'anse avait été recollée par la bonne, je suppose. Bref, je pris la tasse par l'anse et elle tomba avec tout son contenu sur ma seule et unique robe ! — C'était alors le temps de grande pénurie, de misère la plus noire.
A ce moment même, la porte s'ouvrit et le père de mon élève entra, probablement pour me saluer. Moi qui sentais le café au lait pénétrer toujours plus profondément et me brûler la peau, j'étais fort gênée, n'osant me lever pour

que cela ne tombât pas sur le tapis. De plus, comme la jeune fille n'avait pas de mère et dirigeait elle-même la maison avec une petite bonne, j'avais peur de la faire gronder. Mais elle ne fut nullement embarrassée ; elle parla à son père en le fixant toujours et le reconduisant jusqu'à l'autre porte, d'où il sortit sans avoir pu m'adresser la parole. Puis, elle revint à moi ; lorsque je lui demandai la raison de sa conduite, elle me répondit : « Il ne fallait pas que mon père vît l'accident qui vous est arrivé ; c'était donc le seul moyen, et c'est du reste ainsi que l'on « dompte » les bêtes féroces !...» Qu'on juge de mon étonnement, moi qui avais adoré mon père ! Et j'étais persuadée qu'elle aimait aussi le sien.

Parmi le nombre incalculable d'élèves que j'ai eus et qu'il m'est impossible de nommer, tant il y en a, je me rappelle deux jeunes filles, Hélène et Lisa Michalek. L'aînée mettait tout son cœur à faire les devoirs que je lui donnais. Elle apprenait même le français avec un grand enthousiasme ; aussi ses efforts furent-ils couronnés de succès, car elle est devenue plus tard professeur de français au lycée du Frauenerwerbverein (lycée professionnel pour dames). C'était une de mes bonnes et chères élèves.

Sa sœur Lisa n'aimait guère faire toutes ses traductions ; pourtant, elle les faisait et apprenait ce que je lui donnais comme leçons. Elle était douée pour la musique, surtout pour le chant, et elle choisit plus tard la carrière qui lui convenait le mieux : elle entra au théâtre. Là, Lisa me fit honneur ; car, un jour qu'elle avait dû parler français sur la scène, tous les journaux, le lendemain, citèrent sa prononciation française si pure qu'on aurait dit autant de perles qui sortaient de sa bouche. Dans d'autres journaux, on citait son langage parisien et on l'en complimentait. Ce jour-là, toutes les familles, sachant que j'avais été la maîtresse de français de Lisa Michalek, me félicitèrent. J'appris plus tard qu'elle avait épousé un de mes anciens élèves, le Dr Bernauer, consul général.

Une petite fille, Sophie Wodzicka, ne voulait pas apprendre le français et me nommait toujours, quand j'entrais chez elle : « Mme Pfui, Mme Beh » (fi donc). Puis, elle me dit que, pour elle, j'étais comme une pilule ! Lorsque je lui fis remarquer que j'étais un peu grosse pour une pilule, elle répliqua qu'elle la coupait en quatre morceaux et en prenait chaque fois une partie. En effet, je venais quatre fois par semaine. Comme elle avait alors trois à quatre ans, je supposai que c'était sa bonne d'enfant qui lui avait suggéré cette réplique.

Aussitôt que Sophie me voyait apparaître, elle se précipitait sur son canapé, enfouissait sa jolie petite tête blonde dans les coussins et, alors, je n'avais que la vue de ses petites jambes dans ses beaux jupons et pantalons tout brodés, un vrai bouquet. Je me dirigeais, voyant cela, vers ses poupées, j'en prenais une et je jouais avec elle en faisant les demandes et les réponses. Petit à petit, le chérubin tournait la tête, s'asseyait sur le canapé ; puis, d'un bond, se trouvait à mes côtés et nous jouions ainsi, en français, jusqu'à ce que l'heure fût écoulée. Bientôt, du reste, elle parla et aima ses leçons comme toutes mes autres élèves.

Je suis aussi allée pour elle au château du Tyczyn et alors, que d'histoires ne lui ai-je pas racontées ? Elle en raffolait, comme sa maîtresse en avait raffolé étant petite fille.

En revenant de ce château, je me souviens qu'un automne le choléra sévissait depuis quelque temps dans la contrée ; mais, comme il n'y avait pas eu de cas dans cette partie de la Galicie, il ne me fallut qu'un certificat du Staroste (doyen) pour pouvoir rentrer à Vienne.

Pourtant, malgré ce certificat, on voulut désinfecter mes effets à une certaine gare, à Cracovie, je crois. Ayant entendu dire que les employés abîmaient toutes vos affaires avec leurs produits chimiques, j'avais prévu le cas et imbibé d'acide phénique de grandes feuilles de papier buvard, qu'une fois sèches j'avais mises entre mes vêtements et quelques-unes directement sous le couvercle de la malle. Les employés essayèrent d'ouvrir mes bagages. Ils auraient dû me prévenir ; mais ils craignaient qu'on ne se récriât et ils préféraient opérer en secret. Seulement, ne connaissant pas le genre de cran qui fermait ma malle et qui retenait le couvercle, ils se virent forcés de venir me trouver. C'était au milieu de la nuit, j'étais toute tremblante et transie, autant d'émotion que de froid. Je suivis donc l'employé munie de mes clefs, et c'est avec frayeur que je vis leurs fioles. Enfin, j'ouvris ma malle ; alors, sentant aussitôt cette forte odeur d'acide phénique en sortir, ils me la firent refermer sur-le-champ.

Je devais être très pâle lorsque je passai devant les wagons de première classe, car, aussitôt à ma place, un domestique de grande maison, qui sait, peut-être d'un archiduc, m'apporta quelque chose à boire en me priant, de la part de son maître (dont j'oubliai de demander le nom), de le prévenir si j'étais encore souffrante. A une station, le matin, je descendis et, voyant le domestique près d'une portière, devant un monsieur âgé, je pensai que celui-ci devait être son maître ; je le remerciai et il me fit un aimable sourire.

Encore un souvenir du château de Tyczyn. Isa et moi, nous passions la plus grande partie de notre temps dans le grand parc, et, une fois, nous avions ramassé une petite alouette sans plumes. Elle avait l'air toute drôle. Nous voulions l'élever et, ensuite, lui rendre la liberté ; mais je voyais qu'il y avait quelque chose d'anormal dans ce petit corps. Le médecin étant justement au château, je la lui montrai. Il rit d'abord de la malade qu'on lui présentait. Pourtant, il l'examina, puis nous demanda une aiguille à tricoter ; nous la lui donnâmes aussitôt. Nous étions tout yeux, mon élève et moi. Tout à coup, à travers la piqûre que le médecin venait de faire, sortit un ver gros comme un grain de blé et qui, au contact de l'air durcit comme de l'écaille. Il en retira ainsi une demi-douzaine et nous expliqua le cas. Le docteur nous dit que notre petite alouette était sauvée ; mais qu'elle avait peut-être déjà trop souffert pour pouvoir vivre. En effet, elle mourut quelques heures après, malgré tous les soins que nous lui prodiguâmes.

Cela me rappelle qu'étant enfant, j'eus un fort mal de gorge, le médecin ne savait à quoi l'attribuer, car j'avais la mâchoire contractée, les dents serrées ; on ne pouvait voir au fond de ma gorge. Ma nourriture consistait en boissons, ne pouvant avaler que ce qui était liquide. Ma mère craignait de me perdre ; j'avais onze ans à peine.

Une femme, que nous ne connaissions pas, mais qui, par la porte entr'ouverte, m'avait vue couchée et s'était enquise de mon mal, dit à ma mère d'envoyer chercher des vers de terre, de les mettre dans un vieux mouchoir de batiste et de m'attacher cette étrange compresse autour du cou, en la remontant derrière les oreilles. J'entendais tout cela et, ayant un dégoût de ces sortes de bêtes, j'appréhendais ce moment, comme on peut bien le penser ; mais j'étais tellement faible que je me laissai faire sans broncher. D'abord, les vers grouillèrent, puis devinrent plus tranquilles et, enfin, ne bougèrent plus du tout.

Deux heures après, environ, moi qui ne parlais plus, je dis à ma mère que j'avais faim et que je voudrais bien manger une tartine de beurre avec du sucre dessus. Qu'on se figure la joie de ma mère, en m'entendant parler ; alors, on s'empressa d'enlever cet affreux sac. Les vers avaient cessé de vivre et étaient devenus tout noirs. Avaient-ils pris la maladie ? Tout ce que je sais, c'est que je pouvais ouvrir et fermer la bouche à volonté et je n'avais plus mal à la gorge. Le médecin en fut fort surpris, quand il vint me voir et que ma mère le lui raconta. Mais, revenons à mes élèves.

A Vienne, Isa Wodžicka était l'élève de M. Dubray, qui m'avait recommandée à la famille pour l'été. Pourtant, j'avais dû me rendre au désir de la comtesse et donner des leçons de conversation à Isa pendant l'hiver. Souvent, elle prenait cette leçon au Prater, en nous promenant.

Un jour, mon élève me pria de la conduire voir les animaux au Vivarium. Nous y entrâmes donc; il y avait des cages renfermant des animaux de toutes espèces, entre autres, une cage contenant deux petits ours, pas plus gros que des épagneuls. Ils étaient arrivés à leur maturité et étaient féroces.

Le gardien se tenait assez loin de là, quand mon attention fut un moment détournée de cette cage maudite. Pendant ce temps, il vint tout à coup à l'idée de la fillette de mettre son doigt à travers le grillage ; l'ours se précipita dessus avec une telle rapidité et un tel bruit que je regardai, et, à ma grande frayeur, je vis le moment où, la gueule ouverte, il allait happer le doigt d'Isa. Je jetai un cri si perçant que la bête recula effrayée, et le doigt de la petite imprudente fut sauvé !

Quand, par la suite, je pensais à cette scène, j'en fermais les yeux, voyant toujours présent le moment fatal. Je fus longtemps à me remettre de mon émoi !

Comme on le voit, une chose en amène une autre, de sorte que je saute, pour ainsi dire, du coq à l'âne. Mes élèves ne m'en voudront pas, je l'espère.

Lorsque mon amie, Mme Pio, par ses paroles dont on se souvient, au sujet de mes relations au restaurant avec M. Adolphe B., me fit faire un retour sur moi-même, l'hiver me parut fort long et enfin l'été arriva et, avec lui, mon départ pour un des châteaux dont j'ai déjà parlé ! J'allai à Dobroslavitz chez la comtesse Wilczek, où les charmants enfants me distrayaient de mes chagrins. Pourtant, la comtesse avait dû m'observer, car elle me dit un jour : « Madame Scala, vous avez l'air triste et je crois que c'est d'être toujours seule. » Elle avait peut-être raison ; je dis : peut-être ; mais c'est certainement que je devrais dire, car j'en étais persuadée. Puis, la comtesse ajouta : « Il vous faudrait un chien ; je vous en donnerai un. » J'acceptai son offre avec plaisir, car cela allait me distraire ; de plus, j'aimais beaucoup les chiens.

Quelques jours après, j'eus la joie de rapporter de Schillersdorf, où nous étions allés en excursion, un très beau chien d'arrêt, marron, à long poil. Le comte en fut le parrain et le nomma « Ami ». Il était sans contredit un peu grand pour un appartement, ce qui fit dire à la chère maman Pio : « Comment peut-on avoir un âne dans son logement ? » J'en riais, mais j'étais contente.

Je n'allais plus au restaurant, ce qui était pour moi, pour ma santé et pour mon cœur un avantage sous tous les rapports. J'aimais beaucoup mon chien, bien qu'il eût quelques défauts. Il était très turbulent et mangeait comme quatre. Ce qu'il ne pouvait voir, même en peinture, c'étaient les biscuits de Fattinger, que l'on donne généralement comme nourriture à ces chiens de chasse. J'avais essayé de l'y habituer ; mais il n'entendait pas de cette oreille-là, et, profitant de ce que mon armoire à glace était ouverte lorsque je serrais le linge, il cachait ses morceaux de biscuit entre les torchons qui se trouvaient à sa portée.

Quand la bonne m'apportait le second plat, il se faufilait dans la cuisine pour lui manger sa part du premier. Une fois, je la trouvai pleurant ; Ami lui avait mangé sa viande. J'en fus étonnée ; car il était couché bien tranquille sur son matelas. Pourtant, je lui trouvai l'air drôle ; alors, je lui enjoignis de venir à moi. Il ne voulut pas. De force, je le tirai et soulevai son matelas, où je trouvai le gros morceau de viande qu'il avait dérobé. Aussi reçut-il une bonne raclée ; mais cela ne le corrigea pas, car quelques jours après, chez mon amie, il s'empara d'un poulet entier, qui était prêt pour le souper de toute la famille.

Le soir, quand il sortait, il mangeait tout ce qu'il voyait, malgré sa muselière. Alors, je lui en achetai une à grillage pour le soir, car il était toujours malade et les visites du vétérinaire me coûtaient fort cher. J'avais bien recommandé à la bonne de lui mettre cette muselière quand elle allait se promener avec le père de son enfant. Cela faisait sortir mon chien et je n'y avais pas vu d'inconvénient. Seulement, celui-ci passait en second plan et tirait sur la laisse.

Quant à moi, avec toutes mes leçons, je rentrais le plus souvent vers dix heures, juste avant la fermeture de la maison. Un soir, je les vis se promener tous les trois et le chien était tiraillé par la bonne, parce qu'il voulait s'arrêter pour manger quelque chose. Arrivée chez moi, j'aperçus la muselière à grillage suspendue à son clou. Elle lui avait mis l'autre, et pourtant elle savait que le chien était toujours malade des différentes saletés qu'il mangeait.

Quand elle rentra, je lui dis simplement : « Pépi, il faut absolument que vous mettiez au chien sa muselière à grillage, vous le savez bien. » — « Pour ses douze florins que lui faut-il donc encore ? » Telle fut la réponse que me fit la bonne.

Je la remerciai aussitôt, en lui donnant ses quinze jours, comme il est d'usage à Vienne. Elle avait oublié qu'en plus de douze florins, elle recevait encore trois florins pour le souper ; mais que, jugeant cela peu, je lui donnais assez pour midi et son dîner en même temps. Elle ne touchait donc pas à ces trois florins. Puis, deux fois par an, je donnais des bottines neuves pour les promenades du chien. Pour Vienne, à cette époque, ce n'était pas mal payé.

Ami était beau et remporta un prix à l'Exposition. Dans la rue, les passants s'arrêtaient pour le regarder. On m'en offrit même une bonne somme, mais je ne voulais pas le vendre, bien que j'eusse, à cause de lui, beaucoup d'ennuis avec mes servantes et qu'en été je fusse forcée de l'envoyer à la campagne, chez un chasseur, quand je ne pouvais l'emmener avec moi.

Comme on le voit, je ne trouvai pas le bonheur, même avec un gentil intérieur et mon chien. Je vivais surtout avec les souvenirs que m'avaient laissés mes chers élèves, et mon esprit, tout en se reportant à ces moments heureux, était occupé des nouveaux élèves que je chérissais déjà.

Avant de clore ce chapitre, je vais vous dire un épisode de ma vie qui, bien qu'antérieur à ce que je viens de raconter, trouvera ici sa place.

En 1890, j'allai à Paris pour mon divorce et je pensai revenir bientôt à Vienne. Une de mes élèves, une dame, dont je ne puis dire le nom, d'autant plus qu'elle en avait changé quelquefois pendant les deux ou trois années où je lui enseignais le français, m'avait priée de lui rapporter deux couples de pigeons-voyageurs. Elle avait une maison de campagne, où elle avait aménagé une petite basse-cour et, par conséquent, un pigeonnier. Cette dame les avait vus annoncés dans les publications du Jardin Zoologique de Paris.

Je me munis donc de tous les renseignements nécessaires et, avant de quitter Paris, j'allai les acheter. On me les apporta le jour convenu, dans une caisse dont un côté était garni de barreaux. A la gare, le porteur me dit : « Si ce sont des pigeons-voyageurs, vous aurez des ennuis. » Je résolus alors de ne pas dire que c'étaient des pigeons-voyageurs et je ne lui répondis pas.

A Innsbruck, j'étais en train de mettre de l'eau dans leur cage, quand un monsieur vint à moi et me demanda si c'étaient des pigeons-voyageurs? Je répondis que je ne savais pas. « Vous ne savez pas, » dit-il? — « Non, Monsieur, c'est une commission que je fais. » Il m'avait fixée pendant que je parlais. Alors, ce monsieur me quitta et revint avec un gendarme, qui se mit à ma gauche pendant qu'il se plaçait lui-même à ma droite. Je vis à la porte qui conduisait aux bagages un second gendarme de planton.

Ainsi escortée, nous fîmes tout le quai de la gare pour aller au bureau de l'inspecteur de la police. Le monsieur prit alors les devants et m'enjoignit de le suivre. Il était lui-même l'inspecteur, car il s'assit à son bureau et allait procéder à un interrogatoire en règle ; mais, tout le long de la gare, et Dieu sait ce qu'elle est grande ; j'avais réfléchi et je m'étais dit qu'il devait y avoir défense de transporter des pigeons-voyageurs d'un pays dans un autre. Aussi, ma résolution fut-elle vite prise et, avant qu'il se mît à me poser des questions, je pris la parole, en lui demandant de vouloir bien éloigner ce gendarme qui s'était posté devant la porte donnant à l'intérieur de la gare et, quand je me vis seule avec l'inspecteur, je lui dis : « Je comprends, maintenant, l'importance qu'il y a à transporter des pigeons-voyageurs. Je vous ai menti, en vous disant que je ne savais pas que les miens en étaient. La dame qui m'a priée de les lui acheter, m'ayant donné l'argent à cet effet, je craignais d'être empêchée de les lui apporter. C'est moi qui les ai achetés au Jardin Zoologique ; mais voici la facture. Je suis Française avant tout et, ne voulant pas nuire à mon pays, je vous les laisse. Veuillez, seulement, m'en donner un reçu. »

J'avais, heureusement, dans mon sac la facture et le commissaire allait la lire, lorsqu'un monsieur d'un aspect imposant, à barbiche et cheveux blancs, entra et dit : « Ce sont des pigeons-voyageurs ; mais il n'y a rien de suspect. » — « Madame vient de me le déclarer, » ajouta l'inspecteur de la police.

On me pria de sortir un moment et, enfin, on vint me dire que je pouvais les emporter, mais que je ne devais plus accepter de telles commissions à l'avenir, car je pourrais avoir beaucoup de désagréments. Je remerciai et montai vite dans mon compartiment, afin que le public vît bien que l'on ne m'avait pas gardée !

Arrivée à Vienne, un désappointement fort compréhensible, après ce qui venait de se passer, m'attendait. Quand j'allai voir cette dame, je la trouvai affolée ; son mari, qui ne l'était pas légitimement, la quittait ; tout allait être vendu. Elle rentrait au théâtre et les pigeons furent mal reçus. Je ne sus même pas ce qu'il en advint. J'espère qu'ils sont retournés en France. Ils étaient, du reste, déjà dans un bien triste état en arrivant à Vienne ; les deux mâles s'étaient à moitié tués de jalousie. Tout le dessus de leur bec n'était qu'une plaie d'où coulait le sang !

CHAPITRE XXXII

J'entre dans la famille X...

J'avais, depuis près de deux ans, parmi mes nombreux élèves, une jeune fille de l'aristocratie israélite, Mlle Valérie X.... La pauvre fillette était sourde, parlait mal et apprenait très difficilement. Il y avait des moments où je croyais qu'elle entendait un peu ; cela dépendait peut-être des conditions atmosphériques. Elle semblait percevoir certains sons mieux que d'autres, comme la musique, par exemple. Elle avait un défaut guttural ; mais à force d'exercices faits avec de bons professeurs, on était parvenu à corriger cette imperfection.

Valérie n'avait que six ans lorsqu'elle eut le malheur de perdre sa mère, aussi son caractère laissait-il fort à désirer ; mais je pensais que les personnes qui étaient auprès d'elle et qui avaient le devoir de l'élever, ne savaient pas la prendre et, quand on me raconta qu'elle s'était battue avec son institutrice française, j'en fus très étonnée, car avec moi elle était toujours fort gentille. Il est vrai que je ne lui donnais, les deux premières années, que des leçons particulières et ne restais chez elle qu'une heure, tout au plus une heure et demie ; je n'avais donc pas à la contredire dans certains détails comme ses gouvernantes pouvaient le faire. Après ma leçon, j'étais heureuse d'aller me reposer dans une autre famille, d'autant plus que j'étais alors extrêmement fatiguée .

Il arriva que la jeune fille me prit en affection et voulut m'avoir à titre d'institutrice à demeure. Je ne voulais pas me rendre à son désir, j'aimais trop mes autres élèves pour entrer tout à fait dans une famille. J'avais déjà refusé de semblables propositions ; mais, maintenant que j'étais seule, je ne pouvais plus alléguer les raisons qui me forçaient de refuser autrefois.

En 1902, j'avais accompagné Valérie à Paris, chez ses

grands-parents, qui me reçurent avec beaucoup d'amabilité. La grand'mère me supplia d'accepter d'entrer auprès de sa petite-fille, faisant valoir l'affection que celle-ci avait pour moi. Je refusai net et lui en expliquai les raisons. Pourtant, elle espérait que je réfléchirais encore, m'avait-elle répondu. Lorsque je retournai à Vienne avec mon élève je fis mes adieux à la baronne, qui me mit dans la main une enveloppe dans laquelle se trouvait un billet de 1.000 francs. C'était un cadeau princier, j'en conviens ; mais n'était-ce pas pour m'allécher ?

En revenant de Paris, comme le baron X... m'avait aussi engagée pour l'été, nous allâmes à la campagne ; d'abord à W..., où il avait un très beau château. La vie que nous menions était agréable : Le matin, promenade à pied sur les montagnes, l'après-midi, promenade en voiture dans les environs de W.... Puis, nous nous rendîmes trois semaines après à I,..., où tout est féerique. Nous trouvâmes toute la famille réunie, le père et ses fils, au nombre de quatre.

L... est un vrai paradis terrestre. C'était le bijou du baron ; il y avait fait aménager et construire, là une cascade, là un moulin à eau, ici une métairie avec des vaches qui paissaient de tous côtés sur les différentes prairies. Des chalets de chasse, de-ci, de-là, avec des petits jardins. Sur les montagnes, on voyait des cerfs courant dans toutes les directions, puis un ruisseau où ils allaient boire. Non loin de là, se trouvait une forêt vierge, qui vous charmait par ses aspects pittoresques. La route même de L... appartenait au baron X..., et n'y passait pas qui voulait. Je le répète, on se serait cru dans un pays enchanté.

Il y avait au château une salle magnifique, éclairée à l'électricité. Tout le plafond n'était que guirlandes de fleurs, du calice desquelles sortait la lumière qui se répandait sur nous. Généralement les messieurs étaient habillés en chasseurs, — culottes courtes en peau plus ou moins usée. Leur occupation journalière étant exclusivement la chasse, nous ne nous voyions guère qu'aux heures de repas. Pour nous, la vie était la même qu'à W...

Valérie conduisait elle-même ses chevaux ; mais, comme elle avait quelquefois de fortes distractions, je n'étais pas très rassurée, bien qu'il y eût toujours, à titre de groom un cocher sur le siège de derrière et que celui-ci pût, à la rigueur, saisir les rênes, qui, du reste, étaient fort longues et passaient entre nous pour aller finir dans ses mains.

Je me rappelle qu'une fois, à W..., il y avait une petite voiture d'enfant au milieu de la route ; la mère était entrée chez un épicier et avait laissé là son enfant que, d'ailleurs, elle ne perdait pas de vue ; seulement, il fallait qu'elle fût très occupée pour ne pas avoir entendu notre voiture. Valérie allait, allait toujours et n'arrêtait pas ses chevaux ! Je vis le moment où ils allaient entraîner la petite voiture avec eux. Le cocher sommeillait-il ? Enfin, je retins la jeune fille par le bras, en donnant l'ordre au cocher d'arrêter la voiture. Il n'était que temps. Aussi, quand je m'asseyais auprès d'elle, sur le siège, j'avais le cœur serré, appréhendant un malheur ; mais, j'avais pitié d'elle, d'autant plus qu'elle me montrait tant d'affection, et je ne lui fis pas voir ce sentiment.

Pour mon malheur, Valérie s'attacha tellement à moi que, comme sa grand'mère, elle me supplia de rester auprès d'elle. Je résistai encore, lorsqu'une dame, la baronne de P..., amie de la famille et qui plus est de la mère de Valérie, décédée, je l'ai déjà dit, vint passer quelques semaines à L... avec ses deux filles, qui étaient aussi mes élèves. La baronne, tout en ne voulant pas m'influencer, me montra pourtant les avantages de ma position si j'entrais dans la famille X.... Elle me dit, en outre, qu'à mon âge, âge critique, courir le cachet ne valait rien pour ma santé.

En effet, chez elle, une fois, j'avais été fort souffrante et, dans une autre famille, on avait dû me reconduire chez moi en voiture. Je me remémorai tous ces incidents et ma vie, toujours seule, puis tous les ennuis que je venais d'avoir à cause de mon chien. Tout cela fit-il pencher la balance ? Enfin, on me pressait de me décider ; la gouvernante étant malade, il fallait quelqu'un au plus vite. Je demandai quinze jours de réflexion ; mais je n'étais guère plus avancée après ce laps de temps. De tous côtés, on me donnait le conseil d'accepter.

Enfin, je fis mes comptes pour savoir ce que je pourrais demander comme appointements. Malheureusement, je ne pensai pas à la toilette qu'une place pareille allait m'obliger à faire. Puis, il n'avait pas été stipulé que, dans bien des cas, je remplacerais la mère. Je demandai donc quatre cents couronnes par mois, m'engageant pour cinq ans. Selon mes livres, je gagnais à peu près cette somme et j'avais résolu de donner encore des leçons pendant ce nombre d'années, puis de retourner ensuite vivre dans mon pays. Je pensai que la nourriture serait le profit que je tirerais d'une telle position.

Pauvre insensée, comme mes calculs étaient faux ! Une robe de soirée me coûtait déjà plus d'un mois de mes appointements. Et, il en fallait des toilettes, des manteaux pour toutes les occasions : pour la ville, la campagne et les différents voyages que nous faisions.

Lorsque je fis connaître mes conditions au baron, il me répondit que cela lui convenait ; mais qu'il ne contractait un engagement que pour quatre ans, sa fille pouvant se marier d'ici là. Il ajouta que Valérie ayant le caractère difficile, je pourrais, s'il ne m'était pas possible de supporter l'existence auprès d'elle plus de trois ans, m'en aller à l'expiration de ce temps. Le baron s'engageait néanmoins à me donner les appointements de la quatrième année.

Je ne fus pas assez intelligente pour voir que, pourtant, j'étais lésée dans mes intérêts, puisqu'il me fallait travailler encore cinq ans pour atteindre mon but, et une année de moins de travail et par conséquent de gain me retirait un petit capital. J'aurais dû alors demander l'équivalent de ce que je perdais et que cela fût ajouté aux appointements qu'il devait me donner. Je n'y pensai pas et j'acceptai d'entrer chez lui aux conditions énoncées plus haut.

J'avais bien remarqué que la porte de son cabinet était restée entr'ouverte, lorsque nous discutâmes les conditions; mais je n'y attachai pas d'importance. Je ne reçus aucun engagement écrit ; n'est-il pas dit, du reste, qu'un baron X... ne manque jamais à sa parole ?

La jeune fille était au septième ciel ! Quant à moi, je retournai à Vienne pour liquider mes affaires et prendre congé de toutes les bonnes familles que j'allais laisser à d'autres ! Mes élèves en eurent du chagrin ; et moi, j'avoue que cela me fit beaucoup de peine, et c'est la mort dans l'âme que je faisais tous mes préparatifs. Tout le monde comprenait que je ne laisse pas échapper l'occasion d'entrer dans cette maison.

Je vendis tous mes meubles, mon quatrième mobilier. J'envoyai mon chien chez une de mes cousines à Hanovre, où il ne tarda pas à être volé ! Enfin, j'entrai dans la famille X... quand elle revint à Vienne, en automne. Les premiers mois, je crus avoir gagné le gros lot. Tout le monde était aux petits soins pour moi, on me fêtait et je me sentais heureuse.

Au mois d'août, Valérie m'avait fait, avec l'aide d'un de ses frères, un compliment à l'occasion de mon anniversaire ; elle me l'avait donné par écrit, je vais le soumettre à mes élèves, afin qu'ils se persuadent de l'affection qu'elle avait alors pour moi.

POÉSIE POUR L'ANNIVERSAIRE DE MA TRES CHERE MADAME SCALA,

le 18 août 1902.

Voilà la grande fête qui est arrivée,
Le jour où Mme Scala fut née.
J'espère que le bon Dieu vous accorde la joie,
De renouveler l'anniversaire encore beaucoup de fois.

Que vous soyez toujours heureuse, bien portante et gaie,
Et que tous les malheurs vous soient épargnés.
Madame, réjouissez-vous aujourd'hui de tout cœur ;
Rien ne doit troubler votre bonne humeur.

Mais, cependant, pensez un peu à votre élève,
De qui viennent tous ces vœux
Et, tout ce qu'elle achève,
Elle le fera de son mieux.

Vive la France, qui nous l'a donnée,
Vive notre chère Madame, encore bien des années.
De votre élève qui vous aime de tout son cœur.

signé : Valérie X...

à L...

Oui, ce jour-là a été heureux pour moi, elle m'aimait alors.

Valérie, après quelques mois, se fatigua d'être obéissante et docile. Elle commença à vouloir agir à sa guise. Le voile que j'avais devant les yeux tomba, mais trop tard. Quand je lui faisais des remontrances ou que je voulais lui inculquer les principes les plus élémentaires de l'étiquette, cela occasionnait des discussions qui finissaient par me rendre malade.

Que de scènes, que de paroles inutiles quand elle devait

faire une visite et que cela ne lui convenait pas ; de même, lorsque je voulais lui faire écrire une lettre que les exigences du monde réclamaient. Une fois, de rage, elle m'en donna un grand coup dans le dos ; puis, elle me dit que j'étais folle, qu'elle savait bien que, vu sa fortune, les gens rechercheraient sa société sans qu'elle écrive ces lettres absurdes.

Elle devenait méchante et me harcelait, comme on va le voir : J'étais un peu forte, et, par conséquent, un peu poussive ; il m'était assez pénible de parler en marchant et surtout dans une montée, d'autant plus que Valérie étant sourde, j'arrivais encore moins à me faire comprendre. C'est alors qu'elle se moquait de moi et, particulièrement, de mon embonpoint.

Lorsque Valérie commença à me montrer son gentil caractère, une fois que je ne cédais pas à ses caprices, elle m'avait donné un coup dans la poitrine ; j'étais aussitôt allée trouver le baron qui m'avait priée, en soupirant, de la lui envoyer. J'appris que son père l'avait menacée de la mettre en pension, et ce fut encore moi qui en subis les conséquences, car elle m'accabla de reproches, me disant que j'avais menti. Un autre jour, où je m'étais vue forcée de lui faire quelques observations, elle eut la hardiesse de me dire de fermer mon bec.

Valérie avait l'habitude d'écrire, sur des petits papiers, toutes ses pensées et toutes les réflexions qu'elle faisait sur les différentes personnes qu'elle fréquentait. Aussi le paquet qu'elle recélait dans sa poche de dessous était-il déjà fort volumineux. Un jour, je trouvai un de ces feuillets sur lequel elle avait écrit : Tout le monde ne peut pas être intelligent et Mme Scala ne l'est pas. Elle est aimable ; mais ce n'est pas difficile de l'être.

Je commençais à être hors de moi, n'osant plus parler, de crainte de provoquer une dispute. Alors, elle me dit une fois : « Si vous croyez que vous faites une tête intelligente ! » A quoi je répondis : « Idiote ! » C'était lancé. Je conviens que j'ai eu tort ; mes nerfs avaient pris le dessus ; mais je n'étais pas au bout de mes peines ; car je devais éveiller la sensibilité d'un être sans cœur et je me butais toujours à des sorties semblables, aussi ma patience finissait-elle par s'épuiser.

Cela me rappelle qu'un jour, à Saint-Moritz, où j'accompagnais Valérie un été, après avoir quitté l'établissement de bains, elle se mit à courir à toute vitesse la montée qui mène à l'hôtel. Je lui avais fait signe de m'attendre, mais en vain. J'étais ennuyée de la voir arriver seule, avec sa surdité et tous ces domestiques à la porte. Je courus donc, autant que cela me fût possible, cette montée, pour arriver haletante, prête à me trouver mal. Alors, me sachant derrière elle, soufflant à tout rompre, elle se retourna et me dit tout haut : « Vous avez l'air d'un bouledogue ! » — « Et vous d'un singe », lui répondis-je.

A L..., une fois, je ne montais pas assez vite et, malheureusement, Valérie était derrière moi. Alors, elle m'asséna dans le dos un coup de sa canne ferrée ! Je m'affaissai sur l'herbe, tant le coup et la surprise m'avaient retiré tout sentiment. En marchant, je ressentis de vives douleurs dans les reins. Nous allâmes à la ferme, où les larmes que j'avais retenues se mirent à couler abondamment, ce qui me soulagea un peu.

Mon Dieu, que je me trouvais donc malheureuse, et quand je pense que cette jeune fille prétendait m'aimer, qu'elle disait avoir pour moi l'affection d'une fille pour sa mère ! Du reste, la suite prouvera à mes élèves que c'était faux ; car on ne martyrise pas une mère et encore moins une personne qui en tient consciencieusement lieu.

Je rentrai un soir inopinément chez Valérie. Elle causait en confidence avec sa femme de chambre, et, voyant qu'elles avaient l'air ennuyées de mon apparition, je dis tout simplement : « Qu'y a-t-il donc ? » Valérie me renvoya en me disant : « Que venez-vous faire ici ? Sortez de ma chambre ! »

J'eus, naturellement, après cette manière d'agir envers moi, une explication avec la femme de chambre, à qui j'enjoignis de ne pas se mettre entre la jeune baronne et moi, ce qui me fit une ennemie de cette personne ; j'eus maintes fois l'occasion de m'en apercevoir. Et pourtant, comme elle s'était plainte à moi que la jeune fille l'avait battue plusieurs fois, j'avais fait poser une sonnerie électrique dans mon petit salon, afin qu'elle pût m'appeler quand cela se renouvellerait.

Valérie était brusque dans ses mouvements et, le plus souvent, irréfléchie. Un soir qu'elle m'avait donné une forte poussée, ayant justement des petits souliers, mon pied se démit de telle façon qu'il me fallut rester allongée pendant trois semaines, le pied dans du plâtre. Elle était exaspérée de me voir clouée là et d'être obligée de sortir avec une autre personne. Elle avait oublié qu'elle était la cause de cet accident.

Nous en étions arrivées au paroxysme de nos scènes ; elle m'appelait folle et, j'avoue que j'eus le tort de lui répondre par ce mot « idiote » ou « sotte ». Que pouvais-je faire ? Ce n'était pas mon enfant, je ne pouvais la punir autrement. Quand, par exemple, elle me serrait le bras à m'en faire gonfler les veines et que, toute la nuit, je ressentais de vives douleurs, à quoi les plaintes auraient-elles servi ? Une fois, même, voyant à temps son geste, je la pris à bras le corps et la jetai positivement à la porte de ma chambre, où je m'enfermai, sachant qu'elle viendrait m'y relancer.

Ce sont de petits détails que je ne relèverais même pas s'ils ne me paraissaient de nature à faire mieux connaître le caractère et l'état d'esprit de mon élève.

Quand je pense que, malgré toutes ses méchancetés, elle me comblait de présents à ma fête et à Noël ! Mais son but était, je crois, de me forcer à l'aimer, car ne me dit-elle pas un jour que c'était mon devoir de l'aimer malgré tout. — La pauvre petite, elle n'en prenait guère le chemin. Je lui répondis qu'elle se trompait d'autant plus qu'on ne pouvait forcer l'amitié de personne, et que cela était une chose qui ne s'achetait pas.

Au commencement, je l'aimais beaucoup, mais petit à petit mon affection pour elle diminua ; elle me faisait trop souffrir ! Pourtant, je fis toujours mon devoir envers elle et même au détriment de ma santé. Je la soignais et je cherchais à lui éviter tout ce qui pouvait lui nuire.

Que de luttes de toutes sortes n'ai-je pas eu à surmonter. J'ai tout essayé auprès d'elle ; je l'ai prise par la douceur, et enfin je la traitai avec sévérité ; mais je ne changeai rien à son caractère.

Pendant quelques jours, je lui tins rigueur avec le baiser du soir ; alors, furieuse, elle me dit qu'il fallait que je l'embrasse. Je lui répondis que cela dépendait d'elle, mais que pour le moment il me semblerait embrasser mon bourreau.

A Paris, chez ses grands-parents où nous étions retournées, il y eut aussi une forte scène. Elle voulut nous battre toutes les deux, sa femme de chambre et moi. Je dus faire rouler les fauteuils entre elle et nous et, de cette façon, la pousser jusqu'à la porte — cela se passait dans ma chambre. Elle prétendit que j'étais injuste et que je mentais.

Malgré toute la peine que je me donnai, je n'arrivai pas à maîtriser ses écarts. Peut-être la personne qui me remplaça plus tard eut-elle plus de succès que moi ? Je le lui souhaitai de tout mon cœur.

Au récit d'un soir de Noël, où nous avions préparé les cadeaux qu'elle devait distribuer à ses domestiques, comme je le lui avais enseigné le premier Noël que je passais près d'elle, on aura la certitude de ce que j'avance plus haut. Aux femmes, je lui faisais donner du linge ; aux hommes une pièce d'or enveloppée dans du papier de soie avec un joli petit fil doré, comme si cela eût été un bonbon de l'arbre de Noël. Aux premiers domestiques, comme maître d'hôtel, chef etc... c'étaient des cigares ou des jouets pour leurs enfants ; ceux-là, étant généralement mariés, n'étaient pas à demeure dans la maison.

Il y avait entre autres, un domestique qui faisait double service auprès de Valérie ; il servait à table, nous accompagnait à la promenade et, de plus, nous conduisait au théâtre et venait nous y chercher comme groom. Je dis donc à Valérie qu'elle ferait bien de lui donner 20 couronnes au lieu de 10, mais de lui dire, en même temps, pour quelle raison le bonbon était double, de telle sorte que, s'il le racontait aux autres, il en pût dire la cause, afin qu'ils ne fussent pas jaloux. Valérie ce soir-là, ayant trouvé cela de toute justice, avait acquiescé à cette idée.

Donc le lendemain, l'un après l'autre, les domestiques se présentèrent et s'en retournèrent après avoir baisé la main de la jeune baronne pour la remercier. Lorsque ce fut au tour d'Henri, elle qui, la veille, avait compris et même trouvé bon qu'on lui donnât une plus grosse somme, ne voulut pas prendre ce que je lui présentai pour le lui remettre ; elle me dit : « Pourquoi cela ? » — « Mais, Valérie, dis-je, vous savez bien, hier soir vous étiez consentante. »

J'étais sur les épines, comment lui expliquer tout ce qui avait été entendu la veille ? Le domestique était là et ne comprenait rien à l'hésitation de la baronne. Alors, je poussai sa main munie du petit paquet vers le domestique et, moi-même, je lui dis que la baronne lui donnait un plus gros bonbon à cause de ses bons et multiples services auprès d'elle. La jeune fille ne put faire autrement que de laisser les choses telles qu'elles se faisaient.

Lorsque tous les domestiques furent venus, alors commença pour moi une vie de galère pour mon petit Noël. Elle me dit que je faisais de son argent ce que je voulais etc. etc... On vint heureusement nous annoncer que le dîner était servi. Nos explications en restèrent là.

Le cadeau qu'elle me fit après le dîner, comme on peut en juger, ne fut pas accepté de bon cœur après une scène pareille, d'autant plus qu'elle me le donna assez maladroitement. C'était un joli cœur en brillants. La jeune fille me dit, en me le présentant : « Voilà un cadeau qui a une très grande valeur et, le jour où vous aurez besoin d'argent, vous pourrez le vendre pour acheter du pain ! » Je le reçus froidement en le laissant sur la table, tel qu'elle l'avait posé.

Cela lui fit-il faire un retour sur elle-même ? Je le suppose du moins ; car, le lendemain, elle le changea pour un bracelet, se rendant compte, qu'à mon âge, je ne pouvais porter au cou, un cœur comme une jeune fille. Alors, elle me pria de l'accepter, ce que je fis, bien que cela fût à contre-cœur.

Le baron s'était vu forcé de m'allouer une aide, il avait résolu d'envoyer sa fille à Saint-Moritz faire du sport pendant les mois d'hiver et, malgré toute ma bonne volonté, il m'aurait été impossible de l'accompagner dans ses excursions en skis ou en tobogans. Seulement, cela fit que mes rapports avec Valérie devinrent encore plus difficiles et que cet état de choses empira depuis que le baron m'avait donné, comme soutien, Miss G..., qui, au bout d'un certain temps, oublia qu'elle devait alléger ma tâche et qu'elle était sous mes ordres.

Cette Anglaise savait qu'un jour mon engagement finirait, que je partirais ; alors, elle montait Valérie contre moi, en lui montrant les avantages qu'elle aurait le jour où elle serait à ma place. Miss G... me faisait beaucoup de mal ; mais ne réussissait pas à être plus aimée pour cela par la jeune fille, qui était pourtant assez intelligente pour comprendre le jeu de cette demoiselle. Du reste, elle avait été recommandée par la comtesse X..., amie du baron.

Ce qui m'avait déplu, ce fut lorsqu'elle me raconta que, chez cette dame, on nommait le baron « Domino ». Je lui dis franchement ma façon de penser à ce sujet ; aussi, sentit-elle que nous ne pouvions guère sympathiser ensemble. Il est dans mes principes qu'on ne doit jamais tourner en ridicule le chef de la maison.

Voici une preuve convaincante du manque d'usage de Valérie : Nous allâmes donc cet hiver-là à Saint-Moritz ; nous étions descendues au Palace Hôtel, où nous avions une vie très agréable avec tous les concerts qu'on y donnait. Il y eut même un bal. Valérie savait danser et aimait, du reste, beaucoup la danse. Elle avait manifesté le désir de prendre part au bal. Je lui fis mettre une jolie robe de soirée en crêpe de Chine rose.

Il se faisait tard, et la pauvre jeune fille n'avait pas encore dansé. On n'osait peut-être pas l'inviter, ou bien était-ce parce que nous ne connaissions pas de danseurs ? Elle me faisait peine à voir sur sa chaise ! J'aperçus alors, dans un autre salon, lady S..., parente de Valérie. J'allai la trouver et la priai de présenter un jeune homme à sa nièce, afin qu'elle fasse au moins un tour de valse avant de monter dans sa chambre, qu'il était tard et qu'il convenait que nous nous retirions. Lady S... me répondit : « Mais certainement, je n'y songeais pas. »

Malheureusement, Valérie avait compris le but de ma démarche auprès de lady S... et, qui plus est, m'avait vue par les glaces du salon. Alors, elle me déclara qu'elle ne danserait pas, puisqu'on commandait à un jeune homme de la faire danser. Je me mis en devoir de lui expliquer qu'il fallait bien qu'on lui en présentât un. Je la suppliai encore et puis je vis aussi, par les différentes glaces, que lady S... parlait à un jeune homme et que tous les deux s'approchaient de notre salon. J'implorai Valérie, la suppliai ardemment de faire, ne fût-ci qu'une fois, le tour de la salle. Je lui parlai de l'affection qu'elle prétendait avoir pour moi. Tout était en vain !

Enfin, lady S... était là, devant nous, et le jeune homme faisait son salut obligatoire à Valérie pendant qu'on le lui présentait. Je suffoquais !... Voilà, tout à coup, Valérie qui se lève chancelante de sa chaise, comme si elle était ivre et dit : « Je ne danse pas, j'ai mal à la tête ! » Sur ce, le jeune homme se retourne et je compris que lady S... cherchait à atténuer l'effet produit sur lui, en lui expliquant que Mlle X... était fort bizarre .

Je me sauvai dans ma chambre ; n'avait-elle pas, là, son Anglaise pour la ramener ? Elle me suivit du reste aussitôt, mais, pour éviter les scènes dans un hôtel, j'avais été plus vite qu'elle ne le pensait et j'avais fermé à clef les deux portes qui donnaient, l'une dans sa chambre, l'autre sur le corridor.

Le lendemain matin, je tâchai de lui expliquer l'impolitesse qu'elle avait commise envers sa parente et l'affront qu'elle avait infligé à cet étranger. Je lui dis, en outre, que si elle avait eu de l'affection pour moi, puisqu'elle disait toujours qu'elle m'aimait, elle m'aurait obéi. Mon Dieu que j'étais donc malheureuse ! Il me sembla, plus que jamais, être enfermée dans une cage dorée avec un mauvais esprit !

Que de craintes j'avais quelquefois, quand je sortais avec Valérie ! Elle ne voulait jamais donner aux pauvres dans la rue et j'avais peur que l'un d'eux ne se vengeât un jour. A Vienne, on en rencontre beaucoup aux abords des hôtels particuliers.

Une fois, nous sortions d'un magasin, Valérie était déjà installée dans la voiture, et, au moment où j'y montais, ayant déjà le pied sur le marche-pied, je reçus un grand coup de poing dans le dos et je fus jetée positivement à l'intérieur sur Valérie, qui me fit des reproches de ma maladresse. J'eus le loisir de voir s'éloigner l'homme qui m'avait maltraitée de la sorte.

Une autre fois, à Schoenbrunn, en pleine route, on lança des pierres dans la capote de notre voiture. Je vis, en effet, un balayeur en ramasser, mais la voiture allait très vite et il n'y eut que deux pierres qui l'atteignirent ; quant à nous, nous restâmes indemnes.

Par moments Valérie avait des lueurs de grande intelligence et voyait les choses telles qu'elles étaient. Malheureusement, cela était très rare. Par exemple, son père tenait à moi et déjà, avant mon entrée définitive dans la maison, lorsque je ne venais que pour des leçons, il m'avait priée de rester auprès de sa fille pendant que la gouvernante, qui était malade, irait faire une cure. Je dis au baron que je ne pouvais ainsi, du jour au lendemain, cesser mes leçons et les reprendre à mon gré ; mais que je viendrais coucher auprès de Valérie. Il accepta, peu satisfait, car il n'était pas habitué à essuyer un refus. Alors, le lendemain, la fillette me dit : « Papa voit maintenant qu'avec tout son argent, il ne peut avoir tout ce qu'il veut. »

Ne me dit-elle pas une fois qu'elle connaissait un moyen de me garder toujours auprès d'elle, bien que je lui eusse déclaré à maintes reprises que je finirais par la quitter, si elle ne changeait pas. Ce moyen, elle me l'avoua un jour, consistait à me faire épouser par son père !

Elle ne doutait de rien et était aussi très volontaire. Elle croyait que, parce qu'elle était Mlle X..., tout dût plier, céder à ses moindres désirs. N'avait-elle pas coutume de dire : Chez nous, c'est comme chez l'empereur ; mon père est comme un roi avec sa fortune !

CHAPITRE XXXIII

Le Baron X. .

Au commencement, je le répète, je fus la bienvenue, on me fêtait même. Le baron avait voulu que l'on boive du champagne à l'occasion de mon anniversaire. Il avait trinqué tout particulièrement avec moi, en plongeant ses yeux dans les miens, lui qui avait l'habitude de toujours regarder en l'air ou au-dessus de votre tête quand il vous parlait.

Le baron était pour moi d'une amabilité extrême. Quand j'étais souffrante, il voulait que je me couche aussitôt et que je me soigne. J'avais voulu garder mon médecin, le Dr Loewenstein, cela le mécontenta : « N'avez-vous donc pas confiance en celui de la famille ? » me dit-il. — « Il est un peu brusque, puis, je suis habituée au mien, » répondis-je. — « Eh bien ! alors, vous le payerez vous-même, » répliqua le baron. Ceci n'était qu'un accès de mauvaise humeur. Je le pris ainsi et je lui dis, en riant, que c'était bien.

Pourtant, lorsque je me démis le pied, il ne voulut pas que ce fût mon médecin — qui était aussi chirurgien — qui me donnât des soins et je fus fort embarrassée, car il était déjà venu me voir et devait revenir pour mettre mon pied dans le plâtre. Aussitôt que le baron l'apprit, il lui fit téléphoner de ne pas se déranger, parce qu'il avait fait appeler le grand chirurgien Schnitzler ; puis, il vint me trouver et me dit : « Schnitzler vous soignera, je le veux ! »

Je dus me soumettre et, du reste, que pouvais-je opposer à cela ? Je fus donc pansée et soignée comme le baron le désirait ; mais, ce qui m'étonnait beaucoup, c'est que le baron vînt lui-même de temps à autre voir comment je me portais. Aussitôt que je commençai à marcher, il donna l'ordre de faire arranger l'ascenseur qui ne servait qu'aux malles et au bois, de façon à ce que je puisse y monter.

Le baron était bon et je craignais déjà que sa bonté ne fût puisée dans une source plus profonde ; car, ce n'était pas seulement quand je me démis le pied qu'il vint me voir, mais aussi lorsque j'étais forcée de garder le lit quand j'étais souffrante. Du reste, il trouvait toujours sa fille près de moi. Cela fit-il supposer à Valérie que son père pourrait bien m'épouser un jour ?

Valérie m'avait donné, pour ma fête, de très jolis brillants montés en boucles d'oreilles. Je jugeai à propos de lui dire qu'il ne fallait pas qu'elle fasse de telles dépenses pour moi. Alors, elle me répondit qu'elle pouvait faire ce qu'elle voulait de son argent. Je pensai qu'il était pourtant convenable d'aller demander au baron la permission d'accepter son cadeau : « Mais pourquoi pas, dit-il, Valérie est libre de dépenser son argent comme elle l'entend et il n'y a rien de trop beau pour vous, Madame. » Je le remerciai et j'allai retrouver Valérie, qui avait eu peur que son père ne le permît pas.

Une fois le baron fit semblant de vouloir sentir le parfum du savon que j'employais, il prit ma main et y déposa un baiser. J'étais confuse.

Quelque temps après, c'était à L... ; il m'envoya chercher pour me photographier. Je dus mettre précipitamment ma robe de soirée et je me rendis auprès de lui. Là s'engagea une petite discussion au sujet de ma robe qui n'était pas assez décolletée, et il tirait sur l'encolure pour la décolleter davantage. Il aurait voulu faire céder les points qui retenaient la dentelle. Mais moi je n'avais pas envie de déranger quelque chose à la façon de ma robe. Alors le baron fit contre mauvaise fortune bon cœur et se dirigea vers son appareil.

Je ne saurais rendre les regards qu'il me lançait tout en me photographiant, et les sourires qu'il me faisait sont encore plus indescriptibles. Je ne pus m'y méprendre. Il me disait de sourire, de sourire toujours ! Je fis de mon mieux ; mais je me trouvais tellement embarrassée, gênée même, qu'il me semblait que ce n'était pas encore ce qu'il voulait.

Un autre jour où il avait été fort galant à table, le baron m'emmena dans son cabinet après le dîner, car il faut dire qu'il m'offrait son bras en sortant de table pour me conduire au salon. Mais, cette fois, ce fut vers son cabinet qu'il se dirigea. Là, il m'offrit un fauteuil et une cigarette. Je le remerciai, en lui disant que je ne fumais pas. Alors, il se leva de sa chaise furieux et me dit : « Vous n'aurez donc que des vertus et pas un vice ! » Et il s'en alla !

J'eus alors le loisir de réfléchir, car je ne le vis pas pendant quelques jours. Il était clair que le baron désirait quelque chose ; mais mes principes étaient trop enracinés en moi. Jamais je ne me serais donnée, sans amour, à un homme. La femme qui s'oublie par amour sincère et irréfléchi est seule excusable, à mon avis ; encore faut-il qu'elle soit libre comme celui qu'elle aime. Nous étions libres tous les deux, c'est vrai, mais je ne l'aimais pas et il était si riche qu'il m'aurait semblé faire une spéculation.

Pourtant, à partir de ce moment, je me tins sur mes gardes et je ne fus plus aussi gaie que j'avais l'habitude de l'être en joyeuse société. La baronne de P... qui m'avait recommandée, me dit une fois : « Ne craignez rien, jamais le baron ne cherchera chez lui la personne pour son plaisir. »

Il fallait bien pourtant que je le rencontre. A L..., on vit très près les uns des autres. Un jour, j'étais descendue au salon où l'on se réunissait avant le dîner ; étant seule, du moins je le crus, je m'étais mise à examiner le baromètre. Tout à coup, je tressaillis, le baron était près de moi et avait posé sa joue sur la mienne.... Je ne trouvai aucune parole, mais je quittai aussitôt le salon, où je ne revins que lorsque tout le monde s'y fut réuni. Pendant le dîner, j'évitai de le regarder et, à partir de ce jour, il ne m'offrit plus son bras.

La lutte était pénible, car je n'oubliais pas ses bontés précédentes ; mais ses façons d'agir m'offensaient et me choquaient. Le baron était surtout bon pour ceux qu'il aimait et je ne comprends pas qu'une actrice ait osé mettre dans ses mémoires son histoire de bague. Il lui aurait montré une bague qu'il avait l'intention de lui donner et comme elle n'avait pas été aimable avec lui, ce soir-là, il aurait remporté ce bijou. Je suis persuadée que c'était de l'enfantillage de la part du baron et qu'il la lui aurait donnée une autre fois, si une brouille n'était survenue entre eux.

Le baron était très économe pour sa personne et même pour les siens ; mais, là où il le fallait, il était très large, très généreux même. J'eus maintes fois l'occasion de m'en apercevoir, lorsque je venais à lui avec une requête que Valérie avait reçue ; il me donnait toujours quelque chose pour envoyer au quémandeur, s'il paraissait être dans le besoin, ou bien il faisait remettre la lettre à son Armenvater (le père des pauvres).

Mme D..., la sœur de la mère de Valérie, lors d'un de nos nombreux voyages à Paris, me dit, un jour où j'allai lui communiquer quelque chose au sujet de sa nièce : « Vous venez me dire que mon beau-frère vous aime, je le sais et je le comprends. » — « Pardon, Madame, ce n'était pas de cela que je voulais vous entretenir. Ce que vous me dites est possible, mais je n'en sais rien ! »

Que lui répondre ? Le baron ne m'avait fait aucun aveu. Quelques insinuations me faisaient supposer qu'il me désirait, comme je l'ai raconté plus haut. Il m'avait une fois dit de ne jamais porter de violet. Puis, une autre fois, étant décolletée chez la grand'mère de Valérie, il m'avait dit, en passant près de moi : « Retirez ce velours que vous avez autour du cou. » Je m'étais rendue à son désir, pensant que cela ne me seyait pas.

Plus tard, au mariage de son beau-frère, à Paris, il voulut, malgré les protestations de la grand'mère, que j'eusse ma place auprès de lui dans la voiture et que je m'installasse dans la synagogue aux chaises réservées pour la famille. Je voyais, en effet, que je tenais une place dans son estime et, qui sait, peut-être aussi dans son cœur. Valérie, comme je l'ai déjà mentionné, devait avoir compris. Elle paraissait heureuse quand son père causait avec moi.

Le baron avait le don de me déplaire lorsqu'il faisait valoir les objets précieux et les tableaux qui étaient dans ses salons ou galeries. Il en indiquait même le prix d'achat. Je me rappelle qu'une fois j'eus en mon cœur les sentiments d'une anarchiste, et, ne pouvant en entendre davantage, je me sauvai dans un petit salon contigu à celui dans lequel nous nous trouvions. M. J. R..., le précepteur, m'y suivit et je lui dis franchement que cela me mettait en fureur. « Je vois déjà la bombe prête à éclater, » répliqua-t-il en riant.

Un soir, étant au salon, non loin d'un groupe de jeunes gens, j'entendis que ces messieurs nommaient les anciennes gouvernantes par des sobriquets et qu'ils riaient beaucoup avec le précepteur. Mon Dieu, qui n'a pas ses petites manies, ses petits travers ? Les enfants m'avaient surnommée la Pintade, parce que j'étais forte et que je marchais un peu comme ce volatile ; du moins le trouvèrent-ils ; d'autres élèves m'avaient bien nommée : Mme Scarabée et d'autres enfin : Mme Gamme. Il me vint à l'idée de demander à ces messieurs quel nom ils me donneraient quand je ne serais plus chez eux ? Le frère aîné de Valérie répondit : « Nous vous appellerons *le vieux trumeau* ». — « Ah ! dis-je, comme un vieux meuble. »

CHAPITRE XXXIV

A Paris chez la baronne X...

J'allais assez souvent à Paris avec mon élève Valérie, qui se rendait au moins deux fois par an chez ses grands-parents. Le baron avait une confiance illimitée en moi, comme on va le voir.

Quand nous nous trouvions à Paris ou à St-Moritz, je donnais les pourboires comme je le jugeais convenable, vu la fortune de la famille pour laquelle j'agissais. Pour sauvegarder les apparences, je les mettais à mesure dans la main de Valérie, qui les distribuait alors. Il arriva même que le baron, au moment de partir, ayant oublié de s'acquitter envers les domestiques de la maison, comme il en avait l'habitude, me pria de le faire en son nom. Lorsque je lui demandai combien il fallait leur donner, il me répondit : « Ce que vous jugerez à propos de donner sera bien. » Tout ce que je faisais était bien, malgré le refroidissement qui existait entre nous, comme je l'ai dit dans l'autre chapitre.

En automne, la famille étant à F..., nous la rejoignions dans ce superbe château. Nous avions des chambres magnifiques, princièrement meublées. Il y avait de grands dîners ; on y rencontrait, avec quelques personnes de l'aristocratie, des ministres, de grands banquiers et des célébrités des lettres et des arts.

Malheureusement pour ma bourse, il fallait beaucoup de toilettes : robes de soirée décolletées, selon l'importance des réceptions. Une fois que j'étais descendue en robe de soie noire avec un petit décolletage en carré, recouvert de dentelle, la baronne, grand'mère de Valérie, me dit devant tout le monde et tout haut : « Ce n'est pas ainsi, Madame, qu'il faut venir à mes dîners ; il faut mettre une robe décolletée ». Je n'en avais qu'une alors ; c'était la première année et je pensais que je ne pouvais mettre la même robe tous les soirs ; comme à ce dîner il y avait peu de monde, j'avais choisi cette toilette. Je répondis : « C'est bien, madame. »

Le lendemain, je mis ma robe décolletée et, lorsque j'entrai dans le hall où toute la société se réunissait, la baronne me dit encore tout haut et devant tous les invités : « C'est comme cela que vous devriez être tous les soirs. » Je ne répondis pas et je me dirigeai vers une table pour me donner une contenance, car tous les yeux des convives s'étaient dirigés vers moi.

En entrant chez le baron, je n'avais que deux toilettes, l'une usagée, l'autre neuve. Il en était de même pour les mois d'été. En outre, dans ma garde-robe se trouvait une robe de soie noire pour aller aux soirées ou aux dîners auxquels j'étais priée de prendre part. Je me vis donc forcée de monter ma garde-robe, et les mille francs que la baronne m'avait donnés y avaient vite passé. Il m'avait fallu un manteau de fourrure, que sais-je encore ; et la baronne, par la suite, ne me donna plus que deux cents francs, quand nous la quittions pour retourner à Vienne. Une fois même, elle m'offrit de lui racheter un chapeau qu'elle s'était fait faire, mais qui ne lui plaisait pas. Je refusai ; elle en fut un peu froissée ; alors je lui expliquai que je faisais moi-même mes chapeaux et que j'étais pourvue pour la saison. Elle demandait quarante francs pour le sien.

A F... aussi, Valérie et moi nous avions des scènes qui, bien que sans raison aucune, battaient leur plein. Ne voulait-elle pas que j'admire son grand-père comme grand homme ou homme célèbre ? Je lui répondis que je l'admirais pour son grand âge et parce qu'il était son grand-père. J'ajoutai que je nommais grand homme, un homme s'étant rendu célèbre par quelque grande institution qu'il aurait fondée ou par une invention qu'il aurait faite. « Je comprends, me dit-elle, vous entendez par là que votre grand-père était un grand homme ; mais avait-il des châteaux et tant de domestiques ? Par son immense fortune, mon grand-père est roi à Paris comme mon père l'est à Vienne ». — « Ne discutons pas sur ces choses, Valérie, » et, après lui avoir dit bonsoir, je me retirai dans ma chambre, pour ne pas prolonger cette discussion, car il m'était impossible d'admirer des gens qui faisaient si grand cas de leur fortune.

De plus en plus, je me sentais diminuer dans l'estime

de la baronne. Etait-ce parce que je ne la flattais pas ou, comme je l'ai souvent pensé, y avait-il un peu de jalousie par-ce que sa petite-fille, tout en étant méchante avec moi, m'aimait malgré tout et ne s'en cachait pas ?

Un soir qu'il faisait très chaud dans la salle à manger, où nous étions plus de vingt personnes à table et les dames décolletées, la baronne commanda à un domestique d'ouvrir la porte qui était derrière moi et près de laquelle se trouvait une fenêtre ouverte. C'était fin octobre, il faisait déjà froid le soir et je fus aussitôt prise de frissons, si bien que mon voisin, qui était un parent de la famille X..., dit : « Mais il y a de quoi attraper la mort » et commanda au domestique de fermer la fenêtre. La baronne me jeta un regard courroucé ; je fis semblant de ne pas m'en apercevoir.

Après le dîner, pendant que tous les invités dégustaient leur café noir et les différentes liqueurs dans le superbe hall, un domestique vint me dire que madame la baronne désirait me parler. Je le suivis aussitôt, car il dut me conduire auprès d'elle, ne connaissant pas les appartements de la famille.

La baronne, en grand décolleté, était dans sa chambre devant une porte-fenêtre ouverte. Elle me fit approcher et comme, moi aussi, j'étais décolletée, j'hésitai... « Approchez-vous, madame, me dit-elle ; je vous ai fait venir pour vous montrer qu'il faut s'habituer, même étant décolletée, à être devant une fenêtre ouverte. Vous voyez que je le supporte et je suis plus âgée que vous. » — « Madame, moi, je n'en ai pas l'habitude, je le regrette. » — « Puis, quand je fais ouvrir une porte, qu'elle soit près d'une fenêtre ou non, vous n'avez pas le droit de donner l'ordre de la fermer. » — « Pardon, madame, mais ce n'est pas moi qui l'ai fait fermer, c'est le baron X..., votre parent, qui était à ma gauche, » — Enfin, que cela vous suffise. » — « C'est bien, madame, » et je la quittai.

Le lendemain, j'avais un fort mal de tête, et le surlendemain on faisait venir le docteur Roux : j'avais une bronchite. Mais, étant soignée à temps, cela ne dura que quelques jours, pendant lesquels Valérie tempêtait de me voir encore malade.

J'étais devenue antipathique à la baronne et, pour ne plus m'avoir à ses dîners, elle me disait toujours d'aller dîner dans ma famille. Elle avait l'air de me faire une grâce ; mais comme je devais rester jusqu'à ce que **Valérie** fût habillée, de crainte qu'elle ne me fît le tour de prendre une autre toilette que celle qu'elle devait mettre, il était alors près de huit heures quand je partais. Le temps d'arriver ou chez mon oncle, ou chez des amis, il en était neuf, et, n'ayant pu prévenir d'avance, j'achetais mon repas en route.

Je me rappelle qu'un soir je ne trouvai personne chez mon oncle, et toujours munie de mon petit souper, je me rendis chez ma maîtresse de pension, à l'autre bout de Paris. Elle était couchée, c'était naturel à dix heures du soir. Alors, seulement, je commençai à déballer mes provisions et il était onze heures et demie lorsque je rentrai.

Une fois, la baronne m'avait offert des billets de théâtre et m'avait dit d'inviter des amies ; mais d'aller dîner avant avec elles dans un restaurant fort cher qu'elle me désigna. C'était à son compte ; pourtant, j'étais gênée voyant qu'on nous servait un dîner magnifique. Une autre fois, la baronne me dit encore d'aller souper dans ce restaurant avec ma maîtresse de pension qui, justement, était venue me voir. Il faut dire que cela était encore au temps où j'étais bien vue. Par la suite, elle me traitait comme une domestique et elle me commandait comme telle.

La baronne, un soir qu'elle avait eu la gracieuseté de me laisser dîner avec toute la société, assez nombreuse ce jour-là, me demanda si je chantais. — « En petit comité, lui répondis-je ; mais je n'oserais chanter devant tout ce monde. » — « Les messieurs sont au fumoir et les dames dans les différents salons ; allez chercher votre musique, je vous accompagnerai. » Elle se mit au piano, elle était fort nerveuse et, malgré que j'eusse fait tout mon possible pour bien m'exécuter, je sentais que cela n'allait pas ; j'entendais des chuchotements défavorables au salon attenant au hall, et, qui plus est, je voyais le baron, le grand-père de Valérie, faire des mouvements d'impatience. Enfin, mon supplice prit fin avec la romance ; mais, j'avoue que je me demandai, par la suite, quel avait été le mobile de la baronne pour me faire chanter, elle qui était si peu aimable avec moi.

Mme D..., la tante de Valérie, commençait aussi à se mettre de la partie ; nous étions alors à Paris, et presque chaque jour je devais lui conduire sa nièce pour le déjeuner qui était à une heure. Elle demeurait avenue des Champs-Élysées et me disait de revenir chercher Valérie à deux heures. Quelle hâte pour moi et pour le cocher, car il fallait que je retourne déjeuner chez les grands-parents, qui demeuraient à vingt minutes en voiture. Avec quelle prestesse le domestique me servait-il ; quant à moi, j'avalais simplement mon déjeuner, sachant que Mme D... n'entendait pas qu'on la fît attendre et qu'on lui laissât sa nièce plus d'une heure.

Je me rappelle qu'une fois j'eus un retard de dix à quinze minutes — on m'avait servi du poisson ; — je trouvai cette dame de fort mauvaise humeur. Elle me dit que je ne savais pas habiller sa nièce et que celle-ci était vêtue comme une cuisinière. Je lui répondis que son père était content et qu'elle avait à Vienne les premières couturières de la ville. — « C'est à Paris qu'il faut faire habiller Valérie. » — « Mais le baron veut que ses toilettes soient faites à Vienne, » répliquai-je. « Eh bien, vous direz à mon beau-frère que je veux que ma nièce soit habillée à Paris. » Et elle lui commanda quelques toilettes.

Que devais-je faire ? Le baron m'avait dit : « Emportez toutes les toilettes de Vienne ; il est de toute justice que la famille X..., de Vienne, s'habille dans cette ville ; sans cela, il n'y aurait que les couturières de Paris qui gagneraient de l'argent avec nous. » Je trouvai cela juste et raisonnable. Il ajouta : « Rapportez de Paris des bibelots, des souvenirs, si Valérie le désire. »

Mme D... lui faisant faire des costumes, malgré la défense formelle du père de mon élève, je rentrais à Vienne avec des robes que celle-ci n'arrivait pas à porter et je tombais tout à fait en disgrâce, aussi bien à Paris qu'à Vienne, où le baron était fort mécontent quand je revenais avec toutes ces factures à payer. J'eus, comme on le voit, de terribles luttes morales et physiques à supporter, car avec la jeune fille cela allait de mal en pis !

Je me souviens encore d'une scène fort désagréable, la dernière, du reste, qu'il y eut à F... :

La grand'mère de Valérie, malgré son grand âge, montait encore à cheval. Elle prenait alors son déjeuner à la fourchette toute seule et partait tous les matins. Le baron X..., le grand-père, était allé, je crois, ce jour-là à son bureau, car nous n'étions que trois pour le déjeuner :

Valérie, M. D... et moi. Nous en étions à la poire. Un des domestiques — ils étaient au nombre de trois dans la salle à manger — me présenta l'assiette montée, j'en pris une moyenne ;Valérie fit de même. Quant à M. D..., il coupa en deux la superbe poire qui était au milieu et remit l'autre moitié sur l'assiette montée. A ce moment même, la porte s'ouvre et la baronne entre. Je ne l'avais pas vue, la porte étant derrière mon dos ; mais Valérie, qui l'avait aperçue, n'eut pas le temps de se lever pour lui dire bonjour, que la baronne se précipite vers moi. Je tenais un quartier de poire au bout de ma fourchette à fruit et, à l'aide du petit couteau, j'étais en train de la peler. Cette dame se jette sur moi, m'arrache des mains le quartier de poire tout en me disant : « *Mademoiselle,* ce n'est pas ainsi que l'on mange une poire », et de sa main gauche dont les ongles étaient tout rouges de pommade, elle tient, sans fourchette, le quartier de poire ; de l'autre main l'épluche en disant : « C'est ainsi que l'on épluche une poire, *Mademoiselle !* »

Elle en avait laissé égoutter le jus sur une superbe robe de cheviote toute neuve, que je portais ce jour-là. Je lui répondis : « J'ai mangé dans la haute aristocratie et dans les plus grandes familles d'Autriche et je puis vous certifier qu'on y emploie la fourchette pour manger les poires. » Je me levai aussitôt de table et je me retirai dans ma chambre.

Tout cela s'était passé devant les domestiques, ahuris par cette leçon et ces cris. Valérie ne tarda pas à venir me rejoindre. La pauvre petite, ne pouvant entendre, n'avait saisi que ce que ses yeux lui avaient permis de comprendre. Elle me dit en entrant : « Je crois que ma grand'mère a été injuste envers vous. » Quant à moi, j'avais le sentiment que cette femme avait du dépit que son gendre eût coupé en deux la superbe poire et qu'il fallait que sa colère retombât sur quelqu'un.

A Vienne, étant loin d'être heureuse, comme on l'a vu par mon récit, je me mis à réfléchir sur ce que j'avais de mieux à faire et j'attendis les événements, qui ne tardèrent pas à se présenter et qui m'encouragèrent à prendre une résolution.

La méchanceté toujours croissante de la jeune fille à mon égard, soutenue, je suppose, par son Anglaise qui aurait dû, au contraire, me seconder dans ma tâche difficile, bat-

tait son plein ; et je me trouvais de plus en plus malheureuse !

J'eus tant à lutter de toutes parts que je sentais positivement mon esprit chavirer. Il me semblait que mon
cerveau se vidait, que je ne voyais plus les choses telles
qu'elles étaient ! Mes pensées devenaient diffuses et j'avais
de la peine à coordonner mes idées. J'en étais à me demander si je ne devenais pas folle ! Quand il s'agissait de faire
mes comptes, qui étaient assez compliqués, j'avais ensuite
la tête en feu, des nausées, et j'étais accablée comme après
une syncope.

Si encore j'avais pu aller voir mes amis, causer avec eux,
me ressaisir ; enfin, puiser de nouvelles forces dans leur
amitié. Déjà la chère et pauvre maman Pio avait quitté
ce monde, sans que j'eusse pu l'embrasser avant sa mort !
Mais chaque fois que j'avais l'intention de me rendre chez
eux, avec la permission du baron, bien entendu, Valérie
faisait la malade ; elle me l'avoua plus tard, ce qui me mit
dans un état d'exaspération compréhensible...

CHAPITRE XXXV

Je quitte la famille X...

En juin de l'année 1904 la pauvre Tantchen mourut après bien des souffrances, et je ne l'avais pas revue depuis 1900 ! Ce fut pour moi un gros chagrin.

Etant si malheureuse, je pensai à ce qu'elle m'avait promis et je décidai de profiter de la première occasion propice qui se présenterait pour quitter la famille X.... Les trois ans que j'avais promis au baron touchaient presque à leur fin. Je comptais retourner en France, dans l'espoir d'y vivre avec mes petites économies et les quatre cents francs de rente que m'avait laissé entrevoir la pauvre Tantchen. Pourtant, les mois se succédaient et je ne recevais toujours aucune nouvelle à ce sujet.

Sur ces entrefaites, Valérie, prise d'une crise d'influenza, garda le lit pendant quelque temps. Elle commençait à aller mieux, et le médecin m'ayant dit qu'elle pourrait se lever le lendemain, dans le courant de la matinée, j'envoyai une carte pneumatique à sa maîtresse de piano, la priant de ne pas encore recommencer les leçons, car celle-ci venant à neuf heures, cela aurait fait lever trop tôt la jeune fille.

Le soir venu, lorsque j'embrassai Valérie avant de monter chez moi, je lui recommandai de prendre encore dans son lit son premier déjeuner et de ne se lever que vers onze heures. Je lui dis que c'était le médecin qui l'avait ordonné ainsi. Comme le lendemain matin j'avais des courses à faire, je voulais être sûre qu'elle n'irait pas attraper froid, en haut, dans son cabinet d'études. A midi, cette chambre non chauffée depuis quelques jours aurait eu le temps d'atteindre la température voulue.

Alors s'engagea entre nous une discussion assez forte. Elle voulait se lever pour prendre sa leçon de piano. Je lui dis que j'avais écrit à sa maîtresse de ne pas venir.

Elle se mit à crier à tue-tête : « Pourquoi avez-vous décommandé ma leçon ? » — « Parce que le médecin l'a ordonné. Il veut que vous ne vous leviez pas si tôt. » Il me fallut parler haut, car elle était extrêmement excitée et ne me comprenait pas. Le baron entendit de sa chambre et entra dans celle de sa fille : « Qu'y a-t-il donc ? » Je lui expliquai ce dont il s'agissait et il me dit : « Vous avez raison, madame ; » puis il embrassa Valérie et partit à son cercle. Quant à moi, j'allai me coucher ; j'étais exténuée de cette journée passée à son chevet, n'ayant pas été secondée par miss G..., qui était sortie ce jour-là.

Le lendemain matin, à sept heures, la femme de chambre de la jeune fille vint me dire que sa maîtresse se levait et qu'elle voulait monter, comme si elle avait sa leçon de piano... J'avais des courses urgentes à faire ; je donnai l'ordre de bien chauffer sa chambre du troisième et je partis vite pour être de retour à neuf heures. Je me hâtai à tel point qu'un peu avant cette heure j'étais installée avec mon ouvrage dans son cabinet d'études.

A neuf heures précises, Valérie arriva, pâle comme une morte, et commença à m'adresser des reproches. Je faisais ce qui me plaisait chez elle ; je la rendais idiote, en ne la laissant pas agir comme elle le voulait et elle savait qu'elle était intelligente ; avec une autre dame de compagnie, elle choisirait elle-même ses robes, tandis que je la traitais comme une petite fille.

Je savais à quelle source elle avait puisé tout ce qu'elle me disait, car, ce n'était pas la première fois qu'elle m'en parlait. Cette Anglaise, qui allait se promener avec elle, devait tourner ses idées contre moi, je l'ai déjà dit, et elle montrait à Valérie les avantages qu'elle aurait quand elle occuperait ma place.

Hors de moi, sans répliquer un mot à la jeune fille, je me rendis au cabinet du baron, où je savais le trouver jusqu'à neuf heures et demie du matin. C'était l'heure à laquelle son personnel pouvait lui parler. Je rentrai donc chez lui ; mais je devais être très surexcitée de la scène que je venais d'avoir avec Valérie, car, sans lui expliquer les raisons qui me faisaient agir de la sorte, je lui dis de but en blanc : « Monsieur le baron, je n'en puis plus, la vie m'est devenue insupportable auprès de Valérie. » — « Vous voulez vous en aller, me dit-il. Eh bien, *le plus tôt sera le mieux* ! » Sur ces entrefaites, Valérie, qui m'avait cherchée, était entrée au moment où je disais : « C'est bien, je partirai à la fin du mois. »

La jeune fille, qui avait plutôt lu sur mes lèvres qu'entendu la réponse que je fis à son père, nous avait regardés tous les deux, stupéfaite, et quand je quittai la chambre, laissant la porte ouverte, je l'entendis dire à son père : « Mais, papa, s'il y en a une qui s'en va, ce n'est pas madame que j'aime, mais Miss G... que je n'aime pas. » Je n'en entendis pas davantage ; seulement, j'appris plus tard que le baron avait répondu à sa fille : « Elles partiront toutes les deux ! »

A midi, j'annonçai au précepteur que la fameuse bombe venait d'éclater et que je quittais la maison. Effarement de toute la table.... Valérie pleurait ; mais si Miss G... se réjouit, ce ne fut pas pour longtemps ; je crois que le même jour on lui annonça qu'elle devait aussi partir.

Je pensai que la comtesse X..., qui avait placé miss G... auprès de Valérie, avait peut-être suggéré au baron l'idée qu'il valait mieux qu'il n'y eût qu'une seule personne auprès de sa fille. A certains indices, j'avais acquis la certitude que je n'étais pas sympathique à cette dame.

Je m'aperçois que j'ai interrompu le récit de mon départ; je le reprends donc. Le baron m'avait fait prier de rester jusqu'à ce qu'il ait trouvé quelqu'un pour me remplacer. Comme je savais que la dame qui était chez le baron S..., devait quitter parce que son élève venait de se marier, j'allai la trouver et je lui dis : « Ne pourriez-vous pas prendre ma place auprès de Valérie? » — « Que voulez-vous que je fasse avec cette petite? nous ne nous comprendrions pas, » me répondit-elle. Elle était Anglaise, mais parlait parfaitement le français et, je crois, l'allemand de même. « Je le regrette, » répliquai-je.

Changeant de conversation, Mme M. L... me dit : « Savez-vous, madame Scala, que vous êtes tout aussi jolie que lorsque vous êtes venue vous présenter pour des leçons, sauf que maintenant vos cheveux ont blanchi. » — « Comment, vous vous rappelez ma visite ; moi qui croyais que vous ne m'aviez pas reconnue. » J'avais conduit Valérie très souvent chez Mary S... ; elles étaient amies et se fréquentaient. Donc, pendant ces trois années j'eus l'occasion de revoir, assez fréquemment, Mme M. L... ; mais je ne lui aurais jamais rappelé cette visite.

Valérie, la pauvre jeune fille, pleurait toutes les larmes

de son corps ; cela me faisait mal de la voir dans cet état et je lui aurais cédé ; oui, je serais revenue sur ma parole, si le baron m'avait dit un mot. Une dame juive, lectrice de la mère de Valérie, vint me trouver et me dit de lui écrire pour lui exprimer mon désir de rester dans la famille ; mais je refusai, ne voulant faire aucune démarche.

Je n'avais, du reste, communiqué à personne que mon intention aurait été de rester si le baron m'avait parlé. Je ne voulais pas provoquer ce retour, j'étais affolée, malade, neurasthénique. Il me fallait du repos pour me ressaisir et j'aurais été forcée de lui demander un congé, ce qui ne l'aurait pas avancé non plus. Et pourtant j'avais pitié de Valérie, mais je ne le lui montrai pas.

Enfin, quelques jours après, j'appris que le baron avait engagé Mme M. L... et qu'il lui donnait les appointements doubles de ceux que j'avais eus. Il paraît que les grands-parents avaient travaillé pour cela depuis longtemps. Qui sait, si ayant eu vent que cette dame allait être libre, comme elle leur convenait mieux que moi, ils ne m'avaient pas froissée pour que je parte ? Mme M. L..., ayant toujours été dans les grandes familles israélites, avait un caractère moins indépendant que le mien. Dans les familles, quelles qu'elles soient, il faut fermer les yeux sur bien des choses, faire abnégation de soi-même.

Je me rappelle que, lorsque le contrat de mariage du baron X..., oncle de Valérie, fut signé, je rencontrai la sœur de Mme M. L.... Je fus très étonnée que cette dame s'enfuît au buffet lorsque celle-ci entra au salon. Notre conversation étant restée en suspens, j'allai la retrouver ; mais, justement Mme D..., la tante de Valérie, s'était alors dirigée vers moi et m'avait signifié que ma place était en haut avec les gouvernantes. Pourtant, cette dame était en bas et c'était aussi une gouvernante.
Il y avait un quart d'heure que j'étais montée lorsqu'un domestique vint me chercher, en me disant que Mme D... me demandait. Je descendis donc et je me rendis auprès d'elle. « Ma nièce ne peut pas se passer de vous, restez avec elle. » — Et Valérie, qui était à côté de sa tante, ajouta : « Où étiez-vous donc ? Je vous ai cherchée partout. »

L'oncle de Valérie s'est toujours conduit en gentleman envers moi. Il me donna, à l'occasion de son mariage, une jolie petite broche que j'ai du plaisir à porter et qui est pour moi un souvenir précieux.

Je m'éloigne encore de mon départ de chez le baron. Ce que je viens de raconter s'était passé lors de notre dernier voyage à Paris, et c'est après notre retour à Vienne que se passèrent les fameux événements !

Donc, quelques jours avant mon départ, je rencontrai le baron, qui me regarda comme il le faisait au temps où il se montrait si empressé. Une autre fois qu'il avait fallu que je lui parle pour affaires, il m'avait retenue dans son cabinet, me regardant constamment pendant près d'un quart d'heure, et pourtant nous n'avions plus rien à nous dire. Lui, je le suppose, attendait que je revienne sur ma décision ; mais il était trop fier pour m'en faire la demande, et, poussant un gros soupir, il me fit signe qu'il n'avait plus rien à ajouter.

La veille de mon départ, le baron m'envoya son intendant qui venait me remettre de sa part deux mille couronnes. Je ne les acceptai pas et je dis simplement que le baron ayant contracté un engagement envers moi, j'allais aller le trouver. Je me rendis aussitôt auprès de lui. D'abord, le baron me reçut gracieusement, m'offrant de m'asseoir sur le canapé et, se plaçant en face de moi, me fit un aimable sourire. Il crut, j'en suis persuadée, que je venais le prier de me garder auprès de Valérie ; mais lorsque je lui dis quel était le but de ma démarche et que je lui rappelai ses paroles, sa figure se rembrunit et il me répondit que si tel était son engagement envers moi, il n'y manquerait pas. Je le quittai en lui faisant mes adieux, car je devais partir le lendemain.

Une demi-heure après, l'intendant vint me trouver ; il tenait un livre à la main et son doigt marquait l'endroit où cet engagement était écrit. Il me fit des excuses de la part du baron et me montra les quelques lignes qu'avait écrites son secrétaire, à L..., trois ans auparavant.

Je reçus donc une année d'appointements et, en plus, deux cents couronnes pour le loyer de cette quatrième année et je partis. Oui, je quittai cette famille dans laquelle j'aurais pu être heureuse. J'y avais perdu la santé, car la tâche avait été au-dessus de mes forces. Valérie me donna, avant mon départ, un superbe service à thé et à café en argent. La voyant si désolée, je l'acceptai.

Ah ! si j'avais attribué quelque importance au rêve que j'avais eu la première nuit que je passai dans ce palais, cela m'aurait peut-être amenée à ne pas croire que tout ce qui reluit est de l'or.

Je rêvai que le mur, à côté de mon lit, s'entr'ouvrait, comme lorsqu'on ouvre une jalousie, en l'éloignant de la fenêtre, à l'aide de barres de fer et de crochets. De cette ouverture sortaient au moins quatre à six mains, longues, très longues, qui venaient jusqu'à moi et, au-dessus de moi, faisaient comme l'avare sur son or. Ces mains s'étendaient sur moi, s'agrandissaient, les doigts en devenaient crochus. Et, enfin, enfin, je m'éveillai ; j'étais haletante !

Je pensais souvent à ce rêve par la suite, étant assez superstitieuse ; mais je me disais : Ce n'est qu'un rêve, — un rêve qui, malheureusement, se réalisa !

CHAPITRE XXXVI

Deux ans à Paris

En quittant le baron, j'allai passer quelques jours chez mes amis M. et Mme Pio, qui m'offrirent aimablement l'hospitalité et, enfin, après tant de luttes et d'assauts de toutes sortes, j'arrivai à Paris bien malade. Je descendis chez ma belle-sœur et j'y restai jusqu'à ce que j'eusse trouvé un appartement convenable et que mes bagages fussent arrivés. Ma belle-sœur avait encore sa mère, et avec elle je pus parler de mes ennuis, car elle me comprenait.

Je rachetai des meubles ; c'était mon cinquième mobilier depuis mon mariage. J'avais hâte d'être chez moi, espérant y trouver le repos que je cherchais et auquel j'aspirais avec tant d'ardeur. Ce repos, cette tranquillité, je ne les trouvai pas. On m'assaillait de visites et d'invitations qu'il fallait que je rende ; et mes moyens ne me permettaient même pas d'avoir une femme de ménage !

La succession de la Tantchen terminée, on m'avait envoyé un médaillon en souvenir d'elle ; mais de pension, de rente, il n'y en avait pas. Elle avait négligé de mettre ses affaires en règle, et comme pour la famille je ne comptais pas, étant la fille d'une cousine reconnue, je n'héritai pas, bien qu'elle m'eût promis quelque chose et qu'elle eût, elle-même, hérité de mon grand-père.

J'eus à Paris la visite d'Adèle Francke, la fille de tante Anna, de Hanovre. Elle me raconta que la Tantchen n'était pas arrivée à refaire son testament, parce que ses cousines, quand elle les priait de la conduire chez le notaire, lui disaient toujours qu'elle en avait le temps, bien qu'on la vît décliner de jour en jour. On ne lui donna même pas, à elle, une armoire que sa tante lui avait promise, et lorsqu'elle la demanda, ses propres tantes lui dirent : « As-tu cela par écrit ? » C'est ainsi que, moi aussi, je fus lésée dans mes intérêts.

J'eus la fâcheuse idée de prendre une pensionnaire, croyant ainsi améliorer ma situation ; mais, au contraire, je me rendais esclave et je devenais une vraie domestique, bien que j'eusse pris une femme de ménage uniquement pour son service. Je me fatiguais outre mesure avec tout le reste du travail que donne un intérieur à tenir et la cuisine à faire. Je me donnai simplement le coup de grâce ; aussi dus-je renoncer au plus vite à ma pensionnaire, car pendant plus de quinze jours je me traînai avec une forte fièvre et je craignis d'être forcée de prendre le lit d'un jour à l'autre.

L'appartement que j'avais choisi était humide et, par conséquent, malsain ; jamais le soleil n'y pénétrait et, de plus, il était au fond d'une cour. Mes douleurs me reprenant de plus belle, je me vis forcée de déménager.

Je pensai qu'en me rapprochant de mon oncle et de ma tante, je pourrais de temps à autre, le soir, aller causer ou faire une petite partie avec eux ; mais il n'en fut rien. Mon oncle, qui avait ses raisons pour ne pas aimer mon grand-père Ruhmkorff, entrait dans une fureur extrême aussitôt que je parlais de lui.

Bien que mon grand-père ait eu des torts envers mon père, je ne pouvais m'empêcher de lui avoir de la reconnaissance. Ne m'avait-il pas fait donner de l'instruction et ainsi ne m'avait-il pas mise à même de pouvoir gagner ma vie. Je dus donc renoncer à voir mon oncle, vu ses emportements assez fréquents.

Je cherchai à resserrer les liens de famille et d'amitié qui existaient entre ma belle-sœur et moi ; mais son fils était un enfant turbulent ; il avait tous les défauts d'un enfant gâté. Pour que sa grand'mère ne l'eût pas pendant toutes les vacances, sa mère étant occupée dans un magasin, nous le prenions à tour de rôle et je poussai un soupir de soulagement lorsque je le vis retourner en pension.

Pierre n'était pas un enfant méchant, mais il était un peu malicieux et tout ce qu'il y a de plus taquin. Il suffisait qu'on lui dît de ne pas toucher à un objet pour qu'il y touchât, non du doigt, mais avec la pointe d'une épingle, ce qui était encore pire.

Pourtant, j'avais de l'affection pour lui et surtout pour sa mère, qui était une femme travailleuse et très courageuse. Seulement, elle et sa mère semblaient croire que mon existence commençait avec le jour de mon arrivée à

Paris. Elles me traitaient en enfant et m'accablaient de
conseils que je ne demandais pas. Tout cela m'énervait et
m'indisposait envers la famille.

La première année que je passai à Paris, ayant gardé une
forte somme pour mon installation, cela marcha bien ;
mais cette ressource étant épuisée, je vis qu'il me serait
impossible de joindre les deux bouts avec les revenus que
je possédais.

Je voulus donner des leçons d'allemand et je mis tout
en œuvre pour en trouver ; je frappai à toutes les portes,
mais en vain, dépensant encore de l'argent pour des pros-
pectus et des insertions. Enfin, je fis même des visites à
des personnes de la famille de mon mari, que je m'étais
promis de ne pas revoir. Je ne reculai devant aucune démarche, si désagréable fût-elle, et tout l'hiver se passa
sans que j'aie pu gagner ce qui manquait à mon budget.
Seulement une petite leçon de vingt francs par mois, hors
Paris, pendant trois mois ; voilà ce que je trouvai.

Espérant m'attirer des élèves et afin de me faire connaître, je fis un cours d'allemand gratuit, une fois par
semaine, à l'Association philotechnique, où j'eus une quinzaine d'élèves. Tout fut en vain, et pourtant ces jeunes
filles faisaient de rapides progrès, ce qui m'attira des féli-
citations de la part des inspecteurs ; puis, au bout de deux
ans, je reçus un diplôme.

Pendant huit jours, j'eus une petite Américaine à garder, tandis que les parents visitaient Paris ; j'encaissai
alors une centaine de francs.

Bref, non seulement je n'arrivais pas, mais encore je
commençais à vendre mes titres de rente, ce qui me mit
dans un état d'exaspération extrême. Je crois même que
ce fut de la démence, car, tombant de découragement en
découragement, je voulus en finir et je pris, à cet effet,
mon revolver, le chargeai et..., oui ! oui ! je l'appuyai sur
ma tempe ! Mais, mon étonnement fut grand, il ne marchait pas, faisait : clic, clic et c'était tout ! Il était heureusement cassé. J'avoue que je me repentis de cet acte de folie.
Je me dis : il sera resté dans l'humidité, chez le chasseur
de Valérie avec qui j'apprenais à tirer à la cible, lorsqu'elle
s'exerçait elle-même et prenait des leçons avec l'intention
d'aller plus tard à la chasse.

Je portai donc mon revolver à réparer. Pendant les huit
jours qu'on me demanda pour ce travail, je reçus de

Vienne deux lettres des personnes auxquelles j'avais dépeint ma situation. L'une me disait : « Restez à Paris, il n'y a plus rien à faire pour vous à Vienne, toutes les familles que je connais sont pourvues de maîtresses de français. » L'autre m'annonçait qu'il y aurait pour moi deux petites leçons ; elle me conseillait de revenir, me disant que j'étais trop connue à Vienne pour ne rien trouver et qu'elle était persuadée que je ne tarderais pas à me refaire une position.

Ma résolution fut vite prise. Vers la fin de décembre, je donnai congé de mon appartement ; puis, petit à petit, j'emballai mes affaires et, à la fin de mars, je partis, laissant mon mobilier dans un petit logement que j'avais pris comme garde-meubles.

J'allai chercher mon revolver chez l'armurier à qui je payai quatre francs ; mais alors je le renfermai dans sa gaîne en lui souriant cette fois. J'appris plus tard que le chasseur, craignant un coup de tête de ma part, l'avait faussé avant de le remettre à la personne qui s'était chargée de me le rapporter lorsque je quittai le baron. Il avait agi sagement et je le lui dis quand je le revis quelques années après.

Chose curieuse, quelques jours avant mon départ de Paris — fin mars 1907 — une dame s'était présentée en me priant de donner des leçons d'allemand à sa fille. Tout l'hiver, disait-elle, elle avait remis de jour en jour cette démarche. Malheureusement, il était trop tard, car elle me trouva entourée de malles et à la veille de partir.

J'aurais pu, si j'avais voulu, ne pas retourner en Autriche. Il y avait un moyen d'augmenter mes revenus ; cela eût été de me constituer une nouvelle rente viagère ; mais je ne pus m'y résoudre. J'avais, sinon des enfants, du moins deux filleuls, à qui je voulais laisser quelque chose en souvenir de leur marraine : Pierre, le fils du frère de mon mari, décédé depuis quelques années, et Blanche, la fille de l'ami de mon frère, dont j'ai déjà parlé. J'avais pour ces deux enfants une affection sans bornes et je n'hésitai pas à repartir pour Vienne et à reprendre mes leçons.

CHAPITRE XXXVII

Je retourne à Vienne

Plus j'approchais de Vienne et plus je sentais en moi une joie grandir ; je suffoquais même de plaisir. J'allais revoir tous ceux que je connaissais depuis de si longues années. Des enfants que j'avais vus naître, ayant donné autrefois des leçons soit au père, soit à la mère, allaient être mes élèves. Il me semblait que j'étais moi-même grand'mère de tout ce petit monde-là.

Ce n'était pas sans regrets que j'avais quitté cette belle ville aux maisons n'ayant pas plus de quatre étages, et d'une propreté extrême, où la lumière du jour paraît plus éclatante. Les monuments, tous plus beaux les uns que les autres, se trouvent en grande partie sur le Ring qui entoure le premier arrondissement, et sert de promenade aux piétons qui ne peuvent se rendre au Prater, superbe bois aux portes de la ville. En outre, un certain nombre de jardins publics permettent aux enfants de prendre leurs ébats en respirant un air pur .

En arrivant à Vienne, la première chose que je fis fut d'aller m'agenouiller dans une église pour prier Dieu de m'aider encore, comme Il l'avait fait autrefois. Je me relevai plus courageuse et plus confiante dans l'avenir.

Je fis, en l'espace de trois mois, plus de soixante-dix visites et je retrouvai tant de leçons que je craignais ne pouvoir les donner toutes, en ayant perdu l'habitude. Je fus bien reçue de mes anciens et anciennes élèves. Les jeunes filles s'étaient presque toutes mariées pendant les cinq années que j'avais passées en partie chez le baron X... en partie à Paris. Pourtant, je notai un certain nombre d'élèves pour le prochain hiver.

Le baron X... ayant appris que j'étais revenue, me fit prier de ne pas chercher à revoir Valérie : « Vu sa grande nervosité, cela pourrait l'émotionner, » me fit-il dire. Je savais qu'elle avait regretté mon départ et qu'elle avait toujours de l'affection pour moi. Je lui pardonnais de grand cœur sa conduite, bien que je ne puisse oublier combien elle m'avait fait souffrir.

A mon arrivée, j'étais descendue dans un cabinet meublé qui m'avait été loué d'avance. Seulement, je ne pus y rester, car j'y fus volée comme dans un bois : gants, bas mouchoirs, dentelles, tout disparaissait, et, ne prenant personne sur le fait, je ne pus porter aucune plainte. Je n'y restai que quinze jours ; mais il était grand temps que je m'en aille.

A Paris, quelques jours avant mon départ, on m'avait volé mon porte-monnaie au Bon Marché ; il contenait une quarantaine de francs. Puis, en l'espace de trois mois, j'avais perdu deux parapluies et une ombrelle. Décidément, je n'avais pas de chance. Cela tenait probablement aux préoccupations que me causaient mes soucis.

J'eus la surprise quelques jours après mon arrivée d'embrasser mon amie. M. et Mᵐᵉ Pio avaient aussi quitté Vienne pour aller vivre en Italie. Ce départ s'était effectué pendant mon séjour à Paris et ce fut avec joie que nous nous retrouvions tous réunis, comme par le passé. Malheureusement, ce plaisir ne dura pas longtemps, car, une fois leurs affaires réglées, ils partirent pour aller retrouver la mère de mon amie, qui, elle, n'avait pas quitté Gênes.

Enfin, je pris une chambre meublée plus au centre. Seulement, la propriétaire commença à m'emprunter de l'argent. Les premières 150 couronnes me furent rendues, il est vrai, mais avec peine. Aussi lorsqu'on voulut me faire un second emprunt, je refusai net, surtout ayant appris que c'était l'habitude dans cette famille.

En allant faire mes nombreuses visites, j'avais trouvé la moitié d'un fer à cheval ; comme la même nuit, j'avais rêvé que de beaux chiens de chasse venaient à ma rencontre en jappant de joie, j'eus la pensée que ce fer à cheval allait me porter bonheur et je dépensai 30 hellers pour acheter un livre de rêves ; puis je jouai à la petite loterie sur le numéro 24, qui est celui des chiens.

Le même soir, je racontai cela à la dame chez laquelle je demeurais et qui jouait souvent elle-même : « C'est sur le numéro du fer à cheval que vous auriez dû jouer, me

dit-elle, sur le 20. » Il était trop tard, car c'était le mard
soir et le tirage était le mercredi.

Que vis-je le lendemain? Le numéro 20 se trouvait ;
sa place sur le tableau noir ! Aussi je me promis bien d
ne plus jamais jouer. Je n'étais pas à mon premier essai
du reste.

Lorsque j'allai retrouver mon mari à Vienne, en 1880
nous prenions généralement nos repas au restaurant dt
Conservatoire *(Musikverein)*. Il y avait une table à la
quelle s'asseyaient quelques habitués. La conversatior
devenait alors générale et on en vint à parler de la petit
loterie *(Lotto Collectur)*. On fit même une collecte pou
jouer le samedi suivant. Moi qui, alors, n'avais aucun
confiance et qui connaissais le contenu de notre bourse
je dis franchement que je n'y prenais pas part.

Le soir mon mari me le reprocha vivement. Je me cou
chai donc sous cette impression pénible et le sort voulu
que je rêvasse, cette nuit-là, que je jouais sur le numér
8 et qu'il sortait comme premier gagnant. C'était la nui
du jeudi au vendredi ; il aurait encore été temps d
jouer.

En me levant, je fis part de mon rêve à mon mari, qu
me répondit catégoriquement que lorsqu'on a des prin
cipes, on les observe, et je ne jouai pas. Le samedi, je vi
sur le tableau noir que le premier numéro gagnant étai
le 8.

Une fois, à la campagne, il y avait trois grosses arai
gnées sur le mur qui était contre mon lit. Je ne voulu
pas me coucher avec cette compagnie ; j'eus donc recour
à la bonne, qui vint armée de son balai. Elle me dit qu
je devrais jouer à la loterie le numéro 3. Je ne le fis pas
mais au tirage suivant j'eus la curiosité de regarder l
tableau. Eh bien, 3 figurait comme le premier gagnant
J'avoue que cela me donna l'envie de jouer une fois
quand l'occasion se présenterait.

Un jour, où j'avais retenu un appartement tout à fait
ma convenance, celui de la Favoritenstrasse, je le racon
tai, dans ma joie, à mon élève Rodolphe, que j'avai
connu enfant et qui était devenu employé au ministèr
un mois auparavant. Lorsque je nommai le numéro de l
maison : 33, il me dit : « Tiens, eh bien, moi, mes pre
miers appointements que j'ai touchés, hier, se monten
aussi à 33 florins. Nous devrions jouer sur ce numéro,

me dit-il. — C'est une idée, » répondis-je, et je lui donnai
20 Kreuzers. Il était entendu qu'il mettrait la même
somme et qu'il jouerait 40 Kreuzers sur le premier numéro
sortant. Il devait le faire pour le samedi suivant.

Ce jour-là, je vis au tableau noir d'un de ces magasins
à Lotto-Collectur que le numéro 33 était sorti le premier.
Quelle satisfaction! J'attendis avec la plus grande impatience le mercredi, jour de la leçon.

Grand fut mon étonnement, lorsque Rodolphe m'annonça, tout penaud, qu'ayant joué sur trois numéros, nous
ne gagnions rien ! Bien que cela ne fût pas loyal de sa
part, je ne lui en voulus pas ; il était encore très jeune et
n'avait aucune idée de ces choses.

Dans la Kaerntnerstrasse, je trouvai une fois un billet
de dix couronnes. — J'étais encore chez le baron X....
Ce n'était pas la première fois que je trouvais de l'argent ;
mais je l'avais toujours donné aux pauvres. Cela me rappelle qu'une fois je vis une belle pièce blanche dans la
neige ; j'appelai le balayeur et lui dis : « Tenez, prenez
donc ce qui est par terre et gardez-le. » — Cet homme était
âgé et il faisait justement un vent glacial. Lorsque je repassai dans la rue, un quart d'heure après, je le vis sortir
du cabaret. Il était allé se réchauffer avec ce qu'il avait
trouvé.

Donc, je ramassai moi-même ce billet de dix couronnes
et je me proposai de le donner à une pauvre femme qui,
ayant son mari malade, se trouvait seule à travailler pour
ses sept ou huit enfants en bas âge.

Cette trouvaille s'ébruita, et à table on me demanda ce
que j'allais faire de cette somme ; après que j'eus expliqué
le cas de cette pauvre femme, le précepteur me dit : « Vous
devriez au moins jouer sur le numéro. » J'y consentis ;
seulement je résolus de ne pas dépasser cinq couronnes que
j'avais en plus dans mes comptes, malgré que j'eusse une
comptabilité bien en règle. Nous revenions de Saint-
Moritz, en passant par Paris, et j'avais eu des comptes
fort compliqués. Je ne savais d'où provenaient ces cinq
couronnes.

Le numéro qui était sur ce billet se trouvait être le numéro 13. Je jouai donc chaque fois une couronne, et après
avoir joué cinq fois je cessai. Eh bien, le 13 sortit la
sixième fois. Pourtant, je n'étais pas corrigée, car en arri-

vant à Vienne je jouai encore, comme on l'a vu ; mais cette fois fut la dernière ; je pensai que le bon Dieu ne le voulait pas et je ne jouai plus.

Ayant essayé des chambres et des cabinets meublés, nulle part je ne me sentais chez moi ; aussi je résolus d'aller chercher mes meubles aux prochaines vacances, d'autant plus qu'à Vienne la vie était devenue plus chère et que je prévoyais qu'il me faudrait rester plus longtemps que je ne l'avais pensé.

Après avoir consulté un vieux papa qui connaissait le baron X... et à qui j'avais dépeint ma position actuelle, j'écrivis à celui-ci en le priant de vouloir bien m'aider à faire revenir mes meubles de Paris à Vienne.

Le baron m'envoya son intendant qui m'offrit cinq cents couronnes ; mais cela ne me suffisant pas pour le but que je me proposais, je les refusai. Le baron avait été influencé par quelque personne de son entourage, je n'en doutais pas, car il était bon, je le savais, et de plus il avait bien dû penser que j'avais été lésée dans mes intérêts en entrant chez lui, quand j'avais alors de si bonnes leçons que je ne retrouvai pas.

Enfin, quelques jours après, l'intendant me remit de la part du baron un billet de mille couronnes, ce qui me permit d'aller chercher mes meubles. Grâce à cette somme, je pus quitter une chambre meublée qui laissait à désirer sous certains rapports.

Dans cette même chambre, je me rappelle avoir été en proie à une forte émotion. Un soir de l'année 1908, je crois, vers dix heures, j'étais assise sous le bec de gaz, occupée à quelques travaux de couture. Je me préparais à aller me coucher, lorsque tout à coup je sentis le sol se dérober sous moi ; les armoires se projetèrent en avant, et moi, au milieu de ce fracas, je courbai le dos et n'eus qu'une parole : « Mon Dieu, mon Dieu !... » Je fis le signe de la croix, pensant que le parquet allait s'ouvrir et les armoires m'ensevelir, en me recouvrant ! Je n'eus pas un moment l'idée de fuir.

Quand ce fut fini, j'entendis des voix ; on allait et venait devant ma porte. Enfin, étant un peu remise de ma frayeur, je sortis de ma chambre, et ma propriétaire tout effarée me demanda ce que cela pouvait être. Je lui répondis que, si ce n'était pas une explosion provenant du laboratoire qui était dans la maison, cela ne pouvait être qu'un tremblement de terre. En effet, le lendemain, les journaux nous l'affirmaient.

J'avais déjà senti plusieurs fois de ces secousses sismiques pendant les années que je passai à Vienne.

Le premier tremblement de terre ne se fit guère sentir d'une façon bien remarquable, si ce n'est qu'en délaçant mes bottines, je fus renversée en avant. Je crus à un petit étourdissement.

Mais le second mérite d'être raconté : Il était minuit moins le quart environ ; j'avais passé la soirée chez mon amie qui avait donné un grand dîner. Comme il était un peu tard, Mme Pio pria le Professeur Zamboni de me reconduire ; il ne demeurait pas loin de chez moi. J'en étais bien contente, car à cette heure-là la Rainergasse est déserte et fort sombre.

Le professeur, en galant homme, m'offrit son bras ; je l'acceptai. Il y avait près de dix minutes que nous marchions bras dessus, bras dessous, tout en causant, lorsque tout à coup, nous fûmes projetés contre le mur du palais Rainer. Je crus que mon compagnon avait peut-être bu un petit verre de trop, pour me faire ainsi essuyer les murs ! Lui probablement eut la même pensée que moi, car il me serra bien fort comme pour me retenir. Cela ne dura que quelques secondes, et du reste bientôt après je rentrai chez moi, demeurant alors Hartmanngasse.

Je ne fus pas surprise de lire dans les journaux, le lendemain matin, que cette nuit-là, à cette même heure, il y avait eu un fort tremblement de terre. Quelques suspensions étaient tombées et les pendules s'étaient arrêtées. J'espère que cela m'aura réhabilitée dans l'esprit du professeur, comme il le fut dans le mien.

Un quatrième tremblement de terre, dans le genre du premier, me fit fortement vaciller et fit horriblement craquer et crevasser les murs de ma chambre. Ce fut le dernier dont je fus témoin à Vienne.

Au commencement de juin de l'année 1894, à sept heures du matin, je me préparais à partir pour Paris, une grêle comme je n'en avais pas encore vue se mit à tomber. Les maisons en portèrent les marques pendant longtemps. Tous les carreaux des fenêtres qui donnaient du côté de la tempête furent cassés. Les gens fuyaient en se précipitant hors des chambres, où la grêle pénétrait en cassant les vitres, qui étaient lancées assez loin, ce qui était fort dangereux. Les arbres des avenues gisaient sur le sol. Le Ring avait un bien triste aspect !

Une de mes élèves me raconta qu'elle s'était vue forcée de se coucher sous son lit pour éviter les morceaux de verre. On n'avait jamais vu chose pareille. Le lendemain soir, pas un vitrier ne possédait de carreaux ; aussi devinrent-ils fort chers, car il fallait les faire venir de loin et en toute hâte.

Me voici donc réinstallée à Vienne et, qui plus est, avec mes meubles ; et où cela ? Eh bien, chez mon ancienne propriétaire, Mme Schneckenburger, Hartmanngasse 1, dans le même petit appartement que j'avais habité une fois.

Au début, j'avoue que cette vie de labeur me fut fort pénible, d'autant plus que je souffrais toujours de mes rhumatismes goutteux, bien que j'eusse pris tout l'été les bains qui m'avaient été prescrits. Je n'enseignais que pendant sept heures chaque jour, au lieu de huit à neuf, mais l'âge et la maladie avaient fait leur œuvre et je me fatiguais bien plus vite qu'autrefois.

Je me rappelle qu'un jour j'arrivai livide chez une dame qui, s'apercevant de mon malaise, me dit : « Vous avez probablement trop de leçons. » Je lui répondis que j'en donnais déjà moins que par le passé. Je crois qu'elle eut peur qu'il ne m'arrivât quelque chose chez elle, car elle me congédia à la fin du mois. C'était une nouvelle famille ; une de mes anciennes n'aurait pas agi de la sorte.

Comme elle disait vrai cette petite amie, Mme Pagenkopf, qui, en apprenant que j'avais recommencé à donner des leçons, m'écrivait : « Pauvre amie, toujours travailler, malgré votre âge et votre maladie ! Voilà les suites de votre vie passée, de cette pauvre vie sans plaisir et sans bonheur ! »

J'eus pour élèves, dans cette période de ma carrière, M. et Mme Liermberger, que je connaissais de longue date ; mais nous nous étions perdus de vue et un jour où je rencontrai la dame, notre amitié se renoua. Ils prirent des leçons de conversation, d'abord deux fois ; puis, aussitôt la grammaire terminée, une seule fois par semaine, cela étant suffisant pour qu'ils se tiennent en exercice. Je soupais avec eux ce jour-là. C'étaient de vrais amis, à qui je pouvais parler à cœur ouvert de toutes mes joies, de mes déceptions plus nombreuses encore, ce qui était un grand bonheur pour moi. Après ces longues causeries, je m'en allais un peu ragaillardie, d'autant plus que chez moi, autour de moi, il n'y avait toujours que le vide, comme autrefois !

En arrivant à Vienne, je vis aussi le cousin de M. Pio, M. Dubray. On se rappelle peut-être que c'est à lui que je dus de donner des leçons dans les familles de l'aristocratie, lors du départ de ma mère. Je comptais bien un peu sur lui pour me recommander de nouveau dans de bonnes familles.

Un jour il vint me trouver et me remit sa carte, en me disant d'aller me présenter à une dame dont il me donna l'adresse. Il lui avait parlé de moi, disait-il, et j'étais attendue. Je m'y rendis aussitôt et je fus acceptée ; seulement, on regrettait que je ne puisse faire les promenades avec les jeunes filles ; mais on résolut de prendre à cet effet la maîtresse d'anglais. Il fut convenu que je ne commencerais les leçons qu'en automne, au retour de la campagne.

Lorsqu'en passant au mois d'octobre devant l'hôtel de cette famille je vis que les jalousies étaient ouvertes, je pensai que mes futures élèves devaient être rentrées. Je remis ma carte au domestique pour madame et j'attendis sa réponse ; mais celui-ci me dit que madame ne comprenait pas, qu'elle avait engagé quelqu'un pour enseigner le français à ses filles. Alors j'affirmai que j'étais la personne qui avait été engagée au mois d'avril et je priai le domestique de le rappeler à sa maîtresse. Il monta aussitôt et revint pour me dire que madame avait retenu une jeune fille que M. Dubray venait de lui recommander.

Sachant que M. Dubray avait ramené de France une jeune fille, je pensai qu'il avait oublié m'avoir recommandée dans cette famille et y avait envoyé cette demoiselle, à qui il procura toutes les leçons qu'elle eut par la suite. C'est ainsi que les nouveaux amis font souvent oublier les anciens ! Lui, qui m'avait procuré autrefois tant de leçons, n'en eut plus une seule pour moi pendant les six ou sept années que je passai encore à Vienne. Je ne lui en gardai pas rancune ; seulement cela me fit beaucoup de peine !

Je me vis forcée de quitter mon petit appartement de la

Hartmanngasse. La concierge, qui faisait l'office de femme de ménage auprès de moi, ne souffrant aucune observation, je dus la remercier. Elle voulait être maîtresse chez moi comme elle se figurait être la maîtresse de la maison. Ce fut un crève-cœur le jour où je quittai le toit de cette maison si hospitalière. Je ne me consolai que lorsque j'appris que la propriétaire quittait elle-même la maison.

Je louai alors un appartement dans la maison d'un de mes anciens élèves, le fils de ma première amie Mme S.... Lorsque je lui demandai de me faire quelques réparations, il me répondit : « C'est un principe chez moi de ne rien faire faire et l'amitié n'en souffrira pas pour cela. Louer des appartements, ajouta-t-il, c'est un commerce comme un autre. » Que l'on juge de ma stupéfaction, moi qui avais joué avec lui et sa sœur quand ils étaient enfants et qui avais eu pour meilleure amie sa mère, la marraine de mon petit garçon ! Puis, je pensai au père que j'avais toujours repoussé et qui m'avait offert une vraie fortune. Le fils ne le savait pas, c'est vrai ; mais il regardait à une dépense de cinquante à soixante couronnes pour une amie de la famille. Oh ! Quelle vilenie! L'amitié en souffrit pourtant, car je ne pus surmonter cette nouvelle déception et je n'allai plus que très rarement les voir, lui et les siens.

Mme Schneckenburger n'aurait jamais voulu que j'entre dans un appartement sale et inhabitable ; aussi lui en savais-je gré et les liens de l'amitié se resserrèrent davantage. Combien j'aime à évoquer son souvenir ineffaçable dans mon cœur !

Lorsque je revins à Vienne, je n'avais prévenu personne de mon retour pour faire une surprise à tout mon petit monde. Mme Minard, dont j'ai eu l'occasion de parler, n'en avait rien su non plus et je me réjouissais à l'idée de voir sa figure s'épanouir en m'apercevant.

Je crois ne pas avoir mentionné que j'étais arrivée à lui procurer comme cliente Valérie X..., à qui elle faisait, entre autres, ses magnifiques toilettes de soirées. Il n'y avait que les costumes-tailleurs qui sortaient de chez Jungmann. Ainsi en avait décidé le baron.

Donc, lorsque Mme Minard vint m'ouvrir, elle me dit : « Comment, c'est vous ! » Quant à sa physionomie, je n'y vis pas refléter la joie, non plus que sur celle de M. Minard. Ils avaient l'air de faire contre mauvaise fortune bon cœur. Je quittai un moment la pièce et j'entendis ces paroles : « Maintenant qu'elle est revenue, c'est f... avec la baronne. » — « Que veux-tu ? » fut la réponse de Mme Minard. Il est clair qu'ils avaient vu avec ennui mon retour et cela me fit du chagrin. Ils craignaient que, de peur de me rencontrer, Valérie ne vînt plus. Et pourtant elle avait demandé aux filles de la baronne de P... d'arranger une entrevue avec elle et moi, ce qui eut lieu du reste.

Déjà à Paris, quand j'eus le loisir d'examiner toutes les toilettes que Mme Minard me fit, du temps où j'étais chez le baron, j'avais vu que, malgré le prix élevé que j'y mettais, mes robes laissaient à désirer. On mêlait du vieux au neuf. Un corsage de grenadine avait une manche vieille et l'autre neuve. Il est vrai que, le soir, cela ne se voyait pas. Puis, lorsque je parlais d'une robe, on avait déjà l'étoffe qu'on me passait, tel un jupon de soie, une vraie caricature de jupon comme étoffe, que je n'avais nullement choisie. Enfin, quand je venais faire le choix d'une façon, on avait déjà commencé ma robe, sans attendre mon approbation. Lorsque j'en manifestai mon étonnement, Mme Minard me dit : « Je sais mieux que vous ce qu'il vous faut. »

Malgré tous ces petits chagrins, qui avaient aussi contribué à me rendre nerveuse, je n'en voulais pas à' Mme Minard ; mais quand par la suite je vis que, comme par le passé, elle n'arrivait pas à joindre les deux bouts, bien qu'elle gagnât beaucoup depuis quelques années, je me dis que si je voulais arriver à mon but, qui était de retourner bientôt en France, me privant encore à cette fin, il valait mieux que j'espace mes visites. Ce qui me raffermit dans cette résolution, c'est qu'un jour la jeune femme, sa fille, me fit allusion à des rideaux qui manquaient au salon et le petit garçon se mit à chanter derrière moi, en se promenant : « Si j'étais riche comme Mme Scala, j'achèterais des rideaux aux pauvres gens. » J'avais une paire de bons rideaux, je les leur donnai.

Une autre fois, on m'invita à déjeuner et après le repas on me dit que l'on n'avait pas de quoi payer le charbonnier quand il viendrait ! C'était une véritable humiliation pour l'invitée ; on le comprendra facilement. Il y a des personnes qui ne pensent jamais à l'avenir et qui, par exemple, achètent des primeurs quand elles sont chères, pour n'avoir, quelques semaines après, rien à se mettre sous la dent. Malheureusement ces exemples ne sont pas rares. Ce fut la raison pour laquelle je cessai toutes relations avec la famille.

Le hasard voulut que j'apprenne trop tard et en même temps la maladie et la mort de Mme Minard, les lettres ne m'étant pas parvenues à temps. J'en eus beaucoup de chagrin ; pourtant je pus me rendre à son enterrement. La pauvre femme avait travaillé toute sa vie et elle mourait presque dans la misère !

CHAPITRE XXXVIII

Second séjour à Vienne

J'eus aussi dans cette période, comme dans la première, d'excellentes familles qui m'étaient très chères, et comme élèves des enfants qui m'aimaient et qui me le prouvaient chaque jour, ce qui me soutint dans ma tâche difficile.

Noël ne se passait pas non plus sans que j'eusse été comblée de présents par les parents de mes élèves. Parmi ceux-ci, j'eus une fillette, ma petite Franzi, qui me disait souvent : « Ma chère madame, je vous aime bien ! » Une autre fois : « Je vous aime tant ! » Un jour elle me demanda si je l'aimais aussi. Je lui répondis que je l'aimais doublement, pour elle et pour sa mère, qui avait été une de mes chères élèves. Alors, sa joie ne connut plus de bornes, elle me sauta au cou et me dit : « Comme maman sera fière quand elle saura cela. »

Franzi Heller aimait à écrire des histoires, et j'avoue que pour son âge ce n'était pas mal ; seulement son écriture laissait à désirer. Tout à coup, elle se mit à écrire presque bien. J'en fus tellement étonnée que je lui dis : « Mais comment se fait-il que vous écriviez si bien aujourd'hui ? » — « Chère petite madame, me répondit-elle, maman m'a prévenue que si j'écrivais si mal, elle ne me permettrait plus d'écrire mes petites histoires. Comme cela me priverait beaucoup de ne plus les écrire, je fais tout ce que maman veut ; je me laisserais même guillotiner s'il le fallait. » — « Mais, lui dis-je, une fois guillotinée, cela serait aussi fini avec vos petites histoires ! » Et nous rîmes à cœur joie toutes les deux.

Deux frères, Jean et Henri Reisser, enjolivaient leur centième devoir ou dictée. Ils faisaient sur la page une belle guirlande de fleurs ou de superbes arabesques en or. Leurs figures joyeuses m'annonçaient déjà à mon arrivée qu'on me réservait une surprise. Quels bons enfants !

Comme ils étaient aimables ! On voyait qu'ils avaient été élevés par une mère intelligente et bonne. Ce sont de ces élèves que l'on voudrait garder toute sa vie ; mais, malheureusement, tout a une fin.

Une autre élève, Alice Weiss, me demanda de lui réserver une grande place dans mon cœur. « Vous voulez donc vous y promener à votre aise, ma chère Alice ? Certainement, vous y avez votre place. » Et je pensai : sa mère n'y a-t-elle pas aussi la sienne ?

J'eus surtout comme élèves, dans cette période de mon enseignement, les enfants de mes anciens et anciennes élèves. Quelle affection j'avais alors pour eux ! Je revivais le temps où les parents apprenaient avec moi et, à ce titre, je les aimais doublement.

Si j'eus bien des joies dans cette seconde période de ma carrière, j'eus aussi bien des désillusions, comme on le verra. N'étant plus jeune, je n'étais plus recherchée pour les étés, ce qui fut une grande déception pour moi, bien que je sois la première à le comprendre.

Les enfants, comme par le passé, se trompaient souvent d'expression, ce qui était fort drôle. Une de mes élèves tâchait, en employant toutes sortes de détours, de savoir ce que je mettrais dans mon livre. « Vous voulez me tirer les vers du nez, ma chère petite, » lui dis-je en plaisantant. — « Si votre nez était en acier, je vous les tirerais avec un amant, » me répondit-elle. Je me vis forcée de lui expliquer, avec quelque restriction, la différence qu'il y avait entre *amant* et *aimant*.

Certaines personnes ne se faisaient aucun scrupule de cesser les leçons au milieu de l'année scolaire, ou de ne les commencer qu'en janvier, et de me faire perdre trois et même quatre mois. Je ne fais pas allusion à l'aristocratie, qui rémunérait les maîtres en conséquence.

Quand je pense qu'une de mes anciennes élèves eut le manque d'égards envers sa vieille maîtresse de faire prendre plus de quinze jours de congé à ses enfants, à Pâques et à Noël, sans la rétribuer pour ces leçons perdues. J'avoue que cela me fit d'autant plus de peine que la famille était assez riche pour agir noblement, comme il est d'usage à Vienne.

J'eus aussi affaire à des personnes peu aimables et il fallait tout accepter sans sourciller, surtout quand on aimait les enfants, ce qui était généralement le cas. Ainsi, par exemple, une dame ne voulait pas qu'il y eût plus de 14 degrés Réaumur dans la chambre. Cela suffit, du reste, amplement ; mais on ne pouvait pas toujours être maître du réglage du calorifère. Puis, pendant une leçon, on est content de retenir l'attention de ses élèves et on laisse le calorifère prendre ses ébats.

Ainsi il arrivait que, même après avoir fermé toutes les bouches de chaleur, nous ayons encore 15°. Si la mère entrait alors, elle se dirigeait aussitôt, suivant son habitude, vers le thermomètre, situé près de la porte-fenêtre, qui n'était qu'à deux mètres de ses enfants et de moi, elle l'ouvrait, puis disparaissait. Quand on s'en apercevait, il était trop tard, on était transi et des frissons nous avaient déjà parcourus de part en part ; car c'était en plein hiver.

Quant à moi, j'y gagnais un enrouement ou une laryngite et les enfants toussaient continuellement. Une fois que cette dame n'avait qu'entrebaillé la porte, nous ne nous en aperçûmes que fort tard. Elle était sortie de la chambre à pas de loup, nous ne l'avions donc pas entendue sortir et j'eus une bronchite. Si je n'avais pas tant aimé ces enfants et que je n'aie eu la certitude que cette affection était partagée, je n'aurais pas continué à donner des leçons dans cette famille.

Une autre dame, mère de deux enfants, garçon et fille, enchantée au commencement des progrès rapides qu'ils faisaient, me complimenta et me raconta tout ce que ses bonnes amies lui avaient dit à ce sujet. Tout à coup, cette dame changea à mon égard, parce que son fils avait des maux d'estomac. Elle prétendit que je lui avais fait apprendre trop de mots et que j'avais affaibli l'intelligence de son garçon ainsi que son estomac. Bref, cet enfant avait une indigestion de mots français.

Que dire d'une telle algarade ? J'eus envie de prendre la porte ; mais, réfléchissant au but que je me proposais, je pensai que ce n'était pas le moment de perdre une leçon et je répondis simplement : « Mais, madame, vous étiez très fière de son savoir autrefois. Dorénavant, je lui donnerai moins à apprendre, » et je partis, la leçon étant terminée. A compter de ce jour, cette dame servit toujours le dîner aux enfants pendant la leçon, de sorte qu'en effet, les progrès furent alors minimes. Plus tard elle s'en plaignit aussi, à ce qu'il paraît.

Mon Dieu, que je souffrais donc moralement quand de

telles choses arrivaient ! Moi qui avais déjà à lutter contre
le climat, il me fallait encore me remonter le moral. Il me
semblait parfois qu'il n'y avait plus d'huile dans les roues
de mon organisme. J'étais positivement comme ma montre,
qui, pendant quelque temps, avait besoin d'être remontée
deux fois par jour.

J'allai une fois rendre visite à une de mes anciennes
élèves, qui s'était mariée et que je n'avais pas revue depuis
son mariage. Elle me présenta son mari et, pendant que
j'échangeais quelques paroles avec lui, ne se mit-elle pas,
histoire de rire, à me claquer fortement des deux mains
en plein sur les deux joues et les oreilles en même temps.
N'ayant pas vu le geste, je ne pus parer le coup, et je vis
tout tourbillonner autour de moi. Il m'avait semblé être
subitement et fortement serrée dans un étau et, le soir,
me sentant mal à l'aise, des maux de cœur, de tête et
d'oreilles, je dus avoir recours au médecin, qui craignait
qu'il n'y eût un petit choc au cerveau. Enfin, grâce à un
calmant, tout se remit et, quelques jours après, je pus
reprendre mes leçons. La plaisanterie, surtout en considération de mon âge, avait été trop forte !

J'eus aussi, dans cette période de ma vie, quelques petites satisfactions féminines que je vais raconter pour faire
plaisir à mes élèves. J'espère qu'ils me connaissent assez
pour savoir que cela ne m'a nullement rendue vaine de ma
personne. Entre autres, j'avais eu un dîner la veille et,
lorsque le lendemain matin, la femme de ménage vint faire
son travail, je lui dis : « J'ai des restes. » — « Oh oui,
vous avez de beaux restes ; pour votre âge, vous êtes bien
conservée. » Je lui parlais des restes du dîner que je voulais lui donner.

Je passais une fois devant une maison en démolition ; la
première dans laquelle j'étais entrée en amie — celle de la
mère de Mme S... — et je me dis : « Encore un souvenir du
passé qui s'en va! » Deux messieurs venaient en sens
inverse en causant ; l'un dit à son compagnon : « Regarde
donc cette femme, comme elle est belle. » Puis, ils passèrent près de moi et j'entendis l'autre qui répondit : « Elle
a été belle! » — « Mais elle l'est encore, répliqua le premier. » Il l'avait dit si haut et avec un tel accent de per-
suasion que je l'entendis parfaitement, bien qu'ils m'eussent dépassée.

Mes amis, M. et Mme Pio, n'étant plus à Vienne, j'allai les voir en Italie et je profitai de ce voyage pour visiter Venise. J'étais en gondole et le trajet m'intéressait beaucoup ; j'écoutais avec attention les explications que me donnait mon gondolier, lorsqu'une autre gondole nous croisa. L'un des gondoliers dit : « Una bella donna ! » — « Mais elle est vieille, répliqua l'autre ! »

Je suis étonnée de n'avoir entendu dire que j'étais belle que depuis que je suis âgée ; aussi je pense, avec raison, que ce sont mes cheveux blancs et mon teint frais qui me siéent bien, car une Anglaise m'écrivait lorsque je lui annonçai mon départ pour Paris : « Je crois que vous allez faire quelques conquêtes avec vos joues de roses fraîches. Qui vivra verra. Je voudrais être invitée à vos noces. » Comme on le pense bien, ce fut une plaisanterie de la part de cette demoiselle.

Un jour, j'avais rencontré chez Mme Liermberger son beau-frère qui était de passage à Vienne. Je dînai avec eux; mais alors la leçon passa en conversations de tous genres cette fois. Lorsque je revins, la semaine suivante, Mme Liermberger dit à son mari : « Pourquoi donc Mme Scala fait-elle toujours des conquêtes ? » — « Madame a quelque chose dans les yeux qui plaît aux hommes et qui les attire. Elle ne le sait pas elle-même, » répondit-il.

Ce fut une révélation pour moi ; je me rappelai aussitôt ma mère, qui avait presque toujours un drôle de regard, si bien que mon frère et moi, nous disions en plaisantant : « Maman lance des flammes. » Je dis même à Alphonse : « Je ne voudrais pas avoir ce regard. » Mon frère se mit à rire, mais ne répondit rien ! Avais-je donc ce regard ?

Pendant ces dernières années passées à Vienne, je n'eus plus qu'une fois le grand bonheur d'y voir mes amis, M. et Mme Pio. Ils y vinrent pour affaires ; mais le mari de mon amie tomba alors malade et ne pouvait supporter un si long voyage. Ils me manquaient beaucoup ! J'avais, il est vrai, ma vieille amie, mon ancienne propriétaire, avec qui je pouvais causer à cœur ouvert et, enfin, la correspondance qui nous aide à supporter les kilomètres qui séparent les amis. Aussi je m'y adonnai à cœur joie ; mes lettres étaient très longues, c'étaient de vrais journaux

J'affirme que ceux qui prétendent qu'il n'y a rien au delà se trompent. Quant à moi, j'ai eu maintes fois la prescience d'un être suprême que nous ne voyons pas, mais qui nous dirige. En voici une preuve : Ayant porté une très lourde charge, je dus consulter le médecin. Celui-ci m'annonça qu'il fallait que je me résigne à subir une opération. C'était pour moi une nouvelle terrible et le sang m'était monté à la tête. Mon état d'égarement est difficile à dépeindre ; j'étais à moitié folle et je quittai le docteur en disant : « Mon Dieu, ayez pitié de moi ! »

Je ne voyais même pas les marches en descendant l'escalier, lorsque, arrivée à la porte de la maison, je me jetai en plein dans les bras de ma bonne et vieille amie Mme Schneckenburger ! Elle qui ne sortait presque jamais, vu son état de santé ; n'était-ce pas le bon Dieu qui l'avait placée là ? « Qu'y a-t-il ? me demanda-t-elle, que se passe-t-il ? » Alors, je lui racontai mon nouveau chagrin. Elle me consola, me donna des conseils ; m'indiqua un professeur qui était justement un médecin que j'avais rencontré chez le baron X.... Enfin, j'avais puisé dans son amitié assez de force et de courage pour pouvoir donner mes leçons tranquillement ce jour-là et ceux qui suivirent.

Lorsqu'il s'agit de me faire opérer, j'eus affaire à ce professeur, le Dr Wertheim, qui eut pour moi beaucoup d'égards ; il me réserva une chambre particulière dans sa clinique et ce fut son premier assistant, le Dr Weibel, que je connaissais aussi, qui m'opéra. Je restai trois semaines dans cette clinique, où je ne payai, comme étrangère, que les frais d'usage. N'était-ce pas le bon Dieu qui avait veillé sur moi ? Aussi combien Lui suis-je reconnaissante, ainsi qu'à tous les médecins, de m'avoir rendu la santé !

C'est à cette occasion que je retrouvai la santé de mon âme, si je puis m'exprimer ainsi. Comme on le sait déjà, j'avais horreur de la confession. La veille de mon opération, l'aumônier frappa à ma porte ; je dis d'entrer. Il parut surpris de ne pas trouver Mme Unetelle dans cette chambre ; puis me demanda si j'étais catholique et si je voulais me confesser et communier avant de subir l'opération ? « Non, lui répondis-je, je ne me confesse pas, bien que je sois catholique. » — « Vous avez tort, dit-il ; votre vie dépend peut-être d'un fil. Dieu seul peut vous guérir, en dirigeant la main de celui qui vous opérera. » — « C'est inutile, M. l'aumônier, je ne veux pas me confesser ; j'ai eu une fois affaire à un mauvais prêtre et c'est fini. » — « C'est bien, je m'en vais. »

Une demi-heure après, il revint : « Ne croyez-vous donc à rien ? Réfléchissez encore, mon enfant ; je suis à votre disposition jusqu'à la dernière minute ; » et il partit. Il était près de dix heures du soir, lorsque, après avoir réfléchi, je sentis mon énergie faiblir, je n'avais pas plus de volonté qu'une enfant. Je le fis appeler et, un quart d'heure après, ce prêtre, que j'avais repoussé deux fois, était à mon chevet. Je me confessai et, le lendemain matin, je communiai, avant d'être transportée dans la salle d'opérations.

L'aumônier m'avait fait promettre de communier au moins une fois l'an, à Pâques. J'affirmai solennellement que, si je recouvrais la santé, je tiendrais cette promesse. Et depuis, je n'y manque pas, bien que cela me coûte beaucoup.

Ces trois semaines furent longues et pénibles pour moi, car c'était en été et, à l'exception d'une fois où Ricki, la fille de mon ancienne propriétaire, vint me rendre visite, personne n'était venu me voir, tout le monde étant à la campagne. Sa mère, la chère Mme Schneckenburger, m'avait conduite à la clinique le matin, craignant que cela ne me fût désagréable d'y aller seule. Je lui en fus reconnaissante, car sait-on si ce n'est pas à la mort qu'on se rend ?

On ne peut s'imaginer tous les faits et quels faits divers surgissent dans le courant de toute une vie de plus d'un demi-siècle. Il y a quelquefois de drôles d'épisodes. En voici un, par exemple, que je vais raconter ; je crois qu'il est assez intéressant pour cela.

Quand mes occupations fort nombreuses m'empêchaient de tenir mes affaires en ordre, je prenais une raccommodeuse le dimanche et, à nous deux, nous abattions beaucoup d'ouvrage. C'était une pauvre femme dans la misère. Elle savait tout juste coudre ce qui était le plus facile, mais elle le faisait très vite et souvent fort mal. Elle n'était, du reste, pas du métier. Comme elle acceptait de venir le dimanche, c'était un grand avantage pour moi ; aussi la rétribuais-je en conséquence.

Cette femme marchait positivement sur ses bas, les semelles de ses bottines étant, pour ainsi dire, absentes, tant elles étaient usées ; puis elle avait toutes les peines du monde à enfiler son aiguille. Il faut dire qu'elle était à l'âge où les yeux nous font défaut, — 55 ans à peu près.

Il me vint à l'idée de faire pour elle ce que l'on avait fait autrefois pour moi : une loterie. J'avais un joli éventail blanc tout neuf, dont je ne m'étais jamais servie. Ce n'était pas un souvenir de mes élèves. Je le mis donc en loterie et, grands et petits, tout mon monde prit des billets.

Quand Mme Voit revint travailler le dimanche suivant, je lui montrai l'éventail et la liste des numéros, où chacun avait écrit son nom à côté des numéros choisis. Je lui dis : « Mme Voit, avec cela, vous allez avoir de bonnes bottines et une paire de lunettes. » Elle comprit, me remercia chaleureusement et me pria de commander ses bottines chez un cordonnier qu'elle connaissait et qui faisait des souliers qui duraient une éternité. « Eh bien, je les commanderai chez lui, » répliquai-je.

Cette femme était heureuse, et dans l'exubérance de son bonheur, m'avoua qu'elle était d'origine française. Son bisaïeul avait été général auprès de l'Empereur Napoléon Ier en 1808 ; mais il l'avait trahi, à Waterloo, en allant à la rencontre de Blucher, à qui il avait donné les plans des batailles. J'étais haletante en entendant ces paroles. Comment, je réchauffais dans mon sein la descendante d'un traître, qui avait vendu la France, sa patrie et la mienne !

Mme Voit ne vit pas mon état d'exaspération, parce qu'elle travaillait en parlant. J'eus un moment l'envie folle de lui jeter à la tête éventail et liste et de la mettre à la porte. Mais une vision me passa devant les yeux : je vis cette femme enfant, bébé même, tendant ses petits bras vers moi ! Je me dis : La pauvre femme est-elle responsable de la conduite de son bisaïeul ? Et je me remis au travail. J'eus un soupir de soulagement lorsque, la journée terminée, elle me quitta.

Je lui fis faire ses bottines et j'allai avec elle acheter des lunettes. Comme, dans mon exaltation, j'avais oublié de lui demander le nom de son bisaïeul, je le fis alors. Elle me répondit qu'il s'appelait Girard. Je lui demandai d'épeler le mot pour voir si j'avais bien compris, car elle le prononçait mal, c'est-à-dire : à l'allemande. Je lui dis encore : « Savez-vous pour quelle raison votre parent a trahi Napoléon ? » Mon bisaïeul a dit à mon grand-père que c'était parce que Napoléon donnait des titres et de l'avancement aux autres généraux et à lui rien ; alors il a voulu se venger. » — « Il a vendu la France pour se venger, c'est triste ! » — « Vendu, non. » — « Mais ne m'avez-vous pas raconté une fois que votre grand-père

avait eu six à sept maisons à Prague ? Comment les aurait-il achetées s'il n'avait pas reçu d'argent ? » Elle ne
répondit pas, parce qu'elle voyait que mon raisonnement
était juste.

C'était une femme malheureuse, pauvre d'esprit, qui
avait prêté la fortune que son mari lui avait laissée et qui
se trouvait dans la plus grande des misères. En la quittant, je lui donnai le conseil de ne pas raconter cette
histoire, parce que cela faisait mauvais effet et que la
honte retombait sur les descendants de cet homme. « Vous
vous faites du tort à vous-même, » lui dis-je. Et je ne la
revis plus ; je quittai Vienne quelques semaines après.

Je souffrais beaucoup de mes douleurs. J'avais fait toutes
sortes de cures pendant quelques étés ; mais les hivers où
sévissaient un froid rigoureux et un vent glacial me faisaient mal. Je luttais, luttais toujours et il me semblait
que mon cerveau s'engourdissait. Etait-ce cette grande
fatigue ? Cela se pourrait bien, car je me donnais de la
peine pour bien comprendre mes élèves et je faisais des
efforts inouïs pour qu'ils ne s'aperçoivent pas de cette
faiblesse mentale ! En un mot, j'avais le sentiment, la dernière année que je passai à Vienne, de ne plus donner mes
leçons aussi efficacement ; pourtant je les donnais toujours
consciencieusement.

Tout devenait une fatigue insurmontable. Je rentrais
chez moi exténuée, ne pouvant trouver de repos la nuit.
Si je voulais inscrire mes dépenses, le soir, comme j'en
avais l'habitude, je ne le pouvais pas. Il m'arriva une fois
de rester le nez sur mon livre, la plume à la main, ne
pouvant ressaisir mes idées. Voyant cela, je me couchai,
et le lendemain matin, en relisant ce que j'avais déjà écrit,
je constatai avoir inscrit : 200 pains prisonniers, dans
mon livre de dépenses.

En contractant encore une petite assurance, je pensai
avoir assez pour pouvoir retourner en France, où je voulais mourir, ayant ma place auprès des miens. J'avais
vendu certains bijoux, inutiles dans ma position actuelle,
et le produit de cette vente devait servir au transport de
mes meubles. J'annonçai donc à tout le monde que je ne
recommencerais pas la prochaine année scolaire, vu le
climat qui m'était pernicieux. Je vis que toutes mes familles le regrettaient. Quelques élèves pleurèrent, ce qui
rendit mon départ plus difficile, car j'avoue que moi-même

j'avais beaucoup de chagrin de les quitter. Je les aimais
tant, tous et toutes !

Je fis au moins quatre-vingts visites d'adieu, entre autres à la baronne S... — X.... Valérie s'était mariée et
avait une petite fille. Elle me reçut assez gentiment et
voulut que j'aille avec elle à la campagne voir son bébé.
Mais elle oublia de venir me prendre avec son auto
comme elle m'en avait manifesté l'intention, et je partis
sans avoir vu son enfant.

A l'occasion de son mariage, je lui avais envoyé un mouchoir au point de Luxeuil, que j'avais fait moi-même ;
elle ne m'en avait pas accusé réception et je dus provoquer
un mot de sa part, pour savoir s'il n'était pas perdu. Je
profitai de la circonstance pour lui demander, maladroitement peut-être, s'il lui avait fait plaisir. Elle me répondit :
« Vous voulez donc un cadeau ? » Je m'étais attiré une
insolence de plus.

J'appris qu'elle recevait de nouveau la gouvernante que
j'avais remplacée auprès d'elle et qu'elle avait prétendu ne
plus aimer.

Avant de quitter Vienne, j'eus encore le bonheur d'empêcher un malheur : Un cheval, avec sa voiture, s'était
mis à marcher. La rue étant très en pente — Berggasse
— il allait de plus en plus vite et, inévitablement, il serait arrivé en plein sur la ligne transversale du tramway
si je n'avais eu l'idée de héler un homme qui nettoyait les
vitres d'un magasin. Il regarda la direction que je lui
indiquai, descendit rapidement de son échelle et n'eut que
le temps de tourner de côté le cheval ; le tramway passait.

J'en fus bien heureuse, en pensant à ce qui aurait pu
arriver ; le tramway, broyant cheval et voiture, n'y aurait-
il pas eu d'accidents parmi les voyageurs qui étaient sur
la plate-forme ?

Enfin, comme Titus, je n'avais pas perdu ma journée.

CHAPITRE XXXIX

Retour définitif à Paris

Pour ne pas oublier un détail qui me procura une grande satisfaction, je vais le mentionner maintenant : Au moment de commencer ma dernière période d'enseignement, j'avais reçu, à Vienne, par l'entremise du marquis de Reverseaux, ambassadeur de France, les palmes d'officier d'académie. J'avoue que ce ne fut pas sans plaisir que je vis ainsi reconnaître les efforts que j'avais faits pendant tant d'années pour enseigner et répandre à l'étranger la langue de mon pays.

J'étais depuis peu rentrée définitivement à Paris, quand je reçus la rosette et les palmes de vermeil que M. Dumaine, ambassadeur de France à Vienne, avait demandées pour moi. Ainsi, ma carrière fut-elle couronnée par ma promotion en qualité d'officier de l'Instruction publique.

Après bien des émotions, en faisant mes adieux à tout ce cher petit monde et aux familles de mes élèves, je me retrouve enfin dans ma ville natale. Seulement, je ne puis dire : saine et sauve, car ma santé est bien ébranlée ! Je sens que je n'ai plus les facultés intellectuelles que j'avais autrefois ; penser même est une fatigue pour moi, et j'oublie les choses les plus essentielles. Enfin, je suis venue chercher un climat plus doux et la tranquillité. J'ai trouvé le premier, bien que la pluie et la brume ne conviennent guère à mes douleurs. Quant au calme, le trouverai-je ? Là est la question. Toutes les lettres que j'écris à ma vieille amie de Vienne, Mme Schneckenburger, et à Mme Pio, mon amie de Gênes, ne sont remplies que d'aspiration au repos. Et elles, dans leurs lettres, ne me souhaitent qu'une chose, de trouver ce repos si bien mérité, disent-elles.

J'espérais me trouver heureuse entre l'affection de mon neveu Pierre et celle de ma filleule Blanche, et jouir de la compagnie de ces enfants que je chérissais. Le père de Blanche, M. Z..., ayant été l'ami de mon frère, nous nous étions liés, lui, sa femme et moi, d'une amitié qui durait depuis de longues années et que je croyais sincère.

Ayant eu l'intention de me rapprocher plus tard de ma filleule, lors d'un voyage précédant mon installation définitive à Paris, je descendis à un hôtel de son quartier, afin d'avoir une idée de celui-ci et pour savoir si je m'y trouverais bien. Je passai donc six semaines non loin de la famille Z... et j'y pris souvent mes repas. Pour ne pas être trop indiscrète, je prétextai quelquefois une invitation et j'allai au restaurant. Justement cette année-là il faisait une chaleur torride et tout le monde était à la campagne.

Ma filleule avait fait l'apprentissage de modiste, ayant désiré entrer dans cette partie. Comme elle n'avait plus que quelques semaines pour avoir fini d'apprendre ce métier, je voulus saisir cette occasion pour remercier M. et Mᵐᵉ Z... et j'achetai à Blanche, soi-disant pour fêter cet heureux événement, une chaîne de montre en or. Je me réjouissais beaucoup en pensant au plaisir qu'elle éprouverait en la mettant à la montre en or que je lui avais donnée à l'occasion de sa première communion.

Quand j'allai le dimanche déjeuner avec eux, je vis, en embrassant ma filleule, sa chaîne tombant en tortillons ou tire-bouchons. « Qu'est-ce que cela veut dire, comment as-tu mis ta chaîne ? » — « Elle se tord, me répondit-elle. » — « Ces chaînes-là, c'est creux, » observa le père. Quelle stupéfaction ! Mon cadeau avait été dénigré ; surtout parce que cette chaîne était la même que celle qu'elle possédait et qui était en argent. On me le dit, en ajoutant qu'elle aurait l'air d'avoir été dorée. Ma déception fut si grande que j'en aurais pleuré !

Cette chaîne m'avait coûté assez cher. Je dus donc la changer pour une pleine cette fois ; mais que je payai quarante francs de plus. Aussi, pendant deux ans, je ne fis aucun cadeau à ma filleule, et lorsque je revins de Vienne, je rapportai à sa mère et à elle trois douzaines de superbes et longues serviettes de toilette, comme on les a là-bas. J'ai le sentiment d'avoir ainsi rendu à la famille ce que je puis lui avoir coûté alors.

Mᵐᵉ Z... eut le tort de m'énumérer à plusieurs reprises

les services que son mari nous a rendus, à mon frère et à
moi. Cela me fut pénible à entendre, car si j'avais accepté
d'être marraine de leur fille, c'était justement pour leur
prouver ma reconnaissance.

M. Z..., très serviable autrefois, m'aidait toujours dans
mes déménagements et mes différentes installations, alors
que je passai deux ans à Paris et quand je revins définitivement. Ayant pour sa famille une amitié fraternelle,
j'en abusai peut-être, me disant qu'elle retrouverait cela
plus tard. Mais M. Z... devint, sur ces entrefaites, d'une
apathie, d'une tristesse qui touchait au lugubre. Je me dis
c'est un homme fatigué, qui voit tout en noir, et c'est
avec appréhension que je lui demandai de m'aider encore
lors de mon dernier emménagement. Pourtant, il vint
comme je l'en avais prié ; mais il ne mettait plus le même
entrain à son travail ; cela allait lentement. J'acquis la
certitude qu'il était vraiment malade et je le reconduisis
chez lui avant qu'il eût mis tout en place.

Je fus de nouveau déçue dans mes espérances avec ma
filleule. Je lui avais donné des leçons d'allemand pendant
les deux années que je passais à Paris. J'avoue que
j'avais un grand plaisir le jour de la leçon. Je restais à
dîner avec la famille et le soir nous jouions au grabuge,
jeu qui me rappelait des souvenirs d'enfance, ayant joué
avec mon grand-père Ruhmkorff et, plus tard, avec mes
amis, M. et Mme Pio.

Ne voulant pas que Blanche cessât d'apprendre l'allemand, lorsque je retournai à Vienne, je continuai à le lui
enseigner par correspondance. Tous les quinze jours environ, je recevais ses devoirs que je corrigeais aussitôt, en
lui expliquant par écrit les fautes qu'elle avait faites.
C'était un surcroît de fatigue pour moi, d'autant plus que
je passais à ce travail mes soirées jusqu'à minuit, si ce
n'est plus. Je le faisais pourtant avec plaisir, car je me
réjouissais à l'idée de pouvoir parler un jour cette langue
avec ma filleule.

J'enseignai l'allemand de cette façon à Blanche pendant
quatre ans ; donc, en tout, six ans. Lorsque la grammaire
fut terminée, elle m'écrivit une lettre charmante que je
lui renvoyai corrigée, vu les petites imperfections qui s'y
étaient glissées. Puis, je lui recommandai de continuer de
m'écrire dans cette langue, sachant par expérience que
rien ne s'oublie aussi vite qu'une langue étrangère.
Elle ne le fit pas ; je la suppliai ; j'eus même re-

cours aux parents. Ceux-ci alléguèrent son manque de temps. Cependant j'appris plus tard qu'elle ne se rendait à son travail que l'après-midi. Quand je revins à Paris, quelle déception pour moi ! Blanche n'était pas capable de causer en allemand avec moi. J'essayai à plusieurs reprises ; mais, voyant que tout était en vain et me sentant trop malade pour recommencer, j'y renonçai définitivement.

Après mûres réflexions j'avais résolu de ne pas aller demeurer dans le quartier qu'habitaient les parents de ma filleule, celui-ci, pour certaines raisons, n'étant pas à ma convenance. Je décidai donc de prendre un appartement non loin du jardin du Luxembourg, quartier que j'aimais beaucoup et qui me rappelait mon enfance ; mais je fus mal inspirée, tout y était trop cher pour mes moyens. Après six mois, je remarquai que mes dépenses étaient trop fortes pour mon budget et je dus penser à un déménagement.

Je m'étais rapprochée d'une amie d'enfance, Mme Bourguet, que j'avais perdue de vue pendant une trentaine d'années, et que différentes circonstances m'avaient fait rechercher. Moi qui avais hâte de jouir de la tranquillité à laquelle j'aspirais avec tant d'ardeur, je vis qu'il m'était impossible de vivre retirée, comme je me l'étais proposé.

En hiver, cette amie étant toujours souffrante, il n'y avait pas de jour où je ne fusse chez elle. Enfin, lorsqu'elle n'était pas malade, c'étaient des invitations sans fin. Elle y mettait tout son cœur, je n'en doute pas ; mais c'était loin d'être ce que j'étais venue chercher à Paris. Je devins fort nerveuse et de plus très susceptible. Un jour, il arriva qu'elle réitéra, avec insistance, une invitation que j'avais refusée, en me disant que j'allais m'ennuyer en restant toute seule. Je lui répondis peu gracieusement : « Eh bien ! laissez-moi m'ennuyer, et alors, je viendrai peut-être vous voir ; » mais je ne revins pas. Pour reprendre mon indépendance, je ne trouvai pas mieux que de ne plus aller la voir ; cela provoqua une fâcherie.

Comme je l'ai dit plus haut, je résolus de déménager et je donnai congé en avril pour le terme de juillet. Pendant que je faisais mes préparatifs, je reçus de mes élèves beaucoup de lettres auxquelles je ne pus répondre, me proposant de le faire aussitôt installée.

Sur ces entrefaites Mlle T..., ma vieille maîtresse de pension, mourut, et, ironie du sort, je me vis forcée bien malgré moi d'écrire une espèce de panégyrique qu'on me demanda pour un bulletin hebdomadaire. Cela me fut bien difficile, à moi qui avais encore à la mémoire toutes les punitions injustes qui me furent infligées sans ménagement.

Voilà encore un exemple qui me revient à la mémoire et qui en donnera une idée. En effet, comment peut-on forcer une jeune fille de seize ans à porter pendant toute une journée une chemise de nuit sur ses vêtements, en classe et devant toutes les externes, parce qu'elle ne s'est pas levée au premier coup de cloche ? Je couchais près de la porte ouverte de la chambre de la maîtresse, et sa lumière, qui brûlait une grande partie de la nuit, quand elle lisait ou corrigeait les devoirs, m'empêchait de dormir ; alors le matin je tombais dans un profond sommeil. M. l'abbé lui-même fut outré de cette sévérité, et une fois qu'ainsi vêtue j'étais restée enfermée dans la classe pendant que les autres étaient au jardin, il m'aida à sortir de là par la fenêtre et me fit ôter ma chemise ; puis je le vis se diriger vers mademoiselle et hausser les épaules, en lui disant bonjour.

Pourtant, je m'exécutai de bonne grâce et la semaine suivante, je vis énumérées dans le bulletin les qualités plus ou moins vraies de cette pension modèle.

CHAPITRE XI

La Guerre

Nouvelles déceptions

Il n'y avait guère que quinze jours que j'étais dans mon nouvel appartement, j'étais exténuée et j'avais besoin de repos ; mais il était dit que jamais je ne trouverais ce repos qui m'était si nécessaire !

Un formidable coup de tonnerre éclate et en quelques jours l'Allemagne provoque l'Europe entière ! C'est la mobilisation qui commence ; on est avide de nouvelles. Les vendeurs de journaux nous les crient. On se heurte, on se coudoie ; tout le monde se parle dans la rue. C'est la guerre, la guerre avec toutes ses horreurs, ses atrocités que nous prévoyons, nous qui avons connu celles de 1870 ! Aussi commence-t-on à faire la queue devant les magasins de comestibles. On craint de manquer de tout, comme pendant l'année terrible.

Pas moyen d'envoyer les réponses aux lettres que j'avais reçues et qui étaient nombreuses, car bientôt, par la force même des choses, la France, bien que n'ayant aucun grief particulier contre elle, se vit dans l'obligation de déclarer la guerre à l'Autriche. L'idée seule que les jeunes gens qui avaient été mes élèves devenaient nos ennemis, fut pour moi une véritable souffrance ! Etait-ce possible, mon Dieu ? Eux, qui aimaient la France et les Français et qui recevaient tous nos envoyés et autres avec tant de courtoisie, allaient prendre les armes contre nous ! Pourtant, il en était ainsi, et encore fallait-il ne pas se désoler tout haut de cet état de choses, car on pouvait être soupçonnée de manque de patriotisme.

Je reçus à ce moment-là deux ou trois lettres par la Suisse. C'était pourtant inoffensif. Eh bien, un jour, je trouvai une capsule de fusil d'enfant sur mon paillasson

et je rencontrai la petite fille de ma concierge qui me dit :
« N'est-ce pas, Madame, vous n'êtes pas Allemande ? Mais
non, ajouta-t-elle, Mme Scala n'est pas Allemande. » Je lui
répondis : « Si j'étais Allemande, je ne serais pas ici ; on
m'aurait expulsée. » Cela venait-il de la mère, qui m'avait
dit quelques jours avant : « Depuis que je sais qu'une dame
dans la maison est d'origine allemande, je ne suis plus
aussi aimable avec elle. » Donc les gens avaient bavardé
et fait des suppositions. Je dus éviter de recevoir des
lettres de mes élèves, la moindre imprudence pouvant
nuire beaucoup en ces temps de troubles.

Le 15 août 1914, j'allai voir mon oncle et ma tante, pour
causer de la guerre et des événements du jour. Mal m'en
prit, comme on va le voir. Mon oncle, frère de mon père,
plus jeune de 21 ans, puisqu'il vint au monde lorsque
mon père tira au sort, n'a guère que quatre ans de plus
que moi.

Tout en causant, mon oncle, qui voyait déjà l'Allemagne acculée, demandant grâce et complètement appauvrie,
vint à parler de l'argent que les Français portent à
l'étranger, etc.... Aussitôt, une lueur me passa par la tête.
Moi qui avais habité Vienne pendant près de trente-trois
ans, j'y avais placé la plus grande partie de mes économies. Je le dis à mon oncle. Aussitôt, il fit un bond et,
gesticulant, comme il en a l'habitude, répliqua : « Toi
aussi, tu as ton argent en Autriche. Eh bien ! maintenant,
tu peux faire tout ce que tu voudras de tes papiers, tu
peux t'en servir pour envelopper des paquets, si tu
veux ! » Mon Dieu, quelle massue me tomba sur la tête !
« Alors, je suis ruinée, » lui dis-je. — « Dame, pourquoi
n'as-tu pas ton argent en France ? » — « Et les personnes
qui ont de l'argent dans les banques ? » ajoutai-je. —
« Elles ne sont pas sûres de le revoir ; » me répondit-il.
Je n'osai avouer que j'étais une de ces personnes, n'ayant
pas dit que j'avais laissé de l'argent à Vienne.

Lorque je les quittai, j'étais tellement bouleversée que
je brûlais le pavé pour arriver plus vite au métropolitain.
Mon intention était d'aller voir les amis de ma grand'
tante Ruhmkorff, M. et Mme Mackenstein, qui, eux, je le
pensais, sauraient me renseigner. Comme ils étaient
naturalisés français, je comptais bien les trouver. Arrivée
chez eux, toujours courant, la concierge me dit qu'ils
étaient partis pour la Belgique, aussitôt la déclaration de
guerre. Mon Dieu, où aller, me demandai-je ?

Je rentrai donc chez moi, j'avais la tête en feu ! Il n'y avait pas dix minutes que j'y étais, quand ma belle-sœur, que je croyais à la campagne, vint m'inviter pour le lendemain. Je refusai, sachant qu'il y aurait une autre personne et que je ne pourrais causer librement avec elle. Seulement, voyant le mécontentement sur sa figure, je voulus m'expliquer et je lui dis de but en blanc : « Marie, je me crois ruinée. Mon oncle vient de me dire que je pouvais faire des paquets avec mes papiers, envelopper tout ce que je voudrais. Si j'avais pu prévoir une chose pareille, perdu pour perdu, j'aurais mis tout mon argent en viager. Mais, j'ai voulu garder à mes filleuls quelque chose, comme souvenir. C'est de la rente hongroise à quatre pour cent en or. » Ma belle-sœur, croyant peut-être que c'était une plainte indirecte que je faisais, en lui parlant ainsi, me répondit : « Je t'avais toujours dit de ne penser qu'à toi. Pourquoi as-tu mis tous tes œufs dans le même panier ? » — « Ils ne sont pas dans le même panier, lui répliquai-je, puisque, en dehors de cette rente, j'ai une rente de Hanovre et deux assurances contractées à Paris. » Alors elle se leva et ajouta : « Moi et mon fils, nous ne voulons rien, tu m'entends ; moi et mon fils, nous ne voulons rien. » Et elle s'en alla.

Je restai quelques moments derrière la porte, me demandant si j'avais bien compris toute la scène qui venait de se passer et si elle n'allait pas revenir pour me dire un mot d'amitié et de consolation. Mais il n'en fut rien et je me trouvai maintenant, comme devant, avec mes pensées qui n'étaient pas toutes roses.

A partir de ce moment, je passai beaucoup de nuits blanches. Je n'avais plus d'appétit et j'étais prise d'un découragement insurmontable. Ruinée après tant d'années de travail, de luttes de toutes sortes, me dis-je, cela peut-il être possible ? Et je ne pouvais dire que ces paroles à toute heure de la journée et de la nuit : « Mon Dieu, ayez pitié de moi ! »

J'avais cru avoir une amie en ma belle-sœur ; m'étais-je donc encore trompée ? Et pourtant il y avait un double lien entre nous, son fils Pierre dont j'étais la marraine et qui, depuis qu'il était dans la marine, était devenu fort gentil et paraissait me témoigner de l'affection. J'avais eu l'occasion de le revoir au moment du jour de l'an 1914 et vers le 28 juillet de la même année, lors d'un mariage dans sa famille. Il était reparti subitement, lorsque la mobilisation fut affichée. A cause de lui, je ne voulus pas me fâcher avec ma belle-sœur ; et les choses s'étaient à peu près remises lorsqu'il vint une fois me voir accompagné de sa mère, en traversant Paris pour se rendre dans le Nord avec son régiment. J'étais déjà fort souffrante.

Depuis le 15 août, j'avais de fréquents maux de tête ; mais à partir du 12 octobre le mal empira au point qu'il me fallut consulter un médecin. Un jour où des chanteurs qui s'accompagnaient sur des violons vinrent dans notre cour et y restèrent une demi-heure, je crus perdre la raison. Le premier violon jouait faux et la chanteuse avait une voix très criarde. Dire ce que j'ai souffert pendant ce concert est inénarrable. Je courais comme une folle dans mon appartement et, enfin, j'eus une attaque de nerfs, criant pour ne pas entendre leurs chants. Etait-ce ma raison qui chavirait ?

Je consultai alors un grand spécialiste d'un hôpital, car, outre les chants que j'entendais, j'eus d'horribles cuissons dans la tête, des vertiges qui me firent supposer que le mal était incurable. Il ne me donna qu'un calmant, et aux explications qu'il fit aux autres médecins, je vis que j'étais bien malade.

Mes souffrances se compliquant d'une forte dysenterie, la concierge courut chercher son médecin, le Dr Chevalérias, qui me dit aussitôt qu'il allait me faire suivre un traitement à long cours, mais qu'il ne fallait pas attendre que des lésions se fussent formées pour le commencer, si je voulais guérir. Puis, à une amie qui le consulta par la suite, il dit qu'il espérait bien me guérir, mais que cela serait long. J'essayais donc de prendre mon mal en patience. Ma vie de labeur et toutes ces émotions y furent pour beaucoup, car je souffrais surtout d'épuisement nerveux, compliqué de céphalée rhumatismale et d'artériosclérose. Vivons donc dans l'espérance que je guérirai un jour et laissons ce sujet pour en commencer un autre.

Au mois de novembre 1914, mon neveu fut blessé à Dixmude, où il avait été comme fusilier marin. Sa mère alla le voir à Dunkerque. Il avait quatre blessures et, en plus, la fièvre typhoïde ! Pourtant, quinze jours après, ma belle-sœur revint à Paris ; les blessures de Pierre se fermaient et la fièvre diminuait. Tout faisait supposer qu'il était en voie de guérison ; mais quelques jours plus tard une dépêche rappelait sa mère ; l'état de Pierre s'était subitement

aggravé. La pauvre femme arriva trop tard ; elle ne trouva
plus qu'un cadavre ! Pauvre garçon et pauvre mère ! Malgré
que je fusse en froid avec ma belle-sœur, je pris une large
part à son chagrin, car je comprenais qu'il fût grand !

Saurons-nous jamais combien de héros, en ces temps de
guerre, de carnage sans fin, auront jonché les terres de
nos provinces envahies par l'ennemi qui, lui, s'était sour-
noisement préparé à nous attaquer depuis 1870. Il n'avait
pas assez de l'Alsace et de la Lorraine. Que lui fallait-il
encore ? Tout le Nord et l'Est et, en plus, être maître chez
nous, maître de notre industrie, de notre commerce !

Revenons à ma belle-sœur. Près de quatre mois passèrent,
pendant lesquels je me sentais si malade et si nerveuse
que, les médecins m'ayant dit d'éviter toute émotion, je
cessai de la voir.

A Paris, lors de mon arrivée, j'avais peu de connaissances, sauf une vieille amie de ma mère à laquelle je pouvais raconter tous mes soucis pécuniaires et autres, mais
qui, ayant eu une vie sédentaire, ne comprenait pas que
j'aspire de temps à autre à un commerce intellectuel,
comme celui dont je jouissais à Vienne avec mes amies ou
même avec mes grandes élèves.

Avec une Anglaise, Miss Morley, qui, de Londres, est
venue échouer à Paris, n'ayant pu retourner en Autriche,
nous pleurions ensemble sur nos pauvres amis et sur nous-
mêmes. Il faut avoir vécu là-bas, pour comprendre combien
la blessure est profonde !

M. Dubray était allé en Italie, ne pouvant, lui non plus,
retourner auprès de ses élèves, et il mourut avant que les
Italiens ne combattissent contre l'Autriche. N'est-il pas
une vraie victime de la guerre et n'en a-t-il pas souffert
mortellement ?

Comme on l'a vu, ce n'était pas auprès de mon oncle que
je pouvais puiser quelque consolation. Je souffrais aussi du
peu d'empressement que lui et ma tante mettaient, me
semblait-il, dans nos relations mutuelles. Je fus très attris-
tée le jour où ma tante, montrant le portrait de mon père,
en ma présence, à une de ses amies, lui dit : « Comme il a
l'air méchant, on ne pourrait jamais croire que ce sont les
deux frères ; mon mari qui a l'air si bon. » Sur le moment,
je ne trouvai rien à dire ; mais je me promis de lui faire
des reproches lorsque je serais seule avec elle. Cela ne man-

qua pas à ma visite suivante et, comme de juste, ce fut l'occasion d'une fâcherie.

Un autre sujet de tristesse était pour moi le peu d'intérêt qu'on me témoignait. Il me semblait que je n'arriverais jamais à reprendre ma place dans la famille après tant d'années d'absence. Ce qui m'avait entretenue dans cette idée fut que la nièce de ma tante ne m'eût jamais rendu visite, bien qu'elle fût la plus jeune et que je sois allée chez elle plusieurs fois.

Je rencontrai une fois Mme Bourguet, cette amie d'enfance dont j'ai parlé dans le chapitre précédent ; elle était accompagnée de son mari. Cela me fit de la peine de les voir passer si près de moi et de ne pas même nous saluer ! Aussi lui écrivis-je, et comme les griefs que j'avais contre elle étaient plutôt dans mon imagination, nous nous réconciliâmes.

Cela me fut un grand bienfait d'aller de temps en temps passer quelques heures avec eux, de pouvoir causer ou de jouer à quelque jeu. Le jour de l'an 1916, j'y restai toute la journée ; il y avait un de leurs fils et une de leurs filles. Comme ils ne se rencontraient que rarement, tout en jouant au poker, ils parlaient de choses et d'autres. Je ne prêtai qu'une oreille distraite à leur conversation et j'étais en train de compter mes jetons, quand ils prononcèrent le mot « montre ». J'entendis tout à coup très distinctement la voix de mon frère me dire avec l'intonation qu'elle avait quand Alphonse était sous le coup d'une grande émotion : « Donne-lui ma montre. » Ce fut tout ! Alors, je demandai aux jeunes gens de quelle montre ils parlaient ? « Ma montre est cassée et on ne peut la réparer, » répondit le fils de mon amie d'enfance.

J'étais encore sous l'impression que m'avait laissée la voix d'Alphonse, et, bien que cela me fût tout ce qu'il y a de plus pénible de me séparer de ce cher souvenir qu'il avait près de lui, ou peut-être même sur lui, lorsqu'il mourut, je répliquai aussitôt : « Je vous prêterai celle de mon frère, et à ma mort elle vous appartiendra. »

Il me sembla ainsi contenter mon pauvre frère et, en même temps, avoir le sentiment que sa montre était encore à moi. Ce devait être son désir que ce souvenir revînt à ces jeunes gens qu'il avait connus enfants et aimés comme s'il était leur oncle, nom, du reste, qu'on lui donnait.

La nuit, en pensant à cela, je vis que Dieu m'avait

accordé une grande grâce, en permettant que j'entendisse encore une fois la voix de mon frère que j'avais tant aimé et que, de cette façon, ce souvenir précieux ne tombât pas, plus tard, entre des mains étrangères et indifférentes.

Je tiens à faire connaître à mes élèves toutes les déceptions que j'ai eues depuis que je suis dans mon pays, afin qu'ils voient que, loin d'y avoir trouvé le bonheur que j'y étais venue chercher, je suis tellement déçue que mes pensées se reportent avec d'autant plus d'intensité sur eux.

Mme Z..., que je croyais une amie sincère, m'a fait du chagrin en ne m'annonçant les fiançailles de ma filleule que lorsque l'on croyait — d'ailleurs à tort — tout conclu et, qui plus est, interdisant à celle-ci de me faire connaître l'état de son cœur, alors qu'elle exultait un après-midi qu'elle vint passer auprès de moi. En la voyant si gaie, si heureuse, je me dis : Blanche doit être amoureuse et je lui parlai de mariage. Je ne m'étais pas trompée ; sa mère m'annonçait la nouvelle trois jours après, comme à une étrangère.

Où est le temps où je possédais tous les petits secrets de cœur de mes élèves, qui, elles, avaient encore moins de raisons que ma filleule de me parler de leurs joies, de leurs espérances ? Pourtant Mme Z... est une femme de bon sens. Quel a été le mobile qui l'a fait agir de la sorte ? Nous avons souvent, dans nos entretiens, abordé le sujet du mariage probable de sa fille. N'était-ce pas pour que je me déclare à propos du cadeau que je ferais à Blanche, le cas échéant ? Cela me paraît possible, car, à sa visite suivante, Mme Z... m'apporta un catalogue de lingerie. On lui en avait donné deux, disait-elle ; puis, dans le courant de la conversation, elle m'annonça que sa fille aimait beaucoup le linge fin et qu'elle voudrait avoir une armoire bien garnie.

En effet, j'avais promis de donner cinq cents francs à Blanche pour son trousseau, un jour où j'exprimais le plaisir que j'aurais à voir ma filleule épouser un jeune homme que je connaissais. Seulement, ce n'était guère le moment de me rappeler ces paroles, vu que j'étais momentanément privée de mes revenus.

Comme je l'ai raconté plus haut, je venais d'emménager lorsque la guerre éclata. J'arrêtai aussitôt les frais d'installation et je remis à plus tard l'achat d'un poêle à feu continu. Mais, ayant été très malade, l'hiver de l'année 1914-1915, j'avais décidé de faire pourtant cette dépense pour l'hiver suivant, d'autant plus que ma chambre à coucher était glaciale. Malheureusement, la guerre durait toujours, de sorte que je me contentai encore du poêle de la maison, qui ne chauffait que la fenêtre de la salle à manger dont il était très rapproché.

Sur ces entrefaites, je trouvai une aide pécuniaire et, ayant déjà passé deux hivers dans cet état, je résolus de faire enfin cette dépense, quitte à me priver pour autre chose, s'il le fallait. Justement Mme Z... vint me voir et je le lui dis, en ajoutant qu'il était fâcheux de faire cet achat en temps de guerre. Elle me raconta qu'ils étaient pourvus de charbon pour l'hiver. Le combustible étant fort cher, je pensai alors acheter un radiateur à gaz et elle m'accompagna chez le marchand.

Enfin, après avoir cherché de tous côtés, je finis par faire l'acquisition d'un poêle à feu continu — une occasion qui se présentait. La fabrique étant dans les départements envahis, ces poêles avaient presque doublé de prix, et celui-ci, tout neuf qu'il fût, n'avait pas été augmenté.

Ma filleule étant venue déjeuner avec moi le dimanche suivant, son père vint la chercher et vit mon acquisition. « Nous en avons un dans la cave, dit-il, Blanche avait trop chaud et n'en voulait pas dans sa chambre. » Ainsi, ils me savaient gênée ; sa femme, qui me voyait tous les quinze jours et à qui je racontais toutes mes péripéties, le froid de ma chambre, qui, vu mon état de santé, m'incommodait et me rendait encore plus malade, n'eut pas l'idée de me l'offrir à titre de prêt ! Quand je pense que j'aurais pu, en mettant plus d'argent en viager, ne pas retourner travailler à Vienne et vivre confortablement pendant ces quelques années !

Décidément, le bandeau que j'avais sur les yeux devait tomber et je voyais encore une fois la différence qu'il y avait entre eux et mes amies de Vienne. Il est clair que leur cœur n'était guère sensible à mon égard. Ma filleule, sous ce rapport, ressemblait à ses parents, car les mois se suivaient et elle ne venait pas me voir. Je finissais par l'inviter, quand il y avait quatre mois que je ne l'avais vue.

Je fus tellement outrée de sa conduite envers moi, si malade, que je lui écrivis ma façon de penser à ce sujet. Le père, alors, me répondit par une lettre comme, je crois, un homme de cœur n'en écrivit jamais à une femme. J'avais, d'après lui, tous les défauts possibles et imaginables, je m'arrogeais des droits que je n'avais pas, etc.... Il ajoutait même que les cadeaux que j'avais faits à sa fille étaient compensés par les travaux qu'ils avaient exécutés pour moi ! Comme on peut bien le penser, il en résulta une brouille qui, à mon grand regret, est venue un peu tard, vu tous les sacrifices que j'ai faits pour cette enfant.

Je fus très éprouvée du fait de la guerre et ce n'est pas avec le tiers de mes revenus qu'il me fut possible de me suffire. Aussi le bon Dieu veille-t-il sur moi, j'en eus encore la preuve ; car un bon ange, en la personne de la comtesse Wilczek, ayant appris, par une de mes anciennes élèves, Mme Heller, et ma maladie et mon manque d'argent, me fit remettre, par l'intermédiaire d'un autre bon ange, la comtesse de Fitz-James, la somme de quatre cents francs et celle-ci s'offrit, le cas échéant, à me venir encore en aide, ce qu'elle fit du reste.

La comtesse de Fitz-James, bien que je fusse toujours souffrante, voulut me procurer un moyen d'existence et elle me recommanda pour des leçons à Mme D..., dont j'ai déjà parlé et que j'avais, du reste, déjà été voir, mais qui m'ayant fait dire de revenir un autre jour, ne se donna pourtant pas la peine de me recevoir, bien qu'elle fût chez elle.

Mme D... se vit forcée de se rendre au désir de la comtesse et m'envoya son secrétaire. Celui-ci me demanda si j'accepterais de faire la lecture aux aveugles pendant deux heures, à raison de cinq francs la séance. J'acceptai, car c'était pour moi le pain bénit, dans la situation précaire dans laquelle je me trouvais depuis le début de la guerre.

Je voulus aller chez Mme D... pour la remercier ; mais ce monsieur me dit d'attendre, qu'il reviendrait. Voyant que les semaines s'écoulaient et qu'il ne revenait pas, j'allai chez la comtesse, qui me dit que Mme D... avait réfléchi et lui avait dit que, si j'avais besoin d'argent, elle m'en prêterait. Elle savait bien que, vu nos anciennes relations, je ne viendrais jamais faire appel à sa bourse. Du reste, je pensais qu'avec les bijoux que j'avais encore en ma possession, et la comtesse de Fitz-James aidant, je pourrais attendre la fin de la guerre.

Connaissant un bijoutier très expert dans l'estimation

des diamants, je lui portai mes boucles d'oreilles en brillants, en lui disant que je n'avais pas l'intention de les vendre, mais que je voudrais en connaître la valeur. Il les regarda à l'aide de sa loupe et me dit : « Vos brillants sont d'une bonne eau et ils auraient une plus grande valeur si l'un n'avait pas un défaut qui lui ôte beaucoup de son prix. » Puis, il me le montra. J'en restai stupéfaite, car je ne les avais jamais si bien examinés. « Ce sont des boucles d'oreilles qui peuvent avoir été payées cinq cents francs par une personne inexpérimentée, ajouta-t-il ; si vous les vendiez maintenant, on ne vous en donnerait pas plus de trois cent cinquante francs.

Mon élève, Valérie X..., qui m'avait fait présent de ces boucles d'oreilles, ne se doutait guère qu'elle les payait près du double de leur valeur. Par qui avait-elle été trompée ? Etait-ce le bijoutier chez lequel la personne à qui elle en avait donné la commission les avait achetées, ou bien encore un échange a-t-il été fait chez le bijoutier qui me les nettoya lorsque, après un bain sulfureux, les boucles d'oreilles s'étaient oxydées ?

Enfin, quoi qu'il en soit, j'éprouvai tant de joie lorsque mon élève me fit présent de ces boucles d'oreilles, que je résolus de ne les vendre qu'à la dernière extrémité, car elles me rappellent une époque où nous nous aimions bien, Valérie et moi, et cela me ferait beaucoup de chagrin de m'en séparer .

Dans les journaux, on parlait d'« Union sacrée, » pour exhorter le peuple à une bonne entente, à une fraternité réelle dans ces temps de guerre, où les hommes versaient leur sang pour la patrie. Comment réussit-on à l'obtenir cette « Union sacrée, » alors que les cœurs étaient aigris par les événements et la vie qui devenait de plus en plus difficile et pénible ?

En voici un petit exemple qui m'est arrivé à moi, pauvre innocente : J'avais reçu une carte de Mlle Mackenstein et, me proposant de lui répondre, je pensais que cela lui ferait plaisir d'avoir des nouvelles de sa maison. Je me rendis chez sa concierge, qui me dit, entre autres choses que M. et Mme Mackenstein n'auraient pas dû s'en aller. Ce à quoi je répondis qu'ils auraient aussi pu rester, puisqu'ils étaient naturalisés Français depuis longtemps ; mais que, du reste, ils étaient en pays neutre. Elle me pria de leur dire que la maison était encore debout.

J'allais m'en aller et j'avais déjà ouvert la porte à cet effet, lorsque j'eus la sotte idée de demander si la famille Kessler, amie des Mackenstein, demeurant dans le même immeuble, était partie avec son mobilier? La concierge me répondit qu'ils avaient été compris dans un échange de vieilles gens avec l'Allemagne, mais qu'ils avaient dû partir sans leurs affaires.

Le mari ronchonnait derrière sa femme. Elle lui imposa silence. Enfin, comme on parlait beaucoup de la reprise des affaires, je lui demandai si la maison Mackenstein avait aussi repris. Elle me répondit que non. « Mais, dis-je, c'est une maison française ; peut-être y avait-il des Allemands à la tête? La maison Ruhmkorff-Carpentier a repris, les ouvriers travaillent. » Comme je les croyais bons pour la famille Mackenstein, qui avait dû leur faire du bien et que je ne pensais pas devoir m'en cacher, mon grand-père ayant travaillé pour la défense nationale en 1870, je dis que j'étais la petite-fille Ruhmkorff.

Tout à coup, l'homme se lève, me fait des yeux foudroyants ; j'ai cru qu'il allait me battre, lorsqu'il s'approcha de moi. Il me dit que je venais espionner. « Oui, vous êtes une espionne pour faire toutes ces questions. » Puis au paroxysme de la fureur, il ajouta : « F...-moi le camp d'ici! » Sa femme le retint ; alors, je lui demandai si c'était bien son mari. « Oui, dit-elle, mais vous savez, les hommes... » — « Je ne suis pas une espionne, vous me connaissez bien. »

Enfin, craignant d'être encore injuriée, je voulus partir ; mais il me poursuivit en m'appelant encore espionne. Il y avait deux voisines sur la porte et, pendant que sa femme cherchait à le calmer, je partis.

Malheureusement je revins, pensant qu'il serait peut-être bon que la concierge lise la carte que Mlle Mackenstein m'avait écrite, afin qu'elle voie qu'on ne m'avait pas priée de faire ces questions. Mal m'en prit, car je trouvai le mari en fureur avec les voisines qui me dirent : « Pourquoi venez-vous les emm...? » Et lui, me jeta, par-dessus l'épaule de sa femme, qui essayait de le retenir en se mettant entre lui et moi : « Prussienne! Prussienne! » Je ne répliquai rien, parce que sa fureur étant à son comble, je le croyais fou et je partis enfin.

CHAPITRE XLI

Ma vie pendant la guerre

Quatre années se sont écoulées depuis que je n'ai ouvert mon manuscrit. Quatre années de deuil et de détresse ! Enfin, l'armistice, qui vient d'être signé, met fin aux hostilités ! Aurait-on jamais pensé qu'avec tous ces engins destructeurs, dont les belligérants se servaient, cet épouvantable cataclysme, cette tuerie pût durer si longtemps ? Mais aussi combien de mères, d'épouses, de sœurs et de fiancées pleurent un être cher ! On ne voit partout que deuil, que douleur et l'on peut dire avec raison que misère, car tout a renchéri.

La vie est devenue pénible, surtout pour les petits rentiers, qui, eux, ne peuvent avoir recours à l'Etat. La plupart des femmes de mobilisés, ayant trouvé un emploi dans les usines ou dans une administration quelconque, ont pu vivre assez largement, d'autant plus qu'elles recevaient de l'Etat une allocation et de leur patron une indemnité de vie chère.

Je ne voudrais pas me répéter, ayant déjà dit ce que je pensais au sujet de cette affreuse guerre. Je laisse donc aux historiens le soin de faire un récit sincère des atrocités que ce fléau a engendrées !

De même qu'en 1870, nous dûmes passer une partie d'un certain nombre de nuits dans les caves, afin de nous mettre à l'abri des bombes ou des torpilles que nous envoyaient les Gothas, lorsqu'il leur prenait fantaisie de survoler Paris pour répandre la mort parmi les habitants. Puis, les Allemands ne se contentèrent pas de nous bombarder la nuit, ils le firent aussi le jour au moyen de leurs canons à longue portée, qu'ils braquaient sur notre capitale. A l'exemple de la plupart de mes compatriotes, cela ne m'empêcha pas de vaquer à mes affaires comme si de rien n'était, et pourtant ces obus n'étaient pas inoffensifs, car ils démolirent de nombreuses maisons et firent des centaines de victimes. L'un d'eux tomba à quelques mètres de ma demeure, sur une maison qui n'avait entre elle et la mienne que trois immeubles, et où il y eut aussi beaucoup de dégâts, mais pas de victimes. Déjà au début de la guerre les Allemands nous avaient envoyé leurs Taubes, qui laissèrent tomber quelques engins sur Paris.

Le Vendredi-Saint, nous respections la demande que nos ennemis nous avaient adressée par l'intermédiaire du Saint-Père, de ne bombarder aucune ville ce jour-là, — nous avions fini par user de représailles. Eh bien, eux, nous bombardèrent ce jour saint entre tous, et, malheureusement, un de leurs obus tomba sur l'église Saint-Gervais, pendant que les fidèles priaient et imploraient Dieu de mettre fin à ce carnage. Le nombre de morts fut considérable et le spectacle horrible, paraît-il !

Personnellement, je garde un souvenir des nuits passées dans les caves : J'aidais à descendre une dame aveugle et paralytique, à qui je m'étais attachée par la compassion que j'éprouvais pour elle, en raison de ses infirmités. Une nuit, après un bombardement intense, aidée de sa fille — jeune femme petite et faible — je la remontais de la cave. Comme nous ne pouvions tenir à trois dans la largeur de l'escalier, celle-ci prit les devants, en tenant sa mère par le bras, de sorte que j'avais tout le poids du corps de cette dame à soulever pour la faire monter les nombreuses marches de trois étages. J'en attrapai un effort qui me fit bien souffrir pendant une dizaine de jours et qui, à la moindre fatigue, se fait toujours sentir. N'était-ce pas, du reste, pour avoir porté un fardeau trop lourd que j'avais dû subir une opération ?

Mais continuons ; le jour de la délivrance arriva enfin, juste au moment où nos cœurs étaient serrés par l'approche de nos ennemis, qui atteignaient Charly, sous Saint-Quentin, situé à une soixantaine de kilomètres de la capitale. En septembre 1914, ils étaient venus jusqu'à Meaux et il paraît que la cavalerie avait même pénétré dans Rosny. On peut juger de l'anxiété qui nous étreignait, en les voyant approcher de nouveau et à une si grande allure. Mais si, à la première bataille de la Marne, malgré notre infériorité en nombre, en canons et en munitions, nous avions pu les repousser, nous espérions, maintenant que les Anglais et les Américains étaient avec nous, pouvoir enrayer leur avance.

Notre espoir ne fut pas vain, car, dans la nuit du 14 au 15 juillet, vers deux heures du matin, je fus réveillée par des coups de canon d'une intensité extraordinaire, et je me dis : « Allons, voilà encore les Gothas qui survolent Paris, il faut se lever et descendre à la cave. Je n'aurai pas entendu les sirènes qui donnaient l'alarme, » pensai-je. Pourtant, ces coups de canon n'ayant aucune ressemblance avec les tirs de barrage, je supposai que les Allemands approchaient. Je me mis à prier et je finis par me rendormir.

Le lendemain matin, on racontait que c'étaient les canons de notre front que nous avions entendus pendant la nuit. Il paraît que nous avions pris l'offensive et que nous repoussions nos ennemis. En effet, depuis ce temps, nos troupes les poursuivaient et les ramenaient dans leurs anciens retranchements, ne leur laissant ni trêve ni répit. Notre avance continua à progresser par la magnifique manœuvre de Foch, et, enfin, la défaite complète des Allemands fut achevée le 11 novembre 1918, jour de la signature de l'armistice qu'ils avaient imploré.

Le 12 juillet, j'étais allée voir mon oncle et ma tante et, tout en causant, j'avais dit : « Quand les Allemands ont pris l'offensive, il faudrait ne pas les laisser se reformer, et fondre sur eux. » Mon oncle m'avait répondu : « Les chefs doivent savoir ce qu'il faut faire. » Les événements me donnèrent raison, car, aussitôt après leur dernière offensive, nous ripostâmes si bien que nous les repoussâmes enfin !

Nous reprenons de droit l'Alsace et la Lorraine, nos chères provinces, que tous les efforts prussiens n'ont pu germaniser, les cœurs des habitants étant restés français. Nos ennemis devront restaurer la pauvre Belgique, qu'ils avaient envahie pour arriver plus vite au cœur de la France. Le Nord de notre pays, qui n'est plus qu'une ruine fumante et ensanglantée, devra être aussi restauré et indemnisé. Il est, du reste, de toute justice que nous ne perdions rien, car ce sont eux qui nous ont déclaré la guerre, à nous qui vivions en paix.

Pendant cette épouvantable épreuve, la municipalité a changé beaucoup de noms allemands des rues de la ville, le peuple le demandait. Malgré la revision des noms qui a été faite, la rue Ruhmkorff subsiste toujours, ce qui prouve que mon grand-père ne fut jamais considéré en ennemi, mais bien en ami de la France.

Comme on peut bien le penser, la vie ne fut pas toute rose pour moi pendant ces quatre années que dura la guerre ; je fus même très éprouvée. Grâce à l'aide pécuniaire que je trouvai auprès de la comtesse de Fitz-James et le rapport des petites rentes viagères, que j'avais heureusement contractées à Paris, je pus vivre tant bien que mal et en me privant beaucoup. Sans subir positivement les privations d'antan, je n'en souffris pas moins énormément, surtout lorsque la ration de pain devint si minime — 300 grammes — qu'elle fut insuffisante pour une personne qui, comme moi, se trouvait privée de ses revenus.

Les deux premières années de la guerre, la vie resta normale sous le rapport des vivres ; mais bientôt ils augmentèrent à vue d'œil, et, je puis dire avec raison, d'une façon vertigineuse. J'avais heureusement prévu cette hausse, bien qu'elle finît par dépasser toutes mes prévisions. On manqua même de certaines denrées coloniales, comme le sucre, le café, etc., et, pour s'en procurer, il fallait faire la queue pendant des heures aux portes des épiceries.

Je me privai outre mesure et, lorsque la comtesse de Fitz-James me donnait les quatre cents francs qu'elle avait la bonté de me prêter chaque année, j'en dépensais une partie à l'acquisition de quelques provisions de bouche. Il est vrai que cela me fit manger des haricots, des lentilles et des pois qui étaient devenus de vraies petites balles de plomb, tant ils étaient durs ; mais je n'en manquais pas, c'était le principal. C'est la raison pour laquelle, à de rares exceptions près, je n'eus pas à m'inquiéter du renchérissement de la vie. Ce qui était cher, je m'en passais en me disant : « C'est la guerre. » Je m'étais même munie d'allumettes, pensant que nous pourrions bien ne plus en avoir. Puis, lorsqu'en effet elles devinrent rares, j'achetai un briquet, afin d'être encore plus sobre dans l'emploi de ce petit combustible.

Quant au gros combustible, comme le charbon et le coke, j'eus la chance d'en posséder jusqu'à la dernière minute et même au delà. En 1916, époque à laquelle je me procurai mon poêle à feu continu, j'avais fait une provision d'anthracite, alors qu'il ne coûtait que 7. 75 francs les 50 kilos. Il était déjà cher, mais on finit par le payer le double. Enfin, prévoyant une crise, bien que je n'eusse allumé du feu que l'après-midi, je craignis que mes 500 kilos d'anthracite ne durassent pas jusqu'à la fin de la guerre, que l'on soupçonnait devoir se prolonger encore une couple d'années ; je fis alors des boulets en papier que je brûlai, et, je n'attendis pas que j'eusse consommé le quart de mon anthracite pour recourir au coke. Seulement, comme on n'en vendait plus qu'aux usines à gaz, cela offrait quelques difficultés ; la main-d'œuvre manquait, donc personne pour me l'apporter et pas de véhicule pour le transporter.

Je connaissais une femme qu'aucun travail ne rebutait, si pénible qu'il fût. Elle faisait toutes sortes de corvées dans ma maison. C'était une véritable femme de peine. Je la priai d'aller chercher mon coke, pour l'acquisition duquel j'avais obtenu un bon de 5 sacs, à raison de 7.50 francs l'hectolitre. Cette femme loua une voiture à bras et me dit, en me quittant : « Quand il y aura une montée, je prierai un type de m'aider. » — « Ne demandez à personne de pousser la voiture, lui répliquai-je, j'irai vous trouver à la porte de l'usine et, à nous deux, nous arriverons bien à transporter ces cinq sacs de coke. »

Nous voilà donc parties, chacune de notre côté, et lorsqu'elle sortit de l'usine à gaz, avec sa petite voiture, j'étais à mon poste, la guettant parmi les autres voitures rangées dans la grande cour. Je me mis aussitôt derrière et je suivis à la lettre toutes les recommandations qui m'avaient été faites. Quand il y avait descente, je retenais la voiture de toutes mes forces pour qu'elle n'allât pas trop vite et ne tombât pas sur le corps de la femme. Quand il y avait montée, je poussais de toute la force de mes bras pour alléger un peu le fardeau qu'elle tirait derrière elle.

Nous arrivâmes ainsi à la place d'Italie, où, l'avant-veille, pendant la nuit, les Gothas avaient jeté des bombes, endommageant fortement quelques maisons, tuant et blessant les locataires et faisant des victimes dans les rues. La femme regardait le désastre commis par les Allemands. Quant à moi, j'avais déjà vu, le cœur navré, ce spectacle déchirant, en sortant du métropolitain, et je me préoccupais surtout de la voiture qui allait de travers, mais si bien de travers que les roues se prirent dans les rails du tramway où se trouvait une bifurcation.

Tout à coup, je remarquai qu'un tramway, marchant à grande allure, venait dans notre direction ; j'en fis l'observation à ma compagne qui bougonna. Puis, le wattman, derrière moi, m'enjoignit de faire éloigner la voiture de son chemin. Je le dis à la femme qui paraissait ne pas entendre. Enfin, les paroles du wattman se faisant plus pressantes, j'allai la trouver, car le tramway était sur notre dos. Alors, elle se mit à jurer d'une façon formidable. Ce n'était plus une femme, mais un vrai charretier que j'avais avec moi.

Une dame en chapeau, comme moi, et la receveuse du tramway nous prirent en pitié et vinrent nous tirer d'embarras. A nous quatre nous parvînmes à soulever la voiture et à la sortir des rails. La voie était enfin libre et le tramway passa.

La femme, probablement mécontente de son échec, continua à jurer et à tempêter tout le reste du chemin et, Dieu sait ce qu'il est long de la place d'Italie à la rue Delambre. Elle marmottait des malédictions contre les Allemands, qui étaient la cause de tous nos malheurs et qui forçaient les femmes à faire les corvées réservées aux hommes. Je ne répliquai pas, afin qu'elle se calmât.

Enfin, après une heure et demie de cette marche pénible, nous arrivâmes à la maison, où il fallut encore transporter, à l'aide de seaux, le coke dans la cave. J'ajoutai un bon pourboire à la somme que m'avait demandée mon portefaix en jupons et il s'éloigna, content de sa journée. Quant à moi, pendant quelques jours, j'eus les membres rompus, aussi bien de l'effort que je fis pour retenir la voiture que de celui que je dus faire pour la pousser.

En dehors de ces ennuis personnels, j'en eus d'autres, occasionnés par mes voisins qui demeuraient à l'étage supérieur. Ils me prirent en grippe ; était-ce parce qu'ils me voyaient vivre sans travailler ?... Ils faisaient, avec intention, beaucoup de bruit chez eux et, par conséquent, sur ma pauvre tête malade. Il y avait un enfant de 7 à 8 ans qui, encouragé par ses parents, s'en donnait à cœur joie. La concierge les rappela vainement à l'ordre ; la réponse que lui fit la mère est assez caractéristique : « Que cette dame se loue un pavillon. »

Le garnement ayant été plus sage pendant trois semaines environ, je lui donnai un jouet pour le récompenser. Mal m'en prit ; mes moyens ne me permettaient pas de renouveler une telle prodigalité ; lorsque bientôt après, le jour de l'an arriva, le diable alors fut déchaîné. Il n'eut plus aucune retenue, je dus aller me plaindre à la propriétaire, car, dès cinq heures du matin, on faisait rouler les lits au-dessus de ma tête, huit et dix fois en l'espace d'une heure. Pendant la nuit, on ouvrait des lits-cages ou on les tirait. Il y avait de la mauvaise volonté et, je puis dire, de la méchanceté. La mère, en effet, avait dit à une voisine : « Plus elle se plaindra et plus nous ferons du bruit. »

Je rencontrai une fois cette dame dans l'escalier ; elle m'adressa la parole et me déclara que, lorsqu'on était aussi maniaque que moi, on ne venait pas demeurer dans une maison d'ouvriers. Son mari, il est vrai, était ouvrier, mais tous les locataires ne l'étaient pas ; à ma connaissance, il y avait des employés et même des rentiers. Enfin, ce n'était pas une raison pour donner de grands coups de marteau sur un plancher pendant des heures entières.

Le temps passa et je vécus pendant des mois avec ce tapage infernal sur ma pauvre tête. Souvent je me demandais si je n'allais pas en devenir folle. L'approche de l'hiver me faisait peur, car alors l'enfant, en dehors des classes, resterait chez lui. J'écrivis mes appréhensions à mon amie, Mme Pio, qui m'engagea à venir passer cette saison auprès d'elle et de sa mère, à Gênes. Je pensai que la vie chez elle ne me coûterait pas beaucoup plus cher qu'à Paris, et je partis.

Je restai quatre mois auprès de mes amies et je pus constater, pendant ce laps de temps, que, si cette ville a un ciel toujours bleu et ensoleillé, l'hiver, extraordinairement froid cette année-là, était d'autant plus cruel que les maisons ne sont pas aménagées pour se préserver, au moins chez soi, du froid et des intempéries. Mais je jouis, à Gênes, d'un grand repos et d'une amitié franche et cordiale, ce qui en adoucit toutes les rigueurs.

De retour dans ma ville natale, je m'aperçus bientôt que le garçon, mon petit voisin, ne s'était pas corrigé et les parents encore moins amendés. Si j'avais été en état de payer mon loyer, j'aurais quitté la maison, mais le moratorium me permettait d'y rester jusqu'à ce que, la guerre finie, je puisse rentrer dans mes fonds et m'acquitter enfin envers la propriétaire.

De nouveau l'hiver approchait, lorsque la concierge m'annonça qu'un appartement, deux étages plus bas, allait être vacant pour le mois d'octobre. Bien que cela m'occasionnât des frais de toutes sortes, je le pris, me proposant de n'y rester que jusqu'à la fin de la guerre, cet appartement étant sombre et laissant à désirer sous certains rapports. Quant aux voisins, je n'eus qu'à me louer de cet échange, car les nouveaux étaient bons pour moi.

Bien que j'eusse été terrassée par une maladie fort pénible, comme on l'a vu dans un chapitre précédent, je ne fus pas abattue, je réagis, m'occupant beaucoup chez moi et au dehors. Je cherchai des leçons et, de même qu'en 1906, je frappai à toutes les portes. Longtemps mes recherches furent vaines ; alors je commençai un travail peu rémunérateur : des chaussons d'enfant au crochet, à raison de 3.50 francs les douze paires. Travail ingrat, c'est certain. Je l'avais à peine entrepris qu'en été de l'année 1917 un de mes fournisseurs me pria de donner des leçons à son fils.

Ce fut le début d'une ère nouvelle de leçons, car en mars 1918 je fis pendant un mois un cours de français à des officiers russes. Puis, je fus priée de remplacer un professeur d'allemand à la Société pour la Propagation des langues étrangères. J'eus alors à faire deux cours de deux heures par semaine et un cours de conversation le dimanche matin. Comme mes élèves étaient d'un certain âge, cela était intéressant et j'avais beaucoup de plaisir à les faire. En octobre 1919, je fus officiellement chargée de plusieurs cours. C'est à la bienveillance de M. Lemaire, agent général, que je dois cette titularisation.

J'enseignai en outre l'allemand ou le français à des Russes, des Serbes, et même à un Chinois. Parmi mes élèves, j'eus une gentille jeune fille, Mlle B.... Elle apprenait l'allemand avec un réel plaisir ; aussi en était-ce un pour moi de le lui enseigner. Cela me rappelait le temps où je donnais des leçons particulières à Vienne.

Un de mes écoliers ne répondit pas à mon attente. Les premiers mois, on me traita un peu sans égards, me faisant attendre le plus souvent une demi-heure et quelquefois même trois quarts d'heure. Un jour, je m'en plaignis au père, qui me fit aussitôt entrer dans la chambre où se trouvait mon élève et je constatai que celui-ci, pendant que je me morfondais sur une chaise, faisait les devoirs que je lui avais donnés. Aussi, depuis ce jour, la mère, qui excusait toujours son fils, me battit-elle froid. Elle prétextait un empêchement imprévu, le téléphone, que sais-je encore. Jamais chose pareille ne m'est arrivée pendant mes nombreuses années d'enseignement à Vienne.

Le jeune homme s'amenda pourtant et eut à cœur d'être prêt pour mon arrivée. Il fit des progrès ; mais ceux-ci auraient été encore plus rapides s'il ne s'était procuré le livre du maître, avec lequel il me trompa pendant trois mois. Heureusement que je finis par m'en apercevoir, et alors je repris avec lui les règles qu'il avait si facilement appliquées. Cela me rappelle qu'à Vienne un de mes élèves, ayant trouvé les cahiers de son oncle, en copia pendant quelque temps les devoirs déjà corrigés.

Non seulement ces leçons m'occasionnèrent de nombreux soucis, mais encore, vu mon état de santé, une fatigue insurmontable et une lutte morale indescriptible. Pourtant, je supportai tout cela et, vivant avec mon mal, je travaillai courageusement, espérant de meilleurs jours dans l'avenir.

J'avoue que ce fut un réel chagrin pour moi de constater que les professeurs ne sont pas aussi considérés à Paris qu'à Vienne. On les traite trop en salariés, tandis que, là-bas, ils sont entourés d'égards et de prévenances affectueuses.

CHAPITRE XLII

Epilogue

Enfin, le 28 juin 1919, la paix fut signée avec l'Allemagne, et le 10 septembre elle le fut avec l'Autriche. Si je n'ose dire que les peuples se sont donné le baiser de paix, j'estime pouvoir affirmer qu'ils ont contracté l'engagement de vivre en bonne intelligence et de se traiter fraternellement, du moins quant à l'Autriche. Que Dieu bénisse ces bonnes dispositions et fasse que la haine disparaisse complètement de tous les cœurs, même les plus éprouvés par cette guerre !

Maintenant il s'agissait pour moi de recouvrer mes fonds ; la propriétaire réclamait le montant des termes accumulés depuis cinq ans, ce qui est compréhensible. Pourtant, bien que j'eusse assuré cette dame qu'elle ne perdrait rien, elle m'avait appelée un jour chez la concierge et m'avait dit qu'il fallait, enfin, que je pense à la payer. La voyant si ennuyée, je réitérai mes promesses, car j'étais aussi pauvre qu'avant. J'eus la maladresse de lui dire : « S'il le faut, je retournerai vivre à Vienne de mes revenus — ne sachant pas que la vie y était plus que décuplée — et je vous abandonnerai ma rente viagère de six cents francs, jusqu'à ce que je me sois acquittée des loyers que je vous dois. »

Cela n'empêcha pas ma propriétaire de me convoquer chez son avocat qui, d'un air arrogant, me dit à deux reprises : « Vous avez « vécu », n'est-ce pas, pendant que vous ne payiez pas la propriétaire. Vous avez « vécu », etc.... » — « Oui, j'ai vécu, lui répliquai-je, j'ai vécu d'emprunts et de privations, si vous voulez le savoir. Du reste, je n'ai pas refusé de payer la propriétaire. Pour le moment cela m'est impossible, » et je lui parlai aussi de ma rente viagère et de mon départ probable. Il me demanda quand je comptais partir. Je lui répondis vers la fin de septembre.

Je voyais arriver cette époque avec terreur, car j'avais appris indirectement que la vie, à Vienne, était non décuplée, mais presque centuplée. J'écrivis alors à Mme B... qu'il m'était impossible de partir et je la priai de vouloir bien attendre que je touche mes revenus. Cette dame, pour toute réponse, me renvoya, par le concierge, l'enveloppe de ma lettre sur le coin de laquelle elle avait écrit : « Veuillez laisser votre titre de rente ou le remettre à M. R... » — son avocat.

Me rendant compte que Mme B... ne pensait qu'à ses intérêts — je n'avais que cela pour vivre avec mes petites leçons — j'eus recours à la Commission arbitrale, afin que ma cause fût jugée une fois pour toutes. Je fus bien inspirée, car, sur 2426 fr. que je devais à la propriétaire, je ne fus condamnée à lui payer que 1200 fr., à raison de 20 fr. par mois et, régulièrement, le loyer de 131 fr. par trimestre. Je fis observer au juge que je n'avais pas encore mes revenus et que les petites leçons que je donnais me suffisaient à peine pour vivre. Il me répondit : « Vendez votre titre de rente et travaillez ; donnez davantage de leçons ! » Vendre mon titre de rente... Que me restera-t-il pour vivre, si je le vends et que les leçons me fassent défaut ? Travailler.... Comment peut-on me commander de travailler à 63 ans bientôt ? N'ai-je pas travaillé toute ma vie ? Donner plus de leçons... J'ai cherché trois ans avant de trouver celles que je donne maintenant. Comme on le voit, j'eus affaire à un juge inexorable.

Je me suis vue à la veille de quitter encore ma ville natale. En raison de l'ébranlement de ma santé, le docteur m'avait ordonné de quitter Paris, pour aller vivre dans le Midi : les temps humides me sont contraires, dit-il ; et l'hiver traîne trop en longueur. J'eus cet hiver-ci, à trois reprises différentes, de la broncho-trachéite et, par conséquent, de fortes extinctions de voix.

Malgré ces indispositions consécutives, je continuai de faire mes cours et de donner mes leçons, de sorte que je me fatiguai outre mesure et mon mal empira. C'est la raison pour laquelle je fus longue à me remettre. Je le sens, j'ai besoin de chaleur et surtout de repos, ce à quoi j'aspire depuis tant d'années. Je suis tellement vieillie et usée !

Le projet de retourner à Vienne pour y vivre auprès de mes élèves, jusqu'à ce que Dieu m'appelle auprès de lui, est exclu, car je ne saurais séjourner très longtemps dans cette ville. Le climat, que je supportais avec tant de peine les derniers mois que je passais en Autriche, m'interdit la réalisation de ce désir.

Le médecin m'avait aussi parlé de l'Italie. Ayant appris que les impôts y étaient fort élevés, je n'osais m'arrêter à ce projet que je caressais pourtant depuis longtemps. Je craignais que mes revenus, si je les recouvrais, ne fussent absorbés de moitié par toutes ces impositions et que je n'eusse plus assez pour vivre confortablement, tandis qu'en France ils n'atteignaient pas la somme imposable.

M. Pescio, le frère de mon amie, Mme Pio, vint à Paris et me réconcilia avec l'Italie, en m'expliquant que les impôts n'atteindraient pas mes rentes viagères. Qu'on juge alors de ma joie, moi qui ne rêvais qu'une chose : vivre à Gênes entourée de cette amitié si sincère et si dévouée et, je puis le dire, tout ce qu'il y a de plus désintéressée. J'avais donc résolu d'aller finir mes jours sous ce ciel toujours bleu, dans cette ville si pittoresque, bâtie en amphithéâtre, avec ses maisons mauresques à colonnes, dont la vue me charmait les yeux et me dilatait le cœur. Puis, j'y ai, pour ainsi dire une famille ; mes amies, Mmes Pio et Pescio, ne m'en ont-elles pas tenu lieu pendant de longues années ? J'eus la douleur d'apprendre le décès de Mme Pescio, la mère de mon amie, et celui de Mme Schneckenburger, ma propriétaire à Vienne !

L'homme propose et Dieu dispose, et, si j'ai caressé pendant quelques mois ce projet, je me suis vue forcée d'y renoncer. La vie est devenue si chère à Gênes, où de nouveaux impôts ont été votés, la question des appartements, à ce qu'il paraît, si difficile à résoudre, qu'il me serait tout à fait impossible de vivre en Italie.

Je résolus donc de rester à Paris, où les quelques leçons que je donne et les cours, qui ont augmenté en nombre, ont suppléé à ce qui manquait à mon budget, vu le renchérissement de la vie et jusqu'à ce que celle-ci soit redevenue normale. Il faudra que je tâche de me faire à ces temps humides. J'avais espéré obtenir un appartement, square Delambre, dans une maison très confortable sous tous les rapports. Si Dieu avait permis que je l'obtinsse, j'aurais considéré cette faveur comme une récompense pour avoir, malgré le manque d'argent et toutes les privations que je me suis imposées pendant la guerre, payé l'entretien de différents caveaux et même avoir fait faire des réparations à celui de la dame qui éleva ma mère, maman Girard, que j'aimais beaucoup, et à qui j'avais voulu servir une petite pension après la mort de ma mère. Malheureusement, le premier versement servit à l'achat d'une couronne, car elle mourut deux ou trois jours après l'avoir reçu.

J'aurais pourtant regretté quitter ma ville natale, surtout à cause des amis sincères que j'y aurais laissés, entre autres M. et Mme Dubray, neveu et nièce de mon amie de Gênes, avec leur cher petit Jacques, si mignon et si intelligent, qui me rappelle sa bisaïeule que je fréquentais à Vienne, et leur petite Ginette, un amour d'enfant. Mme Feuillet, la mère de Mme Dubray, étant devenue pour moi une bonne amie, m'aurait aussi manqué. Mais elle mourut victime d'un terrible accident. Enfin une petite amie, Mme Hazeau, la fille de mon amie d'enfance, ainsi que Mme Marchal, cousine de ma belle-sœur. Quant à celle-ci, remariée avec M. Julienne, elle s'est créé, de ce fait, une nouvelle famille que je vois de temps en temps avec plaisir. Il y a toujours entre nous, très vivant, le souvenir de son pauvre Pierre, mon neveu et filleul, que la guerre a fauché, comme elle en a fauché tant d'autres ! Je ne puis parler de lui sans qu'aussitôt un flot de larmes ne jaillissent des yeux de la pauvre mère !

Mon oncle et ma tante, avec qui je m'étais réconciliée, vivant surtout pour eux, n'auraient guère souffert de mon départ, j'en ai acquis la certitude par le manque d'intérêt dont ils ont fait preuve à mon égard, pendant ces années si pénibles pour moi. Quand je venais à eux la mort dans l'âme, pleurant misère, ils faisaient la sourde oreille. Il me fut même dit : « Pourquoi as-tu placé ton argent à l'étranger ? » Je ne leur garde pas rancune de cette attitude et j'aime mieux supposer qu'ils n'ont pas eu conscience de leur dureté envers leur nièce.

J'aurais surtout été peinée de m'éloigner du caveau où reposent mes parents. Je m'y rends tous les dimanches, en hiver de même qu'en été et par n'importe quel temps. Un jour qu'une neige épaisse était tombée — ce qui est rare à Paris — je vis sur la pierre des marques comme si un enfant avait posé ses petits pieds sur cette neige d'une blancheur immaculée. Une autre année, ce fut un demicercle. Cela m'impressionna et, tout en priant, je pensais : Un ange, invisible à mes yeux, est peut-être là et veille sur la tombe de mes parents : tombe que je viendrai habiter dans un avenir plus ou moins éloigné, que mes yeux se ferment à Paris ou ailleurs.

Quelle consolation cela sera pour moi, en mourant, de penser que ceux de mes élèves qui viendront à Paris se rappelleront qu'ils ont là, au cimetière Montparnasse, dans le caveau Ruhmkorff, un être qui les a aimés !... Alors, peut-être, se dirigeront-ils vers cette tombe et feront-ils une petite prière pour celle dont la dernière pensée aura été pour eux !

Table des Matières

Imp. Georges THONE, rue de la Commune, 13, Liége (Belgique)

Imp. Georges THONE
Liége (Belgique)